비트겐슈타인
규칙과 사적 언어

고 생각한다. 재판을 준비하면서 몇 개의 용어를 수정했고, 모호하다고 판단된 부분을 좀 더 명료하게 만들려고 하였다. 어려운 환경 속에서도 재판을 허락해주신 필로소픽 출판사 이은성 사장님께 감사드린다.

2018년 8월 6일

옮긴이

차례

비트겐슈타인 규칙과 사적 언어

솔 크립키 지음 | 남기창 옮김

Saul A. Kripke

WITTGENSTEIN ON RULES AND PRIVATE LANGUAGE

P 필로소픽

차례

이 책은 비트겐슈타인 철학에 대한 크립키의 독창적인 해석을 담고 있다. 크립키는 이 책에서 비트겐슈타인을 철학사상 가장 급진적인 회의주의 ─ 보통 '의미 회의주의meaning-scepticism' 혹은 '규칙-따르기 회의주의rule-following scepticism'로 불린다 ─ 를 주창한 인물로 해석한다. 이것은 비트겐슈타인은 회의주의적 문제를 해소하려 한 인물이라는 기존의 해석과 배치되는 듯이 보였기 때문에 학계의 뜨거운 논쟁을 불러일으켰다.

처음에는 주로 크립키가 비트겐슈타인을 오해했다는 비판이 많이 나왔는데, 그 결과 크립키의 해석이 독창적이라고 할 수는 있겠지만 올바른 해석은 아니라는 의견이 대체로 수용되었다. 그래서 수많은 비트겐슈타인 철학의 주석서와 마찬가지로 크립키의 책에 대한 사람들의 관심도 점차 줄어들 것 같았다. 하지만 놀랍게도 반대 현상이 일어났다. 여전히 크립키의 책에 대한 수많은 글들이 쏟아져 나왔다.

이때부터 나온 글들은 크립키가 비트겐슈타인의 철학을 바르게 해석했는지에 대해선 거의 관심이 없으며, 크립키가 전개하는 논증의 장단점을 독립적으로 분석하는 글들이 대부분이다. 글을 쓴 학자들 중에는 비트겐슈타인 철학의 전공자라고 할 수 없는 사람들도 많이 있다.

비트겐슈타인을 오해한 해석이라는 평가를 받은 책이 비트겐슈타인 철학의 정통적 주석서라고 간주될 수 있는 어떤 책들보다 더 활발한 연구의 대상이 된 것이다.

이 때문에 크립키의 책은 비트겐슈타인 철학의 연구사에서 중요한 위치를 차지한다. 크리스핀 라이트 같은 철학자는 비트겐슈타인의 철학적 통찰이 철학계에 흡수되면서 그에 대한 철학적 관심이 줄어들던 시기에 등장한 이 책 때문에 비트겐슈타인의 철학이 다시 각광을 받게 되었다고 말한다.[1]

우리나라의 비트겐슈타인 연구는 어느 서양 철학자에 대한 연구보다 더 활발히 이루어졌다고 할 수 있다. 비트겐슈타인의 책들도 거의 모두 번역되어 출판되었다. 하지만 비트겐슈타인 철학에 대한 관심은 최근에 들어 주춤한 것 같다. 아마도 그의 사상이 우리나라의 학계에도 잘 흡수되었기 때문일 것이다. 이 책이 비트겐슈타인 철학 해석의 지평을 넓혀서 그의 철학에 대한 관심을 다시 불러일으키는 계기를 마련해주기를 바란다.

이 번역서가 출판된 지 10년이 지났다. 그동안 크립키의 독창적인 비트겐슈타인 해석에 대한 국내의 연구도 활발하게 이루어졌다

---

[1] C. Wright, "Critical Notice of McGinn's *Wittgenstein on Meaning*", in Miller & Wright, eds., *Rule-Following and Meaning*(McGill-Queen's University Press, 2002), 119쪽.

고 생각한다. 재판을 준비하면서 몇 개의 용어를 수정했고, 모호하다고 판단된 부분을 좀 더 명료하게 만들려고 하였다. 어려운 환경 속에서도 재판을 허락해주신 필로소픽 출판사 이은성 사장님께 감사드린다.

2018년 8월 6일
옮긴이

비트겐슈타인
규칙과 사적 언어

머리말

이 책의 주요 부분은 그동안 강의나 강연 또는 세미나를 통해 발표
되었다. 그 내용은 언어철학과 수학철학에 대한 비트겐슈타인의 후
기 연구의 핵심이라고 생각하는 것에 대한 '기초적인 해설'이라고
할 수 있다. 여기에는 '사적 언어 논증'에 대한 나의 해석이 포함되
는데, 내가 보기에 사적 언어 논증은 무엇보다 먼저 '규칙 따르기'
문세의 관점에서 해명되어야 하기 때문이다. 부록에서 나는 비트겐
슈타인이 사적 언어란 개념에서 보았던 또 다른 문제를 제시하는데,
이로부터 다른 마음의 문제에 대한 그의 견해들 중 일부에 대한 논
의를 이끌어냈다. 나는 비트겐슈타인의 후기 철학에서 심리철학과
수학철학이 강하게 연결되어 있다고 강조해왔기 때문에, 수학철학
에 대한 부록을 하나 더 추가하고 싶었으나 시간 관계상 책 본문에
있는 수학철학에 대한 기본적인 단편들로 만족해야겠다.

　　이 책은 비트겐슈타인의 후기 철학에 대한 주석이라고 하기 힘들
며, 또한《철학적 탐구》에 대한 주석이라고 하기도 힘들다. '가족 유
사성'이나 '확실성'과 같은 유명하면서도 중요한 많은 주제들이 거
의 언급되지 않기 때문이다. 더욱이 심리철학만 보더라도 비트겐슈

타인이 다룬 풍부한 자료들, 가령 의도, 기억, 꿈 등에 관한 비트겐슈타인의 생각을 거의 다루지 않았다. 내가 바라는 바는 독자들이 핵심 주제에 대한 비트겐슈타인의 견해를 이해함으로써 그가 다룬 주제 중 상당 부분에 대해 이해를 명확히 했으면 하는 것이다.

감각과 감각 언어의 본성에 대한 비트겐슈타인의 견해들 중 많은 부분을 간단하게만 다루거나 아니면 거의 생략하였다. 또한, 본문에서 강조되듯이, '사적 언어 논증'이라고 불리는《철학적 탐구》의 §243 다음 단원들에 대한 논의를 의도적으로 피했다. 내가 생각하기에 이 단원들 중 많은 부분 — 가령, §258 이후 — 은 이 책의 중심 논증에 비추어서 읽으면 훨씬 더 명료해지리라고 생각한다. 하지만 이 단원들 일부(가령, §265)에 있는 주석 상의 수수께끼 중 일부는 그렇지 않을지도 모른다. 이 단원들이 흥미로운 것은 사실이지만, 과대평가돼서는 안 된다. 왜냐하면 그것들은 더 일반적인 논증의 특수한 경우들이기 때문이다. 보통 나는 나의 강의를 전문적인 철학자들 앞에서 발표했지만, 비트겐슈타인 입문 과정에서도 다른 자료들과 함께 사용할 수 있기를 바란다. 강사는 수업 시간에 비트겐슈타인의 역설을 학생들에게 설명한 후 어떤 해결책이 나오는지를 살펴보는 것이 특히 도움이 될 것이다. 여기서 내가 의미하는 바는 우리가 이유나 정당화 없이 규칙을 따른다는 역설에 대한 반응을 말하는 것이다. 철학적 이론들(성향, 질적 상태 등)보다는 학생들이 이 문제를 직관적으로 느끼는 것이 중요하다. 나는 이 연구를 독자적으로 공부하려는 사람들에게도 똑같은 점을 강조한다. 나는 또 학생들이 이 연구에서 제안된 논증의 구조에 비추어서《철학적 탐구》를 (다시) 읽어보기를 권한다. 이런 과정은 여기서 특별히 중요하다. 왜냐하면 논증을 제시하는 내 방식은 대체로 그것이 처음에 나를 사로잡아 문제를 일으켰던 그대로였고 특정 단락의 주석을 다는 데 집중하지 않았기 때문이다.

내가 먼저 '사적 언어 논증'을 접하고 그 후에 비트겐슈타인에 대해 일반적으로 공부하기 시작하여 여기서 해설된 식으로 생각하게 되었던 이래로(1962-63년), 규칙에 대한 연구는 비트겐슈타인의 후기 철학 연구에서 좀 더 중심적인 위치를 차지하게 되었다. (그것에 대한 논의는 항상 어느 정도는 있었다.) 특히 내가 온타리오 주 런던에서 했던 강의 후에 나온 논의는 이 책이 제시하는 해설의 영향을 받았다고 추정될 수 있지만, 그중 일부는 출판되었건 안 되었건, 이해설의 영향을 받지 않은 독자적인 것으로 추정될 수 있다. 나는 책에서 유사한 자료들을 인용하려고 하지 않았는데, 그 이유는 부분적으로 만일 내가 그렇게 했다면 출판된 연구 일부를, 그리고 심지어는 출판되지 않은 연구의 경우에는 더 경시할 것이 확실했기 때문이다. 본문과 각주에서 언급되는 이유들 때문에, 나는 출판이 여전히 불필요한 일은 아니라는데 만족한다.

이 글을 쓰며 내가 자신을 위해 변명하려 시도하지 않는다는 점 그리고, 가끔 그리고 사소한 경우를 제외하곤, 본질적인 문제들에 대해 나 자신의 견해가 무엇이건 말하려 하지 않았다는 점을 강조할 필요가 있다. 이 연구의 우선적인 목표는 한 가지 문제와 한 가지 논증을 제시하는 것이지, 그것을 비판적으로 평가하는 것이 아니다. 몇몇의 명백한 경우를 제외하곤, 자신이 깊은 인상을 받은 방식대로 주요한 철학적 논증을 제시하는 변호사의 변호처럼 이 책을 읽을 수 있다. 만일 이 연구가 그 자체의 중심 논제를 가진다면, 그것은 비트겐슈타인의 회의적 문제와 논증이 진지하게 연구될만한 가치가 있는 중요한 것이라는 점이다.

많은 사람들이 이 글에 영향을 주었다. 최소한 로저 앨브리튼Roger Albritton, 앤스콤G. E. M. Anscombe, 어빙 블록Irving Block, 마이클 더밋Michael Dummett, 마거릿 길버트Margaret Gilbert, 바버라 험프리스Barbara Humphries, 토머스 네이글Thomas Nagel, 로버트 노직Robert Nozick, 마이클 슬롯Michael Slote, 배리 스트라우드Barry Stroud를 들 수 있다. 1976년 온타리오 주 런던에서 열렸던 비트겐슈타인 학회 외에 이 글은 다양한 형태로 여러 곳에서 발표됐다. 1977년 캘리포니아 버클리 대학의 호위슨 강의Howison Lectures, 1977년 앨버타 주 밴프에서 개최되었던 특별 연구회에서 행한 일련의 강의, 1978년 케임브리지 트리니티 대학에서 열렸던 비트겐슈타인 학회가 그곳들이다. 또 프린스턴 대학에서 이에 관한 세미나를 열기도 했는데, 첫 번째는 1964-65년의 봄 학기에 있었다. 이 프린스턴 세미나에서야 비로소 나는 부록에 있는 내용을 포함시킬 수 있었다. 그 때문에 그것은 다른 사람들과의 논의와 그들이 보여준 반응으로부터 얻을 수 있는 혜택을 덜 받았다. 내가 이런 학회와 세미나에서의 논의로부터 영향을 받았다는 것은 의심의 여지가 없다. 특히 나는 밴프에서 했던 발표 원고를 아름답게 준비해주었던 스티븐 패튼Steven Patten과 론 요시다Ron Yoshida에게 감사한다. 그리고 이 연구의 초기 형태가 실렸던 책의 편집인이었으며 런던 학회에서 그것을 대중들에게 더

전달할 수 있도록 나를 초대해주었던 어빙 블록에게 감사한다. 런던 학회에서 발표되었던 원고는 **지하출판물**samizdat 형태로 옥스퍼드 대학을 비롯한 여러 곳으로 유포되었다.

이 연구의 초기 형태는 블록이 편집한 논문집《비트겐슈타인 철학의 조망*Perspectives on the Philosophy of Wittgenstein*》(Basil Blackwell, Oxford, 1981, xii+322쪽)에 수록되었다. 특히 이 초기 형태의 글은 프린스턴 대학으로부터 받은 안식년과, 옥스퍼드 대학의 올 소울즈 대학All Souls College의 초빙 교수 연구비, 구겐하임 연구비Guggenheim Fellowship, 그리고 미국 국립과학재단National Science Foundation의 지원을 받았다. 현재 모습의 연구는 부분적으로 미국학회협의회American Council of Learned Societies의 지원을 받았고, 프린스턴 대학의 안식년과 인디아나 대학의 오스카 유잉 연구 재단Oscar Ewing Research Grant의 지원을 받았다.

1장

들어가는 말

들어가는 말

'사적 언어'를 논박하는 비트겐슈타인의 유명한 논증은 그동안 아주 많이 논의되었기 때문에 과연 또 다른 해석이 필요한지 의문이 든다. 이 글의 대부분은 1962-63년 학기 중에 떠오른 것들이다. 그때 비트겐슈타인의 견해에 대한 이런 접근 방식이 마치 계시처럼 나에게 다가왔다. 전에는 의심스럽고 논란의 여지가 있는 전제들에 근거를 둔 탓에 엉성해 보이던 논증이 아주 강력한 설득력을 갖춘 것으로 여겨졌다. 비록 그 결론은 훨씬 더 급진적이고, 어느 면에선 전보다 타당성이 떨어지는 것처럼 보였지만 말이다. 그때 나는 당시의 표준적인 접근 방식과는 아주 다른 각도로, 또 초점을 달리해서 비트겐슈타인의 논증을 살펴보았다고 생각했다. 그 뒤 몇 년에 걸쳐 나는 몇 가지 의문을 품게 되었다. 우선, 난해한 비트겐슈타인의 견해를 명료한 논증으로 구성할 수 있을지 확신할 수가 없었다. 둘째로 주제 자체가 난해한 까닭에 표준적인 문헌들 가운데 일부는 결국 나와 같은 방식으로 그 논증을 전개하고 있지 않나 생각하기도 했다. 더욱이 여러 해 동안 사람들과 의견을 나눠본 결과 내가 선호하는 방식으로 그 논증을 보는 이들이 점점 늘어났음을 알 수 있었다. 그럼에도 불구하고 최근에 나온 유능한 주석가들의 해석과 나의 해석은, 또 하나의 새로운 해석이 여전히 유용할 수 있다고 생각할 만큼 충분히 다르다.[1]

《철학적 탐구Philosophical Investigation》에 나오는 '사적 언어 논증'은 §243에서 시작해 다음 절들로 계속 이어진다고 보는 것이 일반적이다.[2] 이 견해는 비트겐슈타인의 논증이 무엇보다 '감각 언어'에 대한 문제를 다루는 것으로 간주한다. 이런 전통에 따라 이 논증을 좀 더 깊이 논하려는 사람이라면 다음과 같은 문제들을 다루기

---

[1] 지난 10-15년 동안 비트겐슈타인에 대한 가장 뛰어난 해설들 중 일부를 읽으면서 나는 규칙을 사소한 주제로 여겨 규칙에 대한 논의를 대충 하거나 실질적으로 전혀 하지 않은 평들이 있음을 알게 되었다. 수학철학과 감각에 대한 비트겐슈타인의 견해를 상세히 논의하는 다른 해설들은 규칙에 대한 논의를 수학과 논리적 필연성에 대한 비트겐슈타인의 견해와 관련해서만 중요하게 다루며, 또 그것을 '사적 언어 논증'과 분리한다. 비트겐슈타인은 한 가지 결론을 옹호하기 위해 하나 이상의 방법으로 논증을 제시하며, 하나의 논증을 제시하는 방법도 한 가지 이상이기 때문에, 나의 해석을 옹호하기 위해 반드시 다른 해설들이 틀렸음을 보여줄 필요는 없다. 실제로 그런 해설들이 이 글에서 강조되지 않았거나 생략된 《철학적 탐구》의 논증들일 수도 있고, 그 책에 대한 중요하면서도 훌륭한 해설일 수도 있다. 그럼에도 불구하고, 그것들은 확실히 내 해석과는 상당히 다르다.

[2] (문맥으로나 명시적으로나) 다른 표시가 없으면, 참고 문헌은 《철학적 탐구》를 가리킨다. 《철학적 탐구》에서 작은 숫자로 표시된 부분들은 '절'(또는 '단락')로 부르고, 2부에서처럼 절을 제시할 수 없을 때에만 쪽으로 표시한다. 이 글 전체에서 나는 앤스콤의 영역본을 사용하며 몇 가지 경우를 제외하곤 번역에 의문을 제기하지 않을 것이다. 《철학적 탐구》(x+232쪽, 독일어와 영어 동시 수록본)는 1953년 처음 출간된 이래 여러 번 수정이 되었지만, 절과 쪽은 그대로 유지되었다. 출판사는 옥스퍼드에 있는 베이질 블랙웰Basil Blackwell과 뉴욕에 있는 맥밀런Macmillan이다.
   나는 이 글에서 비트겐슈타인의 책을 자세히 해석하려는 것이 아니라, 책에 실린 논증들을 나름의 방식으로 발전시키고 싶다. 독자들이 여기 나온 해석에 비추어 《철학적 탐구》를 다시 읽어보고, 이 글이 비트겐슈타인의 책을 잘 해명하는지 판단해보았으면 좋겠다.

마련이다. 사적 언어 논증은 일종의 검증 원리에 의존하는가? 그런 검증 원리는 정당화되는가? 그것은 감각 언어에 정확하게 적용되는 가? 사적 언어 논증은 기억에 대한 과장된 회의주의에 의존하는가? 등등. §243 다음에 나오는 논의들 중에서 중요한 몇몇 글, 예를 들어 §258과 §265 같은 절들은 평자들에게 모호하기로 악명이 높다. 그래서 이 부분을 적절하게 해석하는 것이 '사적 언어 논증'을 해석하는 중요한 열쇠라고 여겨져 왔다.

내가 보기에 실질적인 '사적 언어 논증'은 §243이 아니라 그 **앞에** 이미 나와 있다. 사실 **결론은 §202에서 명확하게 진술되어 있다.** "그 러므로 '사적으로' 규칙을 따르는 것은 불가능하다. 그렇지 않다면 규칙을 따른다고 **생각**하는 것이 그것을 따르는 것과 마찬가지가 될 것이다." 나는 비트겐슈타인이 이 부분에서 그가 앞으로 더 자세하게 제시하려는 논증을 **예견**하고 있다고는 생각하지 않는다. 중요한 내용은 §202의 결론을 유도하는 논의들 속에 모두 포함되어 있다. 비트겐슈타인은 §243부터 나오는 내용들을 앞서 나온 논의에 비추어 읽게 하려고 했을 것이다. 어쨌든 §243 이후의 논의들은 어렵지만, 그것들을 따로 떼어 읽는다면 더욱 이해하기 어려울 것이다. **감각**에 적용된 '사적 언어 논증'은 앞에서 이미 논증된 언어에 대한 훨씬 더 일반적인 고찰 가운데 한 가지 특별한 경우에 지나지 않는다. 감각은 그 전에 진술된 고찰에 대한 아주 강력한 **반례**가 된다. 그러므로 비트겐슈타인은 이 특수한 경우를 다루면서 그 기초를 다시 검토하여 그에 적합한 새로운 고찰을 구체적으로 제시하기도 한다.《철학적 탐구》는 한 번 확립된 결론에 대해서는 재론하지 않는 그런 성격의 책이 아니라는 점을 명심해야 한다. 오히려 그 책은 끊임없이 이어지는 대화의 형식을 취하고 있다. 이 대화에서, 상상 속의 대담자의 목소리를 빌려 표현되고 있는 우려는 결코 완전히 해소되지 않는다. 이 책은 분명한 논제를 제시하는 연역적 논증의 형식이 아니므로, 똑같은 문제를 다양한 관점과 각도에서 되풀이해 다루고 있다. 이러한 모든 과정을 통해 독자들은 그 문제들을 정확하게 보게 된다.

비트겐슈타인이 택한 방식의 기본 구조는 다음과 같이 간략하게 요약될 수 있다. 우선 하나의 특정 문제, 또는 흄의 용어를 빌리면 하나의 '회의적 역설'이 규칙 개념과 관련해서 제기된다. 이어서, 흄이 그 문제에 대한 '회의적 해결책'이라고 불렀을 만한 것이 제시된다. 그런데 이 역설과 그에 대한 해결책이 지닌 강점이 쉽게 무시될 수 있고, 이 점과 관련하여 비트겐슈타인의 방식을 믿을 수 없는 것처럼 보이게 하는 두 영역이 있다. 하나는 더하기 규칙 같은 수학적 규칙 개념이며, 다른 하나는 우리 자신의 내적 경험이나 감각 및 다른 내적 상태들에 대한 우리의 화법이다. 이 두 사례를 다룰 때 우리는 규칙과 언어에 대한 기본적인 사항들을 염두에 두어야 한다. 비트겐슈타인이 이미 이런 고려 사항들을 상당히 일반적인 형태로 논의하긴 했지만, 그의 연구는 다음과 같은 구조로 되어 있다. 즉 수학과 심리학의 특수한 사례들을 단지 이미 입증된 일반적인 '결과'를 인용함으로써 논의하는 것이 아니라, 이미 다루어진 일반적 사례에 비추어 이 특수한 사례들을 자세히 재검토하려고 한다. 이런 논의를 통해 그는 수학과 마음을 모두 바르게 볼 수 있기를 원했다. 왜냐하면 그것들을 잘못 보려는 유혹은 규칙과 언어에 대한 동일한 기본적 사항들을 무시하는 데서 생기며, 이렇게 생긴 문제들은 그 두 사례에서 유사하다고 생각했기 때문이다. 나는, 비트겐슈타인이 심리철학과 수학철학에 대한 자신의 관심을 ─ 마치 음악과 경제학에 모두 관심이 있을 때처럼 기껏해야 느슨하게 연결해서 ─ 따로 떼어놓고 보지 않았다고 생각한다. 비트겐슈타인은 이 두 주제가 동일한 사항을 포함한다고 생각했다. 이런 이유로 그는 수학의 기초에 대한 자신의 탐구가 "심리학에 대한 탐구와 비슷하다"고 말했다(232쪽).《철학적 탐구》와《수학의 기초에 관한 고찰*Remarks on the Foundations of Mathematics*》[3]에서 본질적으로 동일한 규칙에 대한 기본 자료를 각각 심리철학과 수학철학에 대한 논의의 기초로 다루고 있다는 사실은 결코 우연이 아니다.

앞으로 나는 비트겐슈타인의 논증, 더 정확히 말하면 내가 비트겐슈타인의 책을 읽으면서 선택한 문제들과 논증들을 묶어서 제시하려고 한다. 되도록이면 나는 나 자신의 견해를 제시하려고 애쓰지 **않을** 것이다. 또 비트겐슈타인의 접근 방식을 옹호하거나 비판하려고 하지도 않을 것이다. 나는 몇몇 문제들과 결론들은 정확하게 진술하기 어렵다는 사실을 알게 되었다. 분명히 문제가 있다는 인상을

---

[3] Basil Blackwell, Oxford, 1956, xix+204쪽.《수학의 기초에 관한 고찰》의 1판에서 편집자들은 (vi쪽에서) 비트겐슈타인이 애초에《철학적 탐구》에 수학에 관한 자료들 중 일부를 포함시킬 의도가 있었던 것 같다고 주장한다.

3판(1978)은 1판, 2판보다 더 많은 자료를 포함하면서 1, 2판의 단원들과 내용의 분할 형태 중 일부를 재정리했다. 이 책을 쓸 때, 나는 1판을 사용했다. 양 판본의 참조 번호가 다를 경우, 3판에 있는 같은 내용의 번호를 대괄호 안에 표시했다.

받지만, 그것을 뚜렷하게 제시하기는 힘들다. 나는 후기 비트겐슈타인 철학의 스타일이, 그리고 비트겐슈타인이 자신의 생각을 논증과 결론의 체계로 나타내려할 때 느꼈을 어려움(그의 서문을 보라)이 단순히 문학적인 문체를 선호한 데서 ― 이는 어느 정도의 모호함을 추구하는 그의 성향과 관련이 있다 ― 비롯된 것이 아니라,[4] 부분적으로는, 그가 다루는 주제의 본성에서 비롯된 것이라고 생각하고 싶다.[5]

나중에 분명한 이유가 드러나겠지만, 비트겐슈타인의 논증을 정확히 제시하려는 시도는 어느 정도는 그것을 왜곡하는 일인 듯하다. 아마 비트겐슈타인 자신은 내가 논증을 만들고 다시 구성하는 방식을 상당 부분 인정하지 않을 것이다.[6] 따라서 독자들은 이 글이 '비트겐슈타인'의 논증을 해석하거나 '크립키'의 논증을 해석한다고 생각해서는 안 된다. 그것은 다만 크립키의 마음에 떠오른 또는 크립키에게 문제로 제기된 비트겐슈타인의 논증일 뿐이다.

앞에서 말했듯이, 기본적인 '사적 언어 논증'은 §243 앞에 나온다. 물론 §243 다음에 나오는 내용들 역시 중요하다. 하지만 나는 §243 이후의 내용을 **전혀** 언급하지 않고 '사적 언어' 문제를 논의할 것을 제안한다. 흔히 §243에서 시작되는 부분을 '사적 언어 논증'으

---

[4] 그렇지만 개인적으로 나는 여기서 스타일이 담당한 역할을 무시할 수 없다고 생각한다. 비트겐슈타인에게 스타일과 문학적 요소가 아주 큰 의미를 지녔음은 분명하다. 그 자신이 좋아했던 스타일 때문에 그의 작품은 분명 아름다워졌을 뿐만 아니라 어려워졌다.

[5] 이 점에 관한 논의에 대해서는 이 책 본문 114-115쪽 참조.

[6] 다시 한 번 114-115쪽에 있는 같은 논의 참조.

로 간주하기 때문에, 이런 방식은 마치 왕자 없는 《햄릿》을 상연하는 것처럼 보일지도 모른다. 그렇다 하더라도, 이 연극에는 다른 흥미로운 인물들이 많이 있다.[7]

---

[7] 다음에 나올 글을 검토하는 과정에서, 비트겐슈타인의 세부적인 논증들을 광범위하게 다루는 관계로 독자들이 그의 논증의 핵심 줄기를 파악하지 못할까 걱정이 되었다. 특히 나는 회의적 역설에 대한 답으로 성향적 이론이 강하게 제시된다고 들었기 때문에, 그 이론에 대해서 아주 광범위하게 논의하게 되었다. 이 글의 본문 대부분은 비트겐슈타인 자신의 논증에 대한 해석으로 구성되어 있지만 성향론에 대한 논의 속에는 어느 정도 비트겐슈타인을 옹호하기 위한 크립키의 논증이 더 많이 포함될지도 모른다. (양자를 연결하는 점들에 대해서는 주 19와 24를 참조할 것. 하지만 그 논증은 비트겐슈타인의 책으로부터 영향을 받았다. 비트겐슈타인의 책으로부터 직접적인 영감을 가장 적게 받은 부분은 아마도 우리의 성향들이 실제 행동들과 마찬가지로 잠재적으로 무한한 것이 아니라는 논증일 것이다. 그렇지만 이것마저도 어느 규칙이건 우리는 단지 그것의 유한하게 많은 사례들만을 명백하게 생각할 뿐이라는 비트겐슈타인의 강조에 그 뿌리를 두고 있다.) 뒤에 나오는 단순성에 대한 부분(70-72쪽)은, 내가 아는 한, 비트겐슈타인이 한 번도 고려해보지 않은 반론의 한 예이다. 내가 비트겐슈타인의 입장의 나머지를 적절히 이해했다고 한다면, 나는 나의 반론이 분명히 적절하다고 생각한다. 나는 독자들이 이 글을 처음 접할 때, 이와 같은 것들을 부차적인 것으로 간주하고 비트겐슈타인의 회의적 문제가 갖고 있는 직관적인 강점을 이해하는데 주력할 것을 강력히 권고한다.

2장

비트겐슈타인적인 역설

The Wittgenstein Paradox

비트겐슈타인적인 역설

§201에서 비트겐슈타인은 이렇게 말한다. "우리의 역설은 이것이었다. 모든 행위 방식을 하나의 규칙과 일치하도록 만들 수 있기 때문에 규칙은 어떠한 행위 방식도 규정할 수 없다." 이제부터 나는 내 나름의 방식으로 문제의 '역설'을 발전시켜 보겠다. 아마도 이 '역설'은《철학적 탐구》의 중심 문제일 것이다. 심지어 비트겐슈타인의 '사적 언어'와 관련된 결론들과 그가 이 문제로부터 끌어내는 심리철학, 수학, 논리학과 관련된 결론들에 반대하는 사람들도 그 문제 자체가 철학에 중요한 기여를 했다는 점은 인정할 것이다. 그것은 새로운 형태의 철학적 회의주의로 간주될 수 있다.

비트겐슈타인을 따라서 나는 그 문제를 우선 수학적 사례와 관련시켜 전개하도록 하겠다. 비록 이런 종류의 회의주의는 언어의 유의미한 용법에 모두 적용되지만 말이다. 우리말을 사용하는 거의 모든 사람들과 마찬가지로 나는 '더하기'와 기호 '+'를 잘 알려진 수학 함수, 더하기를 지칭하기 위해서 사용한다. 그 함수는 양수의 모든 쌍에 대해서 정의된다. 외적인 기호적 표상과 나의 내적인 심적 표상을 이용하여 나는 더하기 규칙을 '파악'한다. 이 규칙을 내가 '파악'하는데 한 가지 점이 결정적이다. 비록 과거에 내가 한 덧셈의 횟수는 유한하지만, 그 규칙은 한 번도 해보지 못했던 무한히 많은 새로운 덧셈에서도 나의 답을 결정한다. 덧셈을 배울 때 내가 규칙을 파악한다는 생각의 핵심은 이것이다. 즉, 덧셈과 관련된 나의 과거의 의도들이 미래의 무한히 많은 새 사례들에 대해서 유일한 답을 결정한다는 것이다.

예를 들어, '68+57'이 내가 전혀 해보지 못했던 계산이라고 가정하자. 겉으로 드러난 관찰 가능한 나의 행동뿐 아니라 심지어 내가 속으로 했던 것까지 포함시키더라도 과거에 내가 했던 계산은 유한할 뿐이기 때문에, 그런 예는 확실히 있다. 실제로 바로 그 유한성 때문에 과거의 모든 계산 사례들을 넘어서는 사례가 틀림없이 있다. 지금부터 나는 '68+57'을 그 목적을 위해서 사용한다고 가정하겠다.

물론 나는 계산을 해서 '125'란 답을 얻는다. 나는 '125'가 정확한 답이라고 확신한다. 나는 검산을 할 수도 있다. 정확히 수학적 의미에서 125는 68과 57의 합이며, 또 정확히 메타언어적 의미에서도 '더하기'는 내가 과거에 그 단어를 사용했을 때 의도했던 대로 '68'과 '57'이라고 불리는 숫자들에 적용될 때 125라는 값을 만드는 그런 함수를 지칭한다.

이제 내가 우연히 이상한 회의주의자를 만났다고 가정하자. 이 회의주의자는 방금 '메타언어적'이라고 불렀던 의미에서의 답변의 확실성에 대해 이의를 제기한다. 그는 이렇게 제안한다. 내가 과거에 사용했던 대로 '더하기'란 용어를 사용한다면, '68+57'에 대해 의도했던 답은 '5'가 되어야 한다! 이 회의주의자의 제안은 분명히 정신 나간 것처럼 들린다. 그의 말에 대해, 나는 그에게 다시 학교에 가서 덧셈을 배우라는 반응을 우선 보일 것이다. 그렇지만 회의주의자가 도전을 계속하게 하자. 그는 이렇게 말한다. 만일 기호 '+'를 사용했을 때의 나의 의도가 '68+57'은 125의 결과가 나와야 한다는 것이었음을 지금 그렇게 확신한다면, 이는, 내가 나 자신에게 이 특수 사례에서 덧셈을 할 때의 결과가 125라고 명백하게 지침을 주었기 때문일 수는 없다. 나는 그런 일을 하지 않았다고 가정했다. 하지만 물론 사람들은 이 새로운 사례에서 내가 과거에 많이 사용했던 바로 그 함수나 규칙을 사용해야 한다고 생각할 것이다. 그러나 이것이 무슨 함수였는지 누가 말할 수 있는가? 과거에 내가 이 함수를 예화하기 위해 나 자신에게 제시했던 사례들은 유한할 뿐이다. 우리는 모든 것들이 57보다 작은 수들을 포함한다고 가정했었다. 따라서 아마도 과거에 나는 '더하기'와 '+'를 내가 '겹하기'로 부르고, '⊕'로 기호화할 함수를 지칭하기 위해 사용했을지도 모른다. 그 함수는 다음과 같이 정의된다.

$$x \oplus y = 만일\ x,\ y < 57이라면,\ x{+}y$$
$$= 그렇지\ 않으면\text{otherwise}\ 5.$$

그 누가 이것이 내가 전에 '+'로 의미했던 함수가 아니라고 말할 수 있는가? 이제 회의주의자는 내가 나 자신의 과거의 용법을 잘못 해석하고 있다고 주장한다. (혹은 주장하는 것처럼 가장한다.) '+'에

의해 나는 언제나 겹하기를 의미했다고 그는 말한다.[8] 그러나 지금

---

[8] "'더하기'에 의해 나는 겹하기(혹은 더하기)를 의미했다", "'초록'에 의해 나는 초록을 의미했다" 등과 같은 표현들에 대해 간단히 말해야 할 것 같다. 나는 '의미하다'란 동사의 목적어를 지시하기 위해 용인되는 적절한 규약에 익숙하지 않다. 두 가지 문제가 있다. 첫째 만일 어떤 사람이 "'라듐을 발견했던 여자'에 의해 나는 라듐을 발견했던 여자를 의미했다"고 말한다면, 그 목적어는 두 방식으로 해석될 수 있다. 그것은 한 여자(마리 퀴리)를 가리킬 수도 있는데, 이 경우 그 주장은 오직 '의미했다'가 지칭했다를 의미하기 위해 사용될 경우에만 참이다(그렇게 사용될 수도 있듯이 말이다). 또는 그것은 여자가 아니라 인용된 표현의 의미를 가리키기 위해 사용될 수 있는데, 이 경우 그 주장은 일상적 의미로 사용된 '의미했다'로 간주되었을 때 참이다. 둘째 '의미했다'의 목적어로 위에 나온 '지칭했다'나 '초록'이나 '겹하기' 등과 같은 것들이 예시하듯이, 사람들은 목적어로 사용되는 다양한 표현들을 통상적 문법과는 어긋나는 이상한 방식으로 사용해야 한다. (불포화성unsaturatedness에 관한 프레게의 어려움이 이와 관련된다.) 두 문제들은 사람들로 하여금 목적어를 주어처럼 인용 부호 안에 넣으려는 유혹을 갖게 한다. 그러나 그런 용법은 인용이 인용된 표현을 가리킨다는 철학적 논리학의 관행에 어긋난다. 가령 캐플런David Kaplan이 제안한 것처럼 특별한 '의미 부호'가 여기서 유용할 수 있다. 만일 사람들이 첫 번째 어려움을 무시하고 '의미함'이 항상 가리킴denote을 의미하는 데에 만족한다면 말이다. (이 글의 대부분의 목적을 위해서, 그런 읽기는 최소한 내포적인intensional 읽기와 마찬가지로 잘 맞을 것이다. 자주 나는 더하기에 의해 의미된 것이 마치 **수적 함수**인 것처럼 말한다.) 둘째 문제는 목적어를 명목적인 것으로 — '더하기'는 더하기 함수를 '초록'은 초록을 가리킨다 등 — 만들지도 모른다는 것이다. 나는 기울임체를 사용할까 생각했지만 ("'더하기'는 **더하기**를 의미한다, '의미함'은 **가리킴**을 의미할 수 있다), (기울임체가 적당한 경우를 제외하곤, 특히 '겹하기'와 같은 새로운 용어가 처음 소개될 때를 제외하곤) 통상적인 경우에는 '의미함'의 목적어를 일상적인 명조체로 표현하기로 결정했다. 내가 채택한 규약은 문어체에서는 이상할지 모르지만, 구어체에선 꽤 이해할 만하게 들릴 것이다.

내가 제시하는 논증에서 사용-언급의 구분이 중요하기 때문에, 나는 한 표현이 언급될 때 인용 부호를 사용하는 것을 잊지 않도록 할 것이다. 그렇지만 철학적이지 않은 정상적인 문맥에서 인용 부호는 (가령, 앞 단락에 있는 '의미 부호'나 혹은 다음 문장에 있는 '유사 인용'의 경우에서처럼) 다른 목적을 위해서도 사용된다. 콰인 W.V. Quine의 '사이비 인용'에 익숙한 독자들은 이런 경우에 내가 — 논리적 순수성 때문에 사이비 부호나 또는 그와 유사한 장치를 사용하도록 요구받는 곳에서 — 통상적인 인용 부호를 사용한다는 것을 알게 될 것이다. 나는 이 문제에 관해 조심하기 위해서 애쓰진 않았다. 왜냐하면 실제로 독자들이 혼동하지 않으리라고 자신했기 때문이다.

나는 일종의 광란 상태에 있거나 혹은 환각제를 먹었기 때문에, 과거의 내 용법을 잘못 해석하게 되었다.

어리석고 환상적으로 들리긴 하지만, 회의주의자의 가설은 논리적으로 불가능한 것은 아니다. 이 점을 살펴보기 위해 '+'에 의해 나는 더하기를 의미**했다**는 상식적인 가설을 가정하자. 그렇다면 강력한 '약효' 때문에, 일시적으로 더하기 기호에 대한 내 과거의 모든 용법들을 겹하기 함수를 상징하는 것으로 잘못 해석해 과거의 언어적 의도와는 맞지 않게 68 더하기 57이 5라고 계산하는 것은, 비록 놀라운 일이긴 하지만, **가능한** 일일 것이다. (나는 수학적 계산에서 실수를 한 것이 아니라, 내가 과거의 언어적 의도를 따랐다고 가정했다는 점에서 실수를 한 것이다.) 회의주의자는 내가 바로 이런 종류의 실수를 했다고 ― 그러나 단지 더하기와 겹하기를 맞바꾸었을 뿐이다 ― 제안하고 있는 것이다.

만일 회의주의자가 그의 가설을 진지하게 제안한다면 미쳤음에 틀림없다. 내가 언제나 겹하기를 의미했음을 제안하는 그 이상한 가설은 아주 비현실적이다. 그것은 비현실적일 뿐만 아니라 의심의 여지없이 거짓이다. 그러나 만일 거짓이라면, 그것이 틀렸음을 보여주기 위해 이용될 수 있는 내 과거 용법에 관한 어떤 사실이 있어야 한다. 왜냐하면 비록 그 가설이 비현실적이긴 하지만, **선험적으로** 불가능한 것 같지는 않기 때문이다.

물론 이 같은 이상한 가설이나 환각제에 의한 환각 혹은 광란상태를 언급하는 것은 어느 점에선 극적인 도구에 불과하다. 근본적 의미는 이렇다. '68+57'을 평소처럼 계산할 때 나는 단순히 정당화되지 않은 엉뚱한 억측을 하는 것은 아니라고 가정한다. 나는 이 새로운 사례에서 단일하게 '125'라고 말해야 한다고 결정해주는 지침을 따르며, 그것은 내가 나 자신에게 내린 것이다. 이 지침들은 무엇인가? 나는 이런 사례에서 '125'라고 답해야 한다고 나 자신에게 명백히 말한 적은 한 번도 없다고 가정한다. 또한 나는 '내가 항상 했던 것과 똑같은 것을 한다'고 간단히 말할 수도 없다. 그 말이 '나의 과거 사례들을 통해 드러난 규칙에 일치하게끔 계산함'을 의미한다면 말이다. 그 규칙은 더하기 규칙이었을 수도 있고 겹하기(겹하기 함수) 규칙이었을 수도 있다. 겹하기가 사실 내가 의미했던 것이라는 생각이나 돌발적인 광란 상태에서 과거의 내 용법을 바꿨다는 생각은 그 문제를 극적으로 만든다.

이하의 논의에서 회의주의자는 두 가지 형태로 도전한다. 첫째, 그는 자기의 회의주의적 도전에 답이 될 어떤 **사실** — 내가 겹하기가 아니라 더하기를 의미했다는 **사실** — 이 있는지 묻는다. 둘째, 그는 나에게 '5'가 아니라 '125'라고 답해야 한다고 그렇게 자신만만해 할 이유가 있는지 묻는다. 이 두 가지는 서로 관련되어 있다. 내가 '125'라는 답을 자신하는 이유는 그 답이 내가 **의미했던** 것과 일치함을 자신하기 때문이다. 나의 계산과 기억력의 정확성에 대해서는 의심하지 말자. 따라서 **만일** 내가 더하기를 의미했다면, 내 용법을 바꾸기를 원하지 않는 한, 내가 '5'가 아니라 '125'라고 답하리라는 것은 정당화된다(실제로 그렇게 답하도록 강요된다). 회의주의자에 대한 응답은 두 조건을 만족시켜야 한다. 첫째, 그것은 내가 겹하기가 아니라 더하기를 의미했다는 것을 구성하는 (나의 심리 상태에 관한) 사실이 무엇인지에 대한 설명을 제시해야 한다. 그런데 그런 사실이 될만한 후보가 만족시켜야 하는 또 다른 조건이 있다. 즉, 그것은 어느 의미에서건, 내가 '68+57은 125이다'라고 답할 때, 그것이 어떻게 정당화되는지 보여주어야 한다. 내가 의미했던 사실의 후보는 어쨌든 앞 단락에서 언급한 '지침들', 즉 내가 각 사례에서 무엇을 해야 하는지를 정해주는 지침들을 '포함해야' 한다. 그렇지 않다면 나의 답이 자의적이라는 회의주의자의 도전에 아직 제대로 답한 게 아니다. 이 조건이 정확히 어떠한지는 우리가 비트겐슈타인의 역설을 직관적 단계에서 논의할 때 좀 더 분명해질 것이다. 직관적 단계에서 우리는 내가 더하기를 의미했다는 사실이 무엇인지에 관한 다양한 철학적 이론들을 검토할 것이다. 나는 이 이론들에 대한 반론을 구체적으로 제시할 것이다. 하지만 결국 모든 이론들이 내가 의미했던 것을 구성하는 사실 — 이는 '5'가 아니라 오직 '125'만이 내가 제시'해야만' 하는 답임을 보여줄 텐데 — 의 후보로 부적합하다는 것이 드러날 것이다.

문제의 기본 규칙들을 분명히 할 필요가 있다. 대화를 하기 위해서 회의주의자와 나는 같은 언어를 갖고 있어야 한다. 따라서 회의주의자는 잠정적으로 내가 **현재** '더하기'를 사용하는 방식에 대해 의문을 던지지 않는다고 가정한다. 그는 나의 **현재** 용법에 따라 '68 더하기 57'은 125를 가리킨다는 데 동의한다. 그는 이에 대해 나에게 동의할 뿐만 아니라 나와 벌이는 모든 논쟁을 **현재** 내가 사용하는 언어로 진행한다. 그는 단지 나의 현재 용법이 내 과거 용법과 일치하는지, 내가 **현재에도** 나의 **과거의** 언어적 의도를 따르고 있는지를 묻고 있을 뿐이다. 문제는 "내가 어떻게 68 더하기 57은 125라는 것을 알 수 있느냐?"가 아니다. 이 문제에 대한 답은 산수 계산을 통해 제시되어야 한다. 실질적인 문제는 "내가 **과거에** '더하기'를 **의미했던** 방식대로 '68 더하기 57'이 125를 가리켜야 한다는 것을 내가 어떻게 아느냐?"이다. 만일 과거에 내가 사용했던 '더하기'란 단어가 더하기 함수가 아니라 겹하기 함수를 (덧셈이 아니라 겹셈을) 가리켰다면, **과거의** 내 의도는 '68 더하기 57'의 값을 묻는 질문에 '5'라고 답해야만 했을 그런 것이었다.

내가 문제를 이런 방식으로 제기하는 이유는 논의가 어떤 부당한 의미에서 '언어의 내부와 외부 모두에서' 어느 정도 불법적으로 진행되는 것이 아닌가라는 혼란스러운 질문을 피하기 위해서이다.[9] 만일 우리가 '더하기'란 단어의 의미에 대해 조사하고 있다면, 어떻게 동시에 그것(과 '겹하기'와 같은 변종)을 사용할 수 있는가? 따라서 회의주의자와 내가 모두 '더하기'의 **현재** 용법에 대해 동의하는 입장을 취한다고 나는 가정한다. 우리 모두 그것을 덧셈을 가리키기 위해 사용한다. 그는 — 최소한 초기에는 — 덧셈이 모든 쌍의 정수에 대해 정의되는 진정한 함수임을 부인하거나 의심하지 않으며, 우리가 그것에 관해 말할 수 있음을 부인하지도 않는다. 그는 왜 지금 내가 **과거에** '더하기'란 말로 겹셈이 아닌 덧셈을 의미했다고 믿느냐고 나에게 묻는다. 만일 내가 후자를 의미했다면, '68 더하기 57'의 계산 결과를 묻는 질문에 과거의 내 용법과 일치하게 하기 위해

---

[9] "언어의 내부와 외부에서 모두"란 표현은 앨브리튼과 대화할 때 들은 것 같다.

'125'라고 말해야 하며, 반면 전자를 의미했다면, '5'라고 답해야 한다.

현재의 문제 제시 방식은 사용use과 언급mention 및 현재 용법과 과거 용법 사이의 구분을 분명히 하는데 더 많이 주력한다는 점에서 비트겐슈타인의 원래 방식과는 다르다. 우리의 사례에 대해 비트겐 슈타인은 간단하게 이렇게 질문할지 모른다. "'68+57의 답은 무엇 인가'라는 문제에 대해 내가 '125'라고 답해야 한다는 것을 내가 어떻게 아는가?" 혹은 "'68+57'의 결과가 125가 된다는 것을 내가 어떻게 아는가?" 나는 이런 방식으로 문제를 구성했을 때 그것을 **산수**에 대한 회의적 문제로 해석하는 사람들이 있다는 것을 알게 되었다. "나는 68+57이 125라는 것을 어떻게 아는가?" (왜 수학적 증명을 이용해서 이 질문에 답하지 않는가?) 최소한 이 단계에선 산수에 대한 회의가 문제가 되어서는 안 된다. 우리는 원한다면 '68+57은 125이다'라고 가정할 수 있다. 다시 질문을 '메타언어적으로' — 즉, "내가 '더하기'를 사용하는 방식대로, 68 더하기 57에 그것이 적용되면 125를 산출하는 그런 함수를 지칭한다는 것을 내가 어떻게 아는가?"라는 식으로 — 구성할지라도, 우리는 이렇게 답할 수 있다. "나는 '더하기'가 더하기 함수를 가리키며 따라서 '68 더하기 57'은 68 더하기 57을 가리킨다는 것을 확실히 안다. 그러나 내가 산수를 안다면, 나는 68 더하기 57이 125라는 것을 안다. 그러므로 나는 '68 더하기 57'이 125를 가리킨다는 것을 안다!" 확실히 내가 언어를 올바로 사용한다면, 내가 지금 사용하는 '더하기'가 더하기를 가리킨다는 것을 의심하는 일은 정합적이지 못 하다. 아마도 나는 (최소한 지금 단계에선) **현재**의 내 용법에 대해 그런 의심을 할 수 없을 것이다. 하지만 나는 **과거**에 내가 사용했던 '더하기' 용법이 더하기를 가리켰는지는 의심할 수 있다. 전에 언급했던 광란 상태나 환각제에 대한 이야기들이 이 점을 분명하게 해줄 것이다.

　이 문제를 반복해서 말해보자. 회의주의자는 내가 과거에 나 자신에게 내렸던 지침이 '5'가 아니라 '125'란 답을 강요하는지를 (혹은 정당화하는지를) 의심한다. 그는 내 용법의 변화에 관한 회의적 가설에 의거해 그런 도전을 한다. 어쩌면 내가 **과거**에 '더하기'를 사용했을 때, 나는 언제나 겹하기를 의미했을지도 모른다. 가설에 의해, 나는 그런 가정과 양립 불가능한 어떤 명시적인 지침도 내게 내린 적이 없다.

　물론, 궁극적으로 회의주의자가 옳다면, 우리가 저 함수가 하니라 이 함수를 의미한다거나 의도한다는 생각은 아무런 의미도 못 갖게 된다. 왜냐하면 회의주의자는 나의 과거에 관한 어떤 사실도 ─ 내 마음 안에 한 번이라도 있었던 것 혹은 나의 외적인 행위 중 어떤 것도 ─ 내가 겹하기가 아니라 더하기를 의미했음을 입증해주지 못한다고 주장하기 때문이다. (물론 역시 어떤 사실도 내가 겹하기를 의미했음을 입증해주지도 않는다!) 만일 이것이 맞는다면, 내가 무슨 함수를 의미했는지에 관한 어떤 사실도 있을 수 없다. 그리고 만일 내가 **과거**에 어떤 특정한 함수를 의미했는가와 관련된 사실이 전혀 없다면, **현재**에도 없을 것이다. 그러나 이같이 토대를 없애 버리기 전에, 지금 '더하기'에 의해 우리가 어떤 특정한 함수를 의미한다는 것에 대해선 의문을 제기하지 말고 의문을 제기할 수도 없다고 가정하면서 논의를 시작해보자. 오로지 **과거**의 용법만이 문제가 된다. 그렇지 않다면, 우리는 문제조차 **정식화할** 수 없게 될 것이다.

이 게임의 또 다른 중요한 규칙은 회의주의에 답하기 위해 언급될 수 있는 사실과 관련해서 어떤 제한, 특히 어떤 **행동주의적** 제한도 없다는 것이다. 나의 외적인 행위에 대한 외부 관찰자가 입수한 자료뿐만 아니라 나의 내적인 심성 상태도 증거로 채택되어야 한다. 만일 나의 외적인 행위는 어느 것도 내가 겹하기를 의미했는지 아니면 더하기를 의미했는지를 보여줄 수 없는데, 나의 내적인 상태 중 어떤 것이 그런 것을 보여줄 수 있다면, 그것은 흥미로운 일이 될 것이다. 하지만 우리의 문제는 더 급진적이다. 비트겐슈타인의 심리철학은 흔히 행동주의적인 것으로 간주된다. 비록 비트겐슈타인이 '내적'인 것에 대해 적대적일 수 있지만(혹은 아닐 수도 있지만), 그런 적대감은 전제로서 가정되어선 안 되며 결론으로서 논증에 의해 뒷받침되어야 한다. 따라서 '내 마음 안을 들여다본다는 것'이 무엇을 의미하든 회의주의자는 심지어 신이 그 일을 한다고 하더라도 여전히 내가 '겹하기'에 의해 무엇을 의미했는지를 정할 수 없을 것이라고 주장한다.

비트겐슈타인의 이런 면은, '번역 불확정성'에 대한 콰인의 논의와 대비된다.[10] 콰인의 논의와 비트겐슈타인의 논의 사이에는 접점

---

10 콰인의 다음 글들 참조. *Word and Object*(MIT, The Technology Press, Cambridge, Massachusetts, 1960, xi+294쪽.), 특히 제2장, 'Translation and Meaning' (26-79쪽). 또 다음 글 참조. *Ontological Relativity and Other Essays*(Columbia University Press, New York and London, 1969, viii+165쪽), 특히 처음 세 장 (1-90쪽). 또 다음 글 참조. "On the Reason for the Indeterminacy of Translation,"

이 많이 있다. 그렇지만 콰인은 오직 행동적 증거만을 논의에 포함시켜야 한다는 입장을 받아들였다. 대조적으로 비트겐슈타인은 내성적인[11] 탐구를 상세히 수행하며, 이런 탐구의 결과는, 앞으로 보겠지만, 그의 논증의 핵심적 특징으로 나타난다. 더욱이, 회의주의적인 문제는 행동주의적인 방식으로 제시되고 있지 않다. 그것은 '내부'로부터 제시된다. **다른** 누군가가 한 단어로 무엇을 의미하는지를 그의 행위를 기초로 하여 추측하려고 시도함으로써 콰인이 언어학자의 견지에서 의미에 관한 문제를 제기했다면, 비트겐슈타인의 도전은 **나 자신**에 관한 문제로 제기될 수 있다. 내가 지금 무엇을 해야 하는지를 명령하는 나에 관한 과거의 어떤 사실 ― 내가 더하기로 '의미했던 것' ― 이 있었는가?

회의주의자에 대한 이야기로 돌아가자. 회의주의자는 내가 '68+57'이란 문제에 '125'라고 답했을 때 나의 답은 정당화되지 않는 억측이라고 주장한다. 내 과거의 심적 역사는 내가 겹하기를 의미했으며 따라서 '5'라고 말했어야 한다는 가설과도 똑같이 양립 가능하다는 것이다. 이 문제를 우리는 이런 방식으로 표현할 수 있다. '68+57'에 대해 답하도록 요구받았을 때, 나는 주저 없이 자동적으로 '125'라고 답했다. 하지만 내가 전에 이 계산을 한 번도 한

The Journal of Philosophy, vol. 67(1970), 178-83쪽.
    콰인의 견해는 이 책 본문 95-99쪽에서 더 논의된다.

[11] 여기서 '내성적introspective'이란 용어를 철학적 원리와 연관시켜 사용하려는 의도는 없다. 물론 이 용어에 따르는 대부분의 관례적인 믿음들은 특히 비트겐슈타인이 반대할만한 것들이다. 나는 그저 비트겐슈타인이 그의 논의에서 우리 자신의 기억과 우리의 '내적인' 경험에 관한 지식을 사용한다는 것을 뜻할 뿐이다.

적이 없다면, 나는 '5'라고 답해도 좋았을 것처럼 보인다. 어떤 하나의 방식으로만 답하려는 적나라한brute 경향을 정당화하는 것은 아무 것도 없다.

우리의 문제에 대해 참지 못하고 다음처럼 항의하려는 독자들이 많이 있을 것이다. 이들은 우리의 문제가 오직 내가 스스로에게 내린 '덧셈'과 관련한 터무니없는 지침의 모델 때문에 생긴다고 한다. 분명 나는 전체의 목록이 그것으로부터 외삽extrapolate된다고 추정할 수 있는 유한한 사례들을 나 자신에게 제시하지 않았다("'+'를 다음 사례들에 의해 구체적으로 예시되는 함수로 하자"). 의심의 여지없이 무한히 많은 함수들이 **그것**과 양립가능하다. 오히려 나는 덧셈이 어떻게 계속되어야 하는지를 결정해주는 **규칙**을 배웠고, 그 규칙을 위한 지침들을 내면화시켰다. 그 규칙은 무엇인가? 초보적 형태로 그것을 표현해보자. x와 y를 더한다고 가정하자. 대리석 덩어리들을 많이 가져와보자. 먼저 한 무더기에 있는 x개의 대리석들의 수를 세라. 다음 다른 무더기에 있는 y개의 대리석들의 수를 세라. 두 무더기를 한데 모아서 만들어진 대리석들의 수를 세라. 그 결과는 $x+y$이다. 내가 과거 어느 때 나 자신에게 분명히 그런 지침들을 내렸다고 가정하자. 그것은 내 마음에 석판에 새긴 비명처럼 새겨져 있다. 그것은 내가 겹하기를 의미했다는 가설과 양립할 수 없다. 현재의 내 반응을 정당화하고 결정하는 것은 내가 과거에 했던 덧셈들의 유한한 목록이 아니라 이런 지침들의 집합이다. 즉, 이런 생각은 내가 68과 57을 더할 때 진정 무엇을 **하는가를** 우리가 생각해볼 때 더 강화된다. 나는 이 경우에 '125'라고 자동적으로 응답하지 않으며, 또한 '125'라는 답을 강제하는 현존하지 않는 과거의 어떤 지침들에 의존하지도 않는다. 오히려 나는 내가 전에 배웠던 덧셈을 위한 **알고리즘**algorithm을 따라 나아간다. 이 알고리즘은 방금 서술된 초보적인 것보다 더 복잡하고 더 실용적이지만 원칙상의 차이는 없다.

일견 그럴듯해 보이는 이런 반론에 대해 회의주의자가 보일 반응은 너무도 분명하다. 만일 과거에 사용했던 대로 내가 '세다'로 세는 행위를 가리켰다면(또한 나의 다른 과거의 단어들이 표준적인 방식으로 정확히 해석된다면), '더하기'는 덧셈을 나타냈어야 했다. 그러나 나는 '세다'를 '더하기'처럼 오로지 유한히 많은 과거의 사례들에만 적용했다. 따라서 회의주의자는 그가 '더하기'에 의해 했던 것처럼, 나의 과거의 '세다' 용법에 대한 나의 현재의 해석을 문제 삼을 수 있다. 특히, 그는 내가 '세다'에 의해 '제다'를 의미했다고 주장할 수 있다. 한 무더기를 '젠다'는 것은 보통 그것을 일상적 의미로 센다는 것인데, 단 무더기가 두 무더기의 합으로 이루어졌고 그 중 하나가 57개 이상이라면, 자동적으로 '5'라고 답해야 한다. 만일 과거에 '세다'가 제다를 의미했다면, 그리고 만일 내가 회의주의자에게 그렇게 자신 있게 말했듯이 '더하기'란 규칙을 따른다면, 나는 '68＋57'은 '5'임을 인정해야 한다. 여기서 나는 전에 '세다'가 57개 혹은 그 이상의 요소들로 구성된 두 개의 하부 무더기들의 결합으로 만들어진 무더기에는 한 번도 적용된 적이 없다고 가정했다. 만일 이 특정한 상계치upper bound가 효력이 없다면, 다른 것이 효력을 가질 것이다. 왜냐하면 요점은 완전히 일반적이기 때문이다. 만일 '더하기'가 '세다'에 의해 설명된다면, 후자에 대한 비표준적인

해석은 전자에 대한 비표준적 해석을 초래할 것이다.[12]

내가 무더기의 계산을 더 작은 무더기에 의한 구성과 **독립적**이 되도록 의도했다고 항의하는 것은 물론 무의미한 일이다. 내가 이것을 나 자신에게 가능한 한 분명히 말하게 했다고 하자. 회의주의자는 웃으면서 내가 과거의 나의 용법을 다시 한 번 잘못 해석했다고, 즉 실제로 '독립적'은 전에 '공립적'을 의미하고 '공립적'은 또 어떠어떠하다고 말할 것이다.

여기서 물론 나는 "규칙을 해석하기 위한 규칙"에 대한 비트겐슈타인의 잘 알려진 견해를 설명하고 있다. 회의주의자에게 답하기 위해 어느 규칙보다 더 '기본적인' 규칙에 호소하려는 마음이 생길 수 있다. 그러나 회의주의자의 응수는 더 '기본적' 차원에서도 반복될

---

12 같은 반론은 이와 연관된 한 가지 제안에 상처를 입힐 수 있다. 겹하기 함수는 내가 '+'를 위해 수용한 규칙들 중 일부를 만족시키지 못하기 때문에 (가령, 연합법칙이나 교환법칙이 성립하지 않도록 정의할 수 있었다), 그것은 '+'의 해석에서 제외된다고 강력하게 주장할 수 있다. 자연수에 대해선 더하기가 내가 수용하는 특정 방식들 — 가령, +에 대한 '귀납 방정식recursion equation': $(x)(x+0=x)$ 그리고 $(x)(y)(x+y'=(x+y)')$ 여기서 스트로크 또는 대시는 계승자successor를 나타낸다; 이 방정식은 때때로 덧셈의 '정의'로 불린다 —을 만족시키는 유일한 함수라고까지 말할 수 있다. 문제는 이 법칙들에서 사용된 다른 기호들(보편 양화사, 등식 기호)이 오직 유한한 수의 사례들에만 적용되었으며 그것들은 '+'의 비-표준적 해석과 유사한 비-표준적 해석을 가질 수 있다는 것이다. 예를 들면 '(x)'는 모든 $x < h$ — 여기 등장하는 h는 보편 사례화universal instantiation가 지금까지 적용되었던 사례들의 어떤 상계치이다 — 를 의미할 수 있는데, 등식기호에 대해서도 비슷한 말을 할 수 있다.

어쨌든 이 반대는 다소 지나칠 정도로 복잡하게 되었다. 수학자가 아닌 우리들 대부분은 인용된 형태의 명백하게 구성된 법칙들을 모르더라도 '+' 기호를 완전히 잘 사용한다. 그럼에도 불구하고, 우리가 '+'를 통상적인 확정적 의미를 갖고 사용하는 것은 확실하다. 그 함수를 우리가 사용하는 대로 적용할 때 무엇이 우리를 정당화하는가?

수 있다. 끝내 그 과정은 멈춰야 ―"정당화는 어딘가에서 끝난다."
― 하며, 그렇게 되면 나는 다른 어떤 규칙으로도 절대로 환원되지
않는 규칙을 갖게 된다. 하지만 회의주의자가 규칙을 쉽게 해석해서
무한한 수의 다른 결과들을 만들어낼 수 있다면, 그런 규칙을 이용
해 내가 현재 사용하는 방식을 어떻게 정당화할 수 있는가? 내가 사
용하는 방식은 정당화되지 않는 역측에 의한 행동처럼 보인다. 나는
그 규칙을 **맹목적**으로blindly 적용한다.

　보통 덧셈과 같은 수학 규칙을 생각할 때, 우리는 그것을 각각의
새로운 사례에 적용하도록 **인도** 받는다고 생각한다. 바로 이것이 함
수의 새로운 값을 계산하는 사람과 답을 제멋대로 불러대는 사람과
의 차이이다. '+' 기호와 관련된 나의 과거의 의도들이 주어진다면,
'68+57'에 대한 적절한 답으로 오로지 단 하나의 답이 명령된다.
한편, 비록 지능 검사관은 수열 2, 4, 6, 8 … 에 오직 하나의 연속만
이 가능하다고 가정할지 모르지만, 수학적, 철학적으로 솜씨 좋은
사람들은 무한한 수의 규칙들이 (일상적 다항식처럼 규약적인 수학적
함수를 이용해서 만들어진 규칙들까지도 포함해서) 그 같은 유한한 수
의 초기 부분과도 양립 가능함을 알고 있다. 따라서 만일 검사관이
나에게 2, 4, 6, 8 … 다음에 **단** 하나의 수로 답하도록 강요한다면,
적절한 답은 그런 유일한 수는 없으며, 주어진 것에 이어서 계속되
는 어떤 유일한 (규칙이 정해주는) 무한 수열 역시 없다는 것이다. 그
러면 이 문제는 이렇게 표현될 수 있다. 내가 나 자신에게 '+'와 관
련해서 내렸던 미래에 대한 지침이 지능 검사관의 것과 정말로 다른
가? 진정으로 나는 '+'가 유한한 수의 계산에 의해 예시된 함수라고

단순하게 규정할 수 없을지도 모른다. 게다가 나는 나 자신에게 '+' 와 다른 함수 및 규칙을 이용해서 '+'의 또 다른 계산을 위한 지침을 줄 수 있으며, 그 다음 그런 함수와 규칙의 또 다른 계산을 위한 지침을 내릴 수 있으며 이러한 과정은 계속된다. 그러나 궁극적으로 그 과정은 지능 검사의 경우에서처럼 단지 **유한한** 수의 사례들을 통해 나 스스로에게 규정했던 '최종적인'함수 및 규칙에 도달할 때 끝나야 한다. 그렇다면 나는 지능 검사에서 수의 연속을 추측하는 사람만큼이나 자의적인 절차를 따르는 것이 아닌가? 어떤 의미에서 '125'를 만드는 알고리즘을 따르는 나의 실제 계산 절차가 '5'를 만들어내는 다른 절차보다 나의 과거의 지침에 의해 더 정당화된다고 할 수 있는가? 나는 그저 정당화될 수 없는 충동을 따르고 있지는 않은가?[13]

---

13 전과 "같은 방식으로 계속한다"는 결단에 호소하려는 유혹을 받을 독자들은 이제 거의 없으리라고 생각한다. 실제로 그것을 여기서 언급하는 이유는 회의적 논증에 대한 하나의 가능한 응답을 반박하기 위해서가 아니라, 회의적 논증을 잘못 이해하는 한 가지 가능한 방법을 제거하기 위해서이다. 비트겐슈타인의 추종자들 중 일부는 ― 아마도 가끔 비트겐슈타인 자신도 ― 그의 입장이 (일종의 '상대적' 동일성에 반하는) '절대적 동일성'의 거부를 포함한다고 생각했다. '상대적' 동일성의 원리가 다른 근거에서 과연 정확한가의 여부와는 무관하게 나는 그런 생각이 옳다고 보지 않는다. 동일성을 좋을 대로 '절대적'이라고 하자. 그것은 오로지 대상과 그것 자체 사이에만 성립한다. 그러면 더하기 함수는 그것 자체와 동일하며, 겹하기 함수는 그것 자체와 동일하다. 이것 중 어떤 것도 내가 과거에 더하기 함수를 지칭했는지 아니면 겹하기 함수를 지칭했는지 말해주지 않으며, 따라서 지금 같은 함수를 적용하기 위해 무엇을 사용해야 하는지 내게 말해주지 않을 것이다.

　비트겐슈타인은 동일성의 규칙('모든 것은 그것 자체와 동일하다')은 이 문제로부터 벗어나는 길을 전혀 제공하지 못한다는 점을 강조한다.(§§ 215-216) (그 준칙을 '쓸모없는' 것으로 거부하든 안 하든 간에) 이 점을 충분히 명확하게 해야 한다. 가끔(§§ 225-227) 비트겐슈타인은 새로운 경우에 우리가 반응하는 방식이 우리가 '같다'라고 부르는 것을 결정하는 것처럼 말한다. 마치 '같다'의 의미가 경우에 물론 이런 문제들은 수학적 예에 한정되지 않고 언어 전반에 걸쳐 생긴다. 수학적 예를 통해 그런 문제들이 가장 잘 드러나지만 말이다. 나는 '탁자'란 용어가 미래의 무한정하게 많은 탁자에 적용될 그런 방식을 배웠다고 생각한다. 그래서 나는 그 용어를 새로운 상황, 가령 내가 처음 에펠탑에 가서 그 밑에 있는 탁자를 볼 때 적용할 수 있다. 이때 내가 과거에 '탁자'로 **탁사** ― '탁사'는 에펠탑 밑에서 발견되지 않은 탁자들 모두이거나 에펠탑 밑에서 발견된 의자이다 ― 를 의미했다고 가정하는 회의주의자에게 어떻게 응답할 수 있을까? 내가 처음에 탁자란 개념을 '파악했을' 때 나는 에펠탑에 대해 분명히 생각해봤는가? 나는 '탁자'로 의미했던 것에 대한 지침을 나 자신에게 내렸는가? 또 심지어 내가 그 탑에 대해 생각했더라도, 그것을 언급하면서 나 자신에게 내린 어떤 지침도 회의주의자의 가설과 양립가능하게 재해석될 수 있지 않은가? '사적 언어' 논증에서 가장 중요한 이 점은 물론 감각, 시각적 인상 등의 술어에도 적용된

따라서 변하기라도 하듯 말이다. 이것이 어떤 인상을 주건 상대적 동일성이나 절대적 동일성의 원리와 연관될 필요가 없다. 우리는 요점을 (이 점은 오로지 이 책의 3장 다음에서야 충분히 이해될 수 있다) 다음과 같이 표현할 수 있다. 만일 작은 수에 대해선 우리와 같이 '+'를 계산했던 누군가가 더 큰 수에 대해선 겹쳐기 식으로 이상하게 응답을 한다면, 우리는 그가 작은 수에 대해 한 것과 '같은 방식으로 계속한다'는 그의 주장을 인정하지 않을 것이다. 우리가 '올바른' 응답이라고 부르는 것이 우리가 '같은 방식으로 계속한다'고 부르는 것을 결정한다. 이것 중 어떤 것도 그 자체로는 동일성이 그 책 다른 곳에서 사용된 의미로 '상대적'임을 함축하지 않는다.

동일성의 '상대성'을 옹호하는 입장의 선두주자인 기치Peter Geach를 공정하게 다루기 위해 (독자들이 내가 그를 염두에 두고 있다고 가정하지 않도록) 그는 비트겐슈타인의 원리를 '절대적' 동일성의 부정에 의존하는 것으로 해석한다고 내가 들었던 사람들 중 하나가 **아니라는** 것을 말해두어야겠다.

다. "+2 수열을 써내려갈 때 '20004, 20008'이 아니라 '20004, 20006'을 써야 한다는 것을 **나는 어떻게 아는가?**" ― ("이 색이 '빨간 색'인지 나는 어떻게 아는가?"도 이와 유사한 질문이다.) 《수학의 기초에 관한 고찰》, I, §3) 이 구절은 이 논문의 중심 주제를 놀라울 정도로 잘 보여 준다. 비트겐슈타인은 수학철학과 '사적 언어 논증' ― 감각 언어의 문제 ― 의 근본 문제들 모두가 근원적으로 동일한 것, 즉 그의 역설로부터 나온다고 본다. §3 전부는 비트겐슈타인의 역설에 대한 간결하면서도 아름다운 진술이다. 《수학의 기초에 관한 고찰》 1부의 첫 단원 전부는 그 문제를 수학과 논리적 추론에 연관시켜 전개한다. '초록'이라는 단어를 사용하는 방식을 결정하기 위해 내가 필요로 하는 것은 내가 미래에 이 단어를 적용할 때마다 마음에 떠오르는 초록의 이미지, 즉 샘플을 갖는 것이라고 여겨져 왔다. 내가 '초록'을 새로운 대상에 적용하는 것을 정당화하기 위해 이런 샘플을 사용할 때 일어나는 회의적 문제는 굿맨을 읽은 독자라면 누구에게나 분명할 것이다.[14] 아마 '초록'으로 과거에 나는 **초랑**을 의미했을지도 모른다.[15] 또한 실제로 초랑이었던 색 이미지가 '초록'이란 단어를 항상 **초랑** 물체에 적용하도록 내게 지침을 주도록 되어 있었다. 만일 내 앞에 있는 **파란** 물체가 초랑이라면, 그것은 내가 과거에

---

[14] 참조. Nelson Goodman, *Fact, Fiction, and Forecast*(3rd ed., Bobbs-Merrill, Indianapolis, 1973, xiv+131쪽.), 특히 ch. III, §4, 72-81쪽.

[15] '초랑'의 정확한 정의는 중요하지 않다. 다음과 같이 가정하는 것이 최선이다. 과거의 물체들은 그것들이 (그때) 초록이었다면 그리고 오직 그때만 초랑이었던 반면, 현재의 물체들은 그것들이 (지금) 푸르다면 그리고 오직 그때만 초랑이다. 엄격히 말하면, 이는 굿맨의 원래 생각과는 다르다. 하지만 아마 현재의 목적을 위해선 가장 적합하다고 할 수 있을 것이다. 굿맨 역시 가끔은 이런 방식으로 말한다.

의미했던 '초록'의 외연에 들어 있다. 과거에 나는 '초록'이 오로지 그 샘플과 '같은 색의' 것들에만 적용된다고 상정했다고 말하는 것은 소용없다. 회의주의자는 '같은 색'을 같은 '잭'[16] — 만일 … 이면, 물체는 같은 잭이다 — 으로 재해석할 수 있다.

'더하기'와 '겹하기'의 예로 돌아가자. 우리는 막 그 문제 — 무엇 때문에 나는 '5'가 아니라 '125'라고 말해야 하는가? — 를 내가 만드는 현재의 특정한 답변을 기초로 요약했다. 물론 그 문제는 나의 현재의 의도와 관련한 회의적 의문 — 나의 심적 역사 속의 그 어떤 것도 내가 더하기나 겹하기를 의미했는지 입증하지 못 한다 — 을 이용해서도 잘 표현될 수 있다. 그렇게 정식화된 그 문제는 인식론적인 것 — 내가 이것들 중 무엇을 의미했는지 어떻게 알 수 있는가? — 처럼 보일지도 모른다. 그렇지만, 나의 심적 역사에 속한 모든 것이 내가 더하기를 의미했다는 결론과도 양립가능하고, 내가 겹하기를 의미했다는 결론과도 양립 가능하다면, 회의적 도전이 실제로는 인식론적인 것이 아니라는 점이 분명하게 드러난다. 회의적 도전은 과거의 행동에 대한 나의 심적 역사에 속한 어떤 것도 — 심지어 전지全知한 신이 알고 있을 그 어떤 것도 — 내가 더하기나 겹하기를 의미했는지 입증할 수 없다고 주장한다. 그렇다면 내가 겹하기가 아니라 더하기를 의미했음을 구성하는 나에 관한 **사실**은 전혀 없다는 결론이 따라 나오는 것 같다. 만일 나의 내적인 심적 역사나 외적인 행동 중 그 어떤 것도 실제로 내가 겹하기를 의미했다고 추측하는

---

16 '잭schmolor'은 철자법이 약간 다르지만 다음 글에 나온다. Joseph Ullian, "More on 'Grue' and Grue," *The Philosophical Review*, vol. 70(1961), 386-389쪽.

회의주의에 대한 답변을 줄 수 없다면, 어떻게 그런 것이 있을 수 있었을까? 내가 과거에 겹하기가 아니라 더하기를 의미했음과 같은 것이 전혀 없다면 현재에도 그런 것은 있을 수 없다. 처음 역설을 제시했을 때, 우리는 언어의 현재 의미를 문제 삼지 않은 채 부득이하게 언어를 사용해야 했다. 예측했던 대로, 이제 우리는 이런 일시적인 양보가 사실은 허위였음을 알게 되었다. 특정시점에서 '더하기'나 다른 어떤 단어를 통해 내가 의미하는 사실이란 있을 수 없다. 마침내 사다리는 차버려져야 한다.

그렇다면 이것은 회의적 역설이다. 내가 '68＋57'과 같은 문제에 어떤 방식으로 응답할 때, 내가 왜 다른 답이 아니라 그런 답을 말했는지에 관해선 어떤 정당화도 있을 수 없다. 내가 겹하기를 의미했다고 주장하는 회의주의자에게 답할 수 없기 때문에, 내가 더하기를 의미하는 것과 내가 겹하기를 의미하는 것 사이를 구분해주는 나에 관한 사실은 없다. 실제로 내가 '더하기'에 의해 특정한 함수를 의미했다는 것(새로운 예들에서 나의 응답을 결정하는 그런 함수)과 내가 아무것도 의미하지 않았다는 것 사이를 구분해주는 나에 관한 사실은 없다.

가끔 이 상황에 관해 숙고할 때, 나는 오싹한 느낌을 갖는다. 심지어 내가 이 글을 쓰고 있는 지금도, 내 마음 안에 있는 어떤 것 ― 내가 '더하기' 기호에 붙이는 의미 ― 이 모든 미래의 경우에서 내가 무엇을 해야 하는지 나에게 틀림없이 **가르쳐** 줄 것이라고 나는 확신한다. 나는 무엇을 **할 것**인지를 **예측**하는 것이 아니라 ― 이후의 논의를 보라 ― 그 의미와 일치하기 위해 무엇을 해야 하는지를 나 자신에게 **가르친다**. (내가 미래에 무엇을 할지 지금 예측한다고 할 때, 그것은, 내가 나 자신에게 내린 가르침에 입각해, 나의 의도가 미래와 일치할지 안 할지를 묻는 것이 의미 있는 한에서만 실질적인 내용을 갖게 될 것이다.) 그러나 내가 지금 내 마음속에 있는 것에 집중할 때, 거기에서 어떤 지침이 발견될 수 있을까? 미래에 내가 행동할 때 이 지침에 기초해서 행동하고 있다고 어떻게 나는 말할 수 있는가? 내 마음 안에는 미래의 내 자아가 참고할 탁자의 무한히 많은 사례들이 있지 않다. 미래의 계산 방법을 나에게 말해주는 일반 규칙이 내 마음속에 있다고 말하는 것은 단지 유한하게 많은 사례들에 의해서만 주어지는 것처럼 보이는 다른 규칙들의 문제로 되돌아가는 것일 뿐이다. 미래에 내가 행동할 때, 내가 사용하는 어떤 것이 내 마음 속에 있을 수 있는가? 의미라는 개념 전체가 흔적도 없이 사라져 버리는 것처럼 보인다.

　이런 믿기 어려운 결론들을 피할 수 있을까? 내가 이 주제에 관해 대화할 때 여러 번 들었던 반응에 대해 논의해보겠다. 이 반응에 따르면, 나에 관한 어떤 사실도 내가 더하기를 의미한다는 것을 구성하지 못한다는 논증은, 그런 사실이 **현재 발생하는** 심적 상태로 이루어져야 한다고 가정한다는 점에서 오류가 있다. 회의적 논증은 과거에 내게 실제로 일어났던 모든 심적 역사가, 더하기를 의미했건 겹하기를 의미했건, 같았다는 것을 보여주기도 하지만, 그것이 정말로 보여주는 것은 내가 (겹하기가 아니라) 더하기를 의미했다는 사실이 지금 일어나는 심적 상태들에 의해서가 아니라 **성향적**으로 분석되어야 한다는 점이다. 라일이《마음의 개념*The Concept of Mind*》을 발표한 이후에 **성향적** 분석은 상당한 영향을 미쳤다. 비트겐슈타인의 후기 연구도 물론 그런 분석에 영감을 의존하는 것들 중 하나라서, 어떤 사람들은 비트겐슈타인 자신도 그의 역설에 대한 **성향적** 해결책을 제안하고 싶어 한다고 생각할지도 모른다.

내가 들었던 성향적 분석은 간단하다. '+'에 의해 더하기를 의미한다는 것은, 임의의 더하기 '$x+y$'에 대해 질문을 받을 때, 그 답으로 x와 y의 합을 주려는 성향이 있다는 것이다(구체적으로 말하면, '68+57'이 무엇인가라는 질문을 받았을 때 '125'라고 말하는 것). 겹하기를 의미하는 것은 임의의 문제에 관해 질문을 받았을 때 그것들의 **겹합**을 제시하려는 성향이 있다는 것이다(구체적으로 말하면 '68+57'이라는 질문을 받았을 때 '5'라고 답하는 것). 과거에 내가 실제로 했던 생각들이나 반응들이 더하기와 겹하기 가설을 구별해주지 못한다는 것은 사실이다. 그러나, 심지어 과거에도, 그런 구별을 가능하게 해주었던 나에 관한 성향적 사실은 있었다. 내가 과거에 실제로 더하기를 의미했다고 말하는 것은 ─ 분명히 그러했듯이! ─ 만일 내가 '68+57'에 관한 질문을 받았다면, 나는 '125'라고 답**했을** 거라는 것이다. 가설에 따르면, 나는 실제로 그런 질문을 받은 적은 없지만, 그럼에도 불구하고 그런 성향을 지니고 있었다.

이 응답은 분명 방향을 대단히 잘못 잡고 있을 뿐만 아니라 초점을 놓친 것처럼 보인다. 왜냐하면 회의주의자가 문제를 제기하는 부분은 더하기 문제에 대해 '5'가 아니라 '125'라고 답변하는 것을 어떻게 **정당화**할 것인가에 관한 것이었기 때문이다. 회의주의자는 내 반응이 억측과 다름없다고 생각한다. 그런데 제안된 답변은 이 문제를 푸는데 도움을 주는가? 어떻게 그것이 내가 '125'를 선택한 것을 정당화하는가? 그 제안이 말하는 것은 이것이다. "'125'는 네가 제시하려는 성향이 있는 반응이며, (아마 그 응답은 추가적으로 이렇게 말할 텐데) 그것은 또한 네가 과거에 했던 반응이었을 것이다." 좋다, 나는 '125'가 내가 제시하려는 성향이 있는 (나는 실제로 그것을 제시하고 있다!) 반응이라는 것을 알며, ― 하나의 적나라한 사실로서 ― 내가 과거에도 같은 반응을 했을 것이라고 말하는 것이 도움이 될지 모른다. 이 중 어떤 것이 ― 지금 **혹은** 과거에 ― '125'가 불쑥 튀어나온 정당화되지 못한 자의적인 답이 아니라, 나 자신에게 내린 지침에 의거한 **정당화된** 답이라는 것을 보여주는가? 내가 겹하기가 아니라 더하기를 의미했으며, 따라서 '125'라고 답해야 한다는 나의 현재 믿음을 **과거**의 나의 성향에 관한 하나의 **가설**에 의거해 내가 정당화한다고 생각하는가? (나는 나의 두뇌에 관한 과거의 생리학을 기록하고 탐구하는가?) 과거의 내 모든 생각들이 더하기를 의미했던 것으로도 구성될 수 있고 겹하기를 의미했던 것으로도 구성될 수 있을 때, 이런 종류의 한 가지 특별한 가설이 정확하다고 내가 그렇게 확신하는 이유는 무엇인가? 혹은, 그 가설은 나의 **현재**의 성향만을 ― 그렇다면 이 경우에 그것은 정의상 올바른 답을 줄 텐데 ― 언급하는가?

"내게 옳은 것처럼 보이는 것은 무엇이든지 옳다"(§258)라는 가정보다 더 우리의 일상적인 견해 ― 혹은 비트겐슈타인의 견해 ― 와 상반되는 것은 없다. 왜냐하면 "그것은 단지 여기서 우리가 옳음에 관해 말할 수 없다는 것만을 뜻할 뿐이기 때문이다."(같은 절) 어떤 주어진 함수 기호에 의해 다른 어떤 것이 아닌 그 함수를 내가 의미하는 상태를 구성하는 후보는 다음과 같아야 한다. 실제로 내가 하는 (하려는 성향이 있는) 것이 무엇이든 내가 **해야** 할 유일한 것이 있다. 성향적 견해는 수행과 정확성을 그저 동일시한 것에 불과하지 않은가? 결정론을 가정한다면, 비록 내가 '★' 기호에 의해 특별한 수론적 함수를 지칭하지 **않을** 의도였다 하더라도, 임의의 두 논항 argument m과 n에 대해 내가 제시할 유일하게 결정된 p라는 답이 있다는 것은, 그것이 '+'에 대해서 참인 정도로, '★'에 대해서도 참이다.[17] (우리는 보통, 나는 무작위로 하나를 선택한다고 말하지만 인과적으로 그 답은 결정된다.) 이 경우와 '+' 함수와의 차이점은 후자와는 달리 전자의 경우 단일하게 결정된 나의 답을 '옳다'거나 '그르다'고 부르는 것이 적절하다는 것이다.[18]

따라서 성향적 설명을 제시하는 사람들은 회의주의자의 문제, 즉 나의 현재 반응을 **정당화하는** 과거의 사실을 발견하라는 요구를 오해하는 것처럼 보인다. 성향론적 설명은 나의 의미를 결정하는 '사

---

[17] 우리는 임의의 큰 수 m과 n에 대해서 이런 주장이 심지어 '+'의 경우에도 실제로 참이 아니라는 것을 곧 보게 될 것이다. 이 때문에 나는 그 주장이 '+'와 무의미한 '★'에 대해서 '같은 정도로' 참이라고 말한다.

[18] 나는 어떤 특정한 것도 의미하지 않기 위해 '★'를 도입할 수도 있었다. 비록, 나의 뇌 구조 속에 있는 어떤 퀴크quirk의 작용을 통해, 내가 'm★n'에 대해 임의로 선택했던 답이 내가 그 질문을 받았을 때의 시간 및 상황과 독립적으로 단일하게 결정될지라도 말이다. 덧붙여, 일단 'm★n'에 대한 특정한 답을 하나 선택하면, 나는 그 물음이 어떤 특정한 사례에서 반복될 때 그 답을 고수하지만, 그럼에도 불구하고, '★'가 특별히 아무런 함수도 의미하지 않는 것으로 생각하는 것은 참일 수 있다. 나는, 내가 '+'에 대해 할 것처럼, 내가 '★'에 부여했던 **의미**에 의거해서 나의 특정한 답이 '옳거나 그르다'는 것을 말하려는 게 아니다. 왜냐하면 그런 의미는 없기 때문이다.

실'의 후보가 갖추어야 할 31쪽에서 강조된 기본적인 조건 ─ 그것은 내가 각각의 새로운 사례에 무엇을 해야 할지를 내게 **말해야** 한다는 것 ─ 을 만족시키지 못한다. 성향적 설명에 대한 거의 모든 반론은 결국 이 점으로 귀결된다. 그렇지만 성향주의는 나의 의미와 관련된 사실이 무엇일지에 대한 후보로 인기 있는 것이기 때문에, 그 견해가 갖고 있는 문제들을 더 자세히 조사할 필요가 있다.

내가 말했듯이, 아마도 비트겐슈타인 자신이 성향적 분석을 좋아했다는 말을 들어 본 사람들이 있을 것이다. 그러나 비록 비트겐슈타인의 견해 속에 성향적 요소들이 있다고 해도, 나는 그러한 성향적 분석은 어느 것이건 비트겐슈타인의 견해와 조화를 이루지 못한다고 생각한다.[19]

---

[19] 특정한 심적 개념들의 성향적 분석은 이미 러셀이 다음 책에서 제시하였다. Bertrand Russell, *The Analysis of Mind*(George Allen and Unwin, London, in the Muirhead Library of Philosophy, 310쪽.) 특히 Lecture III, "Desire and Feeling," 58-76쪽. (가령, 욕망의 대상은 그것을 얻었을 때 그 욕망이 없어지기 때문에 주체의 행동을 야기할 그런 것으로 정의된다.) 이 책은 분명히 왓슨식의 행동주의에 영향을 받았다. 서문과 1장 참조. 나는 비트겐슈타인의 철학이 이 책의 상당한 영향을 받아 발전했다고 추측하고 싶다. 그것은 행동주의적 입장과 성향적 입장에 대한 공감뿐만 아니라 반감의 형성에도 영향을 주었다. 나는《철학적 고찰 *Philosophical Remarks*》(Basil Blackwell, Oxford, 1975, 357 쪽. trans. by R. Hergreaves and R. White)의 §21 다음 몇 절이 러셀의《마음의 분석》제 3강에 나오는 러셀의 욕망 이론에 대한 거부를 표현하고 있다고 본다. 내가 생각하기에 러셀의 이론에 대한 논의는 비트겐슈타인의 발전에 중요한 역할을 한다. 욕망, 기대 등과 그것의 대상 사이의 관계('지향성')의 문제는 의미와 규칙에 관한 비트겐슈타인의 문제가《철학적 탐구》에서 취한 중요한 형식들 중 하나이다. 분명 회의주의자들은, 내가 전에 의미했던 것에 대한 이상한 해석을 제안함으로써, 나의 과거 욕망이나 기대를 (현재에) 충족시키거나 충족시키지 않는 것에 관해서 내가 내렸던 명령에 대한 복종을 구성하는 것이 무엇인지에 관해 이상한 결과를 얻을 수 있다. 러셀의 이론은 욕망에 대한 인과적이고 성향적인 설명을 제시한다는 점에서 이 책에 나오는 의미에서의 성향 이론과 유사하다. 성향 이론이, 두 특정한 수 m과 n에 대해서

우선, 단순한 성향적 분석에 대해 말해야겠다. 이 분석은 쌍항 함수 기호 'f'에 의해 내가 과연 어떤 수론적 함수 φ를 의미하는지를 내게 말해줄 하나의 기준을 제시한다. 즉 'f'의 지시체 φ는, 내가 '$f(m, n)$' ― 여기서 'm'과 'n'은 특정한 수 m과 n을 가리키는 숫자들이다 ― 에 관해 질문 받을 때 나는 'p' ― 여기서 'p'는 $\varphi(m, n)$을 가리키는 숫자이다 ― 라고 응답할 성향이 있는 쌍항 함수이다. 이 기준은 어떤 주어진 함수에 의해 내가 무슨 함수를 의미하는지를 성향으로부터 우리가 '읽어 낼' 수 있게 하려는 목적을 갖고 있다. 앞에 나온 더하기와 겹하기의 사례들은 그러한 정의 도식의 특별한 사례들일 뿐이다.[20]

내가 의미했던 '+'의 값은, 정의에 따라, '$m+n$'에 대해 질문을 받았을 때 내가 제시할 답이라고 주장하는 것과 마찬가지로, 러셀은 내가 원했던 것을, 내가 그것을 얻는다면 그것을 '찾는' 나의 행동을 진정시킬 것이라고 주장한다. 내가 생각하기에, (초기의 사상으로부터 나온)《철학적 고찰》에서와 마찬가지로《철학적 탐구》에서조차도 비트겐슈타인은 여전히 성향론을 거부하는데, 그 이유는 그 이론이 바람과 그 대상 사이의 관계를 '외적' 관계로 만들기 때문이다(《철학적 고찰》, §21). 비록《철학적 고찰》과는 달리《철학적 탐구》에서는 더 이상 그의 이론은《논리철학논고》의 '그림 이론'에 기반하고 있지 않지만 말이다. 바람(기대 등)과 그 대상 사이의 관계는 '외적'이 아니라 '내적'이어야 한다는 비트겐슈타인의 견해는 내 책에서 의미에 관해 이끌어낸 그에 대응하는 원리들과 유사하다. (미래 행동에 대한 의미와 의도의 관계는 '기술적이지 않고 규범적이다.' 이 책의 69쪽.) §§429-465에서는 '지향성'이라는 주제를 통해《철학적 탐구》의 근본적 문제를 논의한다. 나는 §440과 §460이 러셀의 이론을 완곡하게 언급하면서 그것을 거부하는 것으로 간주한다.

기계에 관한 비트겐슈타인의 단평들(64-67쪽과 이 책 본문 주 24 참조) 역시 의미와 규칙 따르기에 대한 성향적이고 인과적 설명을 명백하게 거부한다.

[20] 실제로 이런 조잡한 정의는 내가 정의할 수는 있지만 어떤 알고리즘에 의해서도 계산할 수 없는 함수에는 명백히 적용될 수 없다. 처치Church의 논제에 따르면, 그런 함수들은 많이 있다. (주 24에 있는 튜링 기계에 대한 단평들 참조.) 그렇지만 비트겐슈타인 자신은 그의 역설을 전개시킬 때 그런 함수를 고려하지 않는다. 그런 함수를 가리키는 기호에 대해 "그 기호에 의해 나는 어떤 함수를 의미하는가?"란 질문은

성향 이론은 성향에 호소함으로써 내가 과거에 실제 수행한 것들이 유한하다는 문제를 피하려고 한다. 그러나 그렇게 함으로써, 그 것은 한 가지 분명한 사실, 즉 나의 현재 수행뿐 아니라 나의 성향들의 총체가 유한하다는 점을 무시한다. 예를 들어, 아무리 큰 수이건 임의의 두 수의 합에 관한 질문을 받을 때, 내가 그것들을 실제로 더해서 답하리라는 것은 참이 아니다. 왜냐하면 어떤 쌍들의 수는 너무 커서 나의 마음 ― 혹은 나의 두뇌 ― 이 이해할 수 없기 때문이다. 그런 합들이 주어지면, 나는 이해를 못하기 때문에 어깨를 움찔할지 모른다. 질문을 하는 사람이 질문을 완성하기 전에 내가 늙어 죽을 정도로 그 수들이 아주 클지 모른다. '겹하기'를, 내가 수들을 합하는 성향을 갖기에 충분할 정도로 작은 수들의 쌍에 대해서는 더하기와 일치하지만, 그 다음부터는 더하기로부터 이탈하는(가령, 그 답은 5이다) 함수로 다시 정의하자. 그렇다면 회의주의자는 이전에 내가 과거의 의미로 겹하기를 의미했었다는 가설을 제안했던 것과 꼭 마찬가지로, 지금 내가 새로운 의미로 겹하기를 의미했다고 제안한다. 성향적 설명은 이 회의주의자를 논박하기에는 역부족일 것이다. 전처럼, 회의주의자는 겹하기 역할을 하는 무한히 많은 후보들을 제안할 수 있다.

의미가 있다. 그러나 통상적인 비트겐슈타인의 역설(내가 제시하는 바로 그 응답뿐 아니라 어느 응답도 규칙에 일치한다)은 아무런 의미도 갖지 못 한다. 왜냐하면 만일 그 함수의 값을 계산할 절차를 내가 갖고 있지 않다면 내가 제시할 응답이 있을 필요가 없기 때문이다. 또한 내가 의미하는 것에 대한 성향적 분석도 무의미하다. 이런 문제를 여기서 다루는 것은 적절하지 않다. 비트겐슈타인에게 그것은 유한주의와 직관주의에 대한 그의 입장들과 연결될 수 있다.

이런 어려움은 성향 개념이 너무 소박하기 때문이라는 제안을 들은 바 있다. 즉, **다른 조건이 변하지 않는다면**ceteris paribus, 나는 질문을 받았을 때, 임의의 두 수의 합으로 분명히 응답할 것이다. 다른 조건이 변하지 않는다는 단서 하의 성향 개념들 — 소박하고 문자 그대로의 의미를 가진 성향 개념이 아니라 — 이야말로 철학과 과학에서 표준적으로 사용되는 것들이다. 어쩌면 그럴지도 모른다. 하지만 어떻게 다른 조건이 변하지 않는다는 단서를 구체화할 것인가? 아마 다음과 같을 것이다. 만일 나의 뇌가 아주 큰 수들을 이해하기에 충분할 만큼 특별한 물질로 채워졌고, 만일 그렇게 큰 덧셈을 수행하기에 충분한 능력을 갖고 있으며, 또한 만일 (건강한 상태에서) 두 큰 수 m과 n을 포함한 덧셈 문제가 주어질 때, 겹하기 같은 규칙에 따라서가 아니라 그들의 합으로 응답할 만큼 나의 생명이 충분히 연장된다면 말이다. 그러나 우리는 어떻게 이를 자신할 수 있는가? 만일 나의 뇌가 특별한 물질로 채워지거나 혹은 나의 생명이 어떤 마법적인 불로장생의 약으로 연장된다면, 무슨 일이 일어날지를 도대체 내가 어떻게 말할 수 있단 말인가? 확실히 그런 것에 관한 상상은 공상 과학 작가나 미래 학자의 몫이 되어야 할 것이고 우리는 그런 실험의 결과들이 어떨지 전혀 알지 못한다. 그것들은 나를 미치게 해서 심지어 겹하기 같은 규칙에 따라 행동하게 만들지도 모른다. 그 결과는 분명히 비결정적이어서, 이런 마법과도 같은 마음의 확장 과정에 관한 더 이상의 구체적 묘사를 할 수 없게 될 것이다. 또한 설사 구체적으로 묘사된다고 하더라도, 그것은 너무나 사변적이다. 그러나 다른 조건이 변하지 않는다는 단서가 정말로 의미하는

것은 이와 같을 것이다. 만일 현재에 내가 더하기(또는 이해하기)에
는 너무 긴 수들과 관련된 나의 의도를 수행할 수단을 어쨌든 갖게
되고, 그래서 만일 내가 이런 의도들을 수행한다면, 그때 임의의 큰
수 m과 n에 대해 '$m+n$'이 얼마인가라는 질문을 받는다면, 나는
(그것들의 겹합이 아니라) 합으로 응답할 것이다. 이런 반사실적 조
건문은 충분히 참이지만, 회의주의자에게 대항하는 데는 아무런 도
움도 주지 못한다. 그것은 '+'에 의해 내가 다른 것이 아닌 이 함수
를 의미하는 의도를 갖고 있음을 미리 전제한다. 이 조건문이 참인
것은 나에 관한 이런 종류의 사실 덕택이다. 그러나 물론 회의주의
자는 그런 사실의 존재에 의문을 던지고 있다. 그의 도전은 그 사실
의 본성이 구체적으로 드러나야만 뿌리칠 수 있는 것이다. 내가 '+'
에 의해 더하기를 의미한다고 가정하고, 물론 내가 나의 의도에 일
치하게 행동한다고 가정한다면, 나는 '+'에 의해 결합될 어떤 쌍의
수들이 주어질 때, 그것들의 합으로 응답할 것이다. 그러나 마찬가
지로, 내가 겹하기를 의미한다고 가정하고, 내가 나의 의도에 따라
행동한다고 가정한다면, 나는 겹합으로 응답할 것이다. 우리는 순
환에 빠지지 않고는 어느 한 조건문을 더 선호할 수 없다.

  간단하게 요약해보자. 만일 성향주의자들이 내가 의미했던 함수
를 임의의 큰 값들에 대해 내가 대답하려는 성향에 의해 결정되는
함수로 정의하려고 한다면, 그는 나의 성향이 오로지 유한하게 많은
사례들에 적용된다는 사실을 무시하는 셈이다. 만일 그가 이 유한성
을 극복하는 이상적 조건들 아래에서 만들어지는 나의 반응에 호소
하려 한다면, 오로지 그 이상적 조건 안에 내가 실제로 의미했던 함

수의 무한 계산표에 따라 여전히 반응할 구체적인 조건이 포함되어야만, 그런 이상화는 성공할 것이다. 그러나 그렇다면 이 절차의 순환성은 명백하다. 이상화된 그 성향은 오로지 내가 의미했던 함수가 무엇인지가 이미 정해졌기 때문에 결정적이다.

하지만 성향주의자들의 견해에는 또 다른 어려운 문제가 잠재되어 있다. 이는 앞서 내가, 만일 '올바름'이 의미가 있다면, 내게 옳게 보이는 것은 (정의에 의해서) 무엇이든 옳다는 생각은 참일 수 없다는 비트겐슈타인의 말을 상기했을 때, 슬쩍 내비쳤던 문제이다. 우리 대부분은 실수할 성향을 갖고 있다.[21] 예를 들면, 어떤 수들을 더

---

[21] 그렇지만, 여기서 인용한 슬로건과 §202에서 비트겐슈타인은 "내가 그 규칙을 적용하는 방식은 옳은가?"라는 질문보다 "여전히 같은 규칙을 적용하고 있다고 생각할 때 나는 옳은가?"라는 질문에 대해 더 관심을 가진 듯하다. 내가 아는 한 우리 모두는 일단 주어진 규칙을 적용하고 있다면, 그 규칙을 적용하는 것이 이상하게도 없어질 그런 성향은 비교적 갖고 있지 않다. 아마도 내 뇌에는 나로 하여금 더하는 법을 잊어버리게 만들 부식성 물질이 (만일 내게 특정한 덧셈 문제가 주어지면 그 활동이 '촉발'될 것이다) 이미 있는지도 모른다. 일단 이 물질이 분비되면, 나는 덧셈 문제에 대해 이상한 답 — 겹하기 같은 규칙에 맞는 답 혹은 전혀 패턴을 찾아낼 수 없는 답 — 을 만들기 시작할 수 있다. 내가 같은 규칙을 따르고 있다고 생각할지라도 실제로 나는 그렇지 않다.

이제, 내가 '더하기'로 덧셈을 단정적으로 의미한다고 주장할 때, 나는 내 미래 행동에 대한 **예측**을 — 그런 부식성 물질은 없다고 주장하면서 — 하고 있는가? 다른 식으로 문제를 표현하면, 나는 내가 '+'에 부여하는 현재의 의미가 임의의 큰 수에 대한 값을 결정한다고 주장한다. 나는 내가 이 값들을 공표할 것이라고 예측하지 **않는다**. 심지어 나는 그 값을 얻기 위해 '올바른' 절차와 같은 것을 사용하리라고 예측하지도 **않는다**. 난폭해지려는 성향, 규칙을 바꾸려는 성향 등이 이미 내 몸 안에 있어서 적당한 자극에 의해 촉발되기를 기다리고 있을지도 모른다. 내가 '+'를 사용하는 방식이 모든 쌍의 수의 값을 결정한다고 내가 말할 때, 그런 가능성을 주장하는 것이 아니며, 내가 그런 상황에서 공표할 값이 정의상 의도됐던 것과 일치한다고 주장하는 것은 더욱더 아니다.

이런 가능성들과 이 책에서 언급된 통상적인 오류 가능성에 덧붙여, 내가 처음부터 아무런 규칙을 따르지 않더라도 내가 응답하려는 성향이 있을 때 앞에서 '★'와

하라는 질문을 받을 때, 계산을 '하는' 것을 잊어버리는 사람들이 있다. 따라서 그들은 이런 수들에 대해 통상적인 덧셈표와 다른 답을 하려는 성향을 갖고 있다. 정상적인 상황에서 우리는 그런 사람들이 **실수**를 했다고 말한다. 우리뿐만 아니라 그들에게도, '+'는 더하기를 의미하지만, 어떤 수들에 대해서 그들은 만일 그들이 실제로 **의미했던** 함수의 표와 일치하려 한다면 **제시해야 하는** 답을 할 성향을 갖고 있지 않다. 그러나 성향주의자들은 이런 말을 할 수 없다. 그에 의하면 어떤 사람이 의미하는 함수는 그의 성향으로부터 **읽어 낼 수 있어야** 한다. 무슨 함수가 의미되는지는 미리 전제될 수 없다. 현재의 예에서 어떤 하나의 독특한 함수(그것을 '이겹하기'라고 부르자)가 그 표에서 정확하게 그 사람의 성향 ― 실수를 하려는 그의 성향을 포함해서 ― 에 대응한다. (그 사람의 성향이 유한하다는 어려움은 당분간 고려하지 않기로 하자. 그가 임의의 쌍의 값에 반응하려는 성향을 갖고 있다고 가정하자.) 상식적으로 생각해서 그 사람은 다른 모든 사람과 같은 더하기 함수를 의미하지만, 체계적인 계산상의 실수를 한다고 말해야 하는 경우에도, 성향주의자들은 그 사람은 아무런 계산상의 실수를 하지 않으며 '+'로 비표준적인 함수('이겹하기')를 의미한다고 주장해야 하는 것 같다. 성향주의자들은 '+'로 겹하기를 의미했던 사람을 57보다 큰 값들에 대해 '5'라고 반응할 성향을 갖고 있다는 것을 보고 알아낼 것이라고 주장한다는 점을 상기하자. 마찬가지

함께 언급된 사례를 명심해야 한다. '★'의 경우에 비록 내가 아무런 규칙도 따르고 있지 않을지라도 나는 규칙을 따르고 있다는 인상을 가질 수 있다는 것이 직관적으로 가능한 듯이 보인다는 점을 주목하라. §166을 참고하면서, 이 책 본문 80-81쪽에 나온 유사한 읽기의 사례를 참조할 것.

로, 그는 간혹 실수를 저지르는 일상적인 사람은 '+'로 비표준적 함수를 의미함을 '읽어낼' 것이다.

거듭 말하지만, 이런 어려움은 다른 조건이 변하지 않는다는 단서나 '잡음'을 제거하는 구절 혹은 '능력'과 '수행'의 구분을 통해서는 극복될 수 없다. 분명 각 덧셈 문제에 대해 맞는 답을 하려는 성향은 나의 '능력'의 일부이다. 만일 이에 의해, 우리가 단지 그런 답이 내가 의도했던 규칙에 일치하는 답이라는 것을 의미할 뿐이거나, 혹은, 실수를 하는 나의 모든 성향들이 제거된다면, 내가 맞는 답을 하리라는 것을 의미한다면 말이다. (반복하지만 나는 나의 능력의 유한성을 지금 문제 삼고 있지 않다.) 그러나 실수를 하는 성향은 그저 **내가 의미했던 함수와 일치하는 답과 다른 답을 하려는** 성향일 뿐이다. 현재의 논의에서 이런 개념을 전제하는 것은 물론 악순환에 빠지는 길이다. 만일 내가 더하기를 의미한다면, '틀린' 나의 실제 성향은 무시되어야 한다. 만일 내가 이겹하기를 의미한다면, 그것은 무시되어선 안 될 것이다. 이렇게 정의된 나의 '능력'이란 개념 속에는 어떤 선택지를 선택하라고 나에게 말해주는 것이 아무것도 없다.**22** 이

---

22 오해를 받지 않기 위해, 나의 말이 촘스키의 능력-수행 구분을 거부하는 것이 아님을 분명히 하고 싶다. 반대로 나는 그 구분(그리고 그에 수반하는 문법적 규칙이란 개념)을 위한 친숙한 논증들이 대단히 큰 설득력을 가지고 있음을 알게 되었다. 나는 이 책을 나 자신의 입장이 아니라 비트겐슈타인의 입장을 내가 어떻게 이해하고 있는지를 해설할 의도로 쓰고 있다. 하지만 나는 비트겐슈타인 자신이 그 구분을 거부할 것이라고 주장할 의도는 ― 주석 상으로도 ― 전혀 없다. 그러나 여기서 중요한 점은 '능력'이라는 개념이 그 자체로 성향적 개념은 아니라는 점이다. 그것은 이 책에서 설명된 의미로 말한다면 규범적 ― 기술적이 아니라 ― 이다.
　요점은 '능력'이란 개념에 대한 우리의 이해가, 앞서의 논의에서 논증되듯, '규칙 따르기'란 개념에 대한 우리의 이해에 의존한다는 것이다. 비트겐슈타인은 '능력'

에 대한 대안으로 우리는 어떤 함수가 의미되었는지를 선험적으로 전제하지 않으면서도, 무시할 수 있는 '잡음'을 구체적으로 지적하려고 시도할 수 있다. 하지만 약간의 실험만으로도 이런 노력이 쓸모없다는 것이 드러날 수 있을 것이다. 그 사람은 특정한 상황에서 계산하는 것을 잊어버리려는 **체계적인** 성향을 갖고 있음을 상기하자. 그는 어수선하지 않고 쾌적한 환경에서 충분히 휴식을 취했을

이 이상화된 성향 모델 혹은 기계적 모델에 의해 정의될 수 있다는 것과 규칙 따르기란 개념을 순환 없이 해명하기 위해 능력이 사용될 수 있다는 것을 거부할 것이다. 규칙에 관한 회의적 문제가 해결된 후에야 비로소 우리는 '능력'을 규칙 따르기에 의해 정의할 수 있다. 비록 '능력'과 '수행'의 개념이 (최소한) 학자들마다 다르지만, 나는 '능력'을 규칙 따르기에 앞서 정의되는 것으로 가정할 필요가 있다고 보지 않는다. 내가 이 책에서 우리의 문제에 대한 한 가지 해결책으로 '능력'을 사용하는 것에 대해 경고한다고 해서 그 개념 자체에 반대하는 것은 아니다.

그럼에도 불구하고, 비트겐슈타인의 문제에 대한 그의 해결책이 갖고 있는 회의적 본성이 주어지면(이 해결책은 이 책 본문 뒤에 나올 것이다), 비트겐슈타인의 입장이 수용된다는 가정 하에, 분명히 '능력'이라는 개념을 상당수의 언어학 문헌에서 다루어지는 방식과 근본적으로 다르게 볼 수 있을 것이다. 왜냐하면 만일 규칙-따르기를 귀속시키는 진술이 사실을 진술하는 것으로 간주될 수 없고, 우리의 행동을 **설명**하는 것으로도 간주될 수 없다면(이 책 3장 참조), 언어학에서 규칙이나 능력 개념을 **사용**하는 방식은 심각하게 재고될 필요가 있는 것처럼 보이기 때문이다. 비록 그 개념들이 '무의미'한 것으로 되진 않더라도 말이다. (입장에 따라서 현대의 언어학과 비트겐슈타인의 회의적 비판 사이에서 드러나는 긴장 관계를 언어학을 회의하게 만드는 것으로 혹은 비트겐슈타인의 회의적 비판을 회의하게 하는 것, 혹은 양자 모두를 회의하게 하는 것으로 볼 수도 있다.) 이런 질문들은, 이 책 전체에서 그런 것처럼, 우리가 명료하게 진술되는 덧셈과 같은 규칙을 다룰 때에도 등장할 것이다. 우리는 이 규칙들을 우리가 의식적으로 파악하는 것으로 생각한다. 비트겐슈타인의 회의적 논증이 없는 상태에서 우리는, 우리가 제시한 각각의 답이 우리가 규칙을 '파악'했다는 것에 의해 정당화된다는 가정에 아무런 문제도 발견하지 못할 것이다. 그 문제는, 마치 언어학에서 그런 것처럼, 규칙을 암묵적인 것으로 그래서 과학자에 의해서 재구성되고 행동의 **설명**으로서 **추론**되어야 할 것으로 생각한다면, 더욱 복잡해진다. 이 문제는 다른 곳에서 더 자세하게 논의할 것이다. (159, 162쪽 참조. 그리고 주 77 참조)

때에도 한결같이 틀린 답을 하려는 성향이 있다. 우리는 그 사람이 다른 사람들로부터 교정을 받은 후, 마침내 올바른 답을 할 것임을 강조함으로써 문제를 해결할 수 없다. 첫째, 심지어 끈질긴 교정을 받은 후에도 계속 실수를 할 정도로 가르치는 것이 불가능한 사람들이 있다. 둘째, '다른 사람들로부터 교정을 받는다는 것'이 무엇을 뜻하는가? 만일 그것이 다른 사람들이 '틀린' 답(화자가 의미하는 규칙과 일치하지 않는 답)을 거부하고 '올바른' 답(일치하는 답)을 제안하는 것을 뜻한다면, 다시 그 설명은 순환적이다. 만일 무작위로 간섭하는 것이 허용된다면(즉, 교정이 '옳건' '틀리건', '교정'이 제멋대로 이루어진다면), 교육이 어느 정도 가능한 사람들은 그들의 틀린 답을 고치려는 마음을 먹을 수 있지만, 남의 말을 쉽게 따르는 사람들은 그들의 옳은 답을 틀린 답으로 대체하려는 마음을 먹을 수도 있다. 그렇게 되면, 수정된 성향적 진술은 실제로 의미되는 함수를 위한 기준을 전혀 제공하지 못 할 것이다.

진술된 대로, 성향 이론은 내가 무슨 함수를 의미했는지가 구체적인 사례들에서 그 값을 계산하려는 나의 성향에 의해 결정된다고 가정한다. 하지만 사실은 그렇게 결정되지 않는다. 성향은 단지 전체 함수의 유한한 부분만을 다루며 또한 그 함수의 맞는 값으로부터 벗어날 수 있기 때문에, 두 사람이 실제로는 다른 함수를 계산하고 있음에도 불구하고, 특별한 사례에서는 계산의 결과가 일치할 수도 있다. 따라서 성향적 견해는 정확하지 않다.

토의 중에 나는 성향적 설명의 변종을 가끔 들은 적이 있다. 그 논증은 다음과 같다. 회의주의자의 주장은 본질적으로 이것이다.

과거의 내 의도들을 나는 항상 적절하게 해석할 수 있기 때문에, 덧셈 문제에 어떤 새로운 답을 해도 괜찮다. 그러나 어떻게 그럴 수 있는가? 더밋은 이런 식의 반론을 다음과 같이 표현한다. "이 문제와 관련하여 인간은 어디서부터 기계가 갖지 못한 선택의 자유를 얻는가?"[23] 이런 반대는 실제로는 성향적 설명의 한 형태이다. 왜냐하면 그 설명은, 마치 인간을 기계로 ─ 기계적으로 정확한 결과를 산출하는 ─ 해석하는 것처럼 생각할 수 있기 때문이다.

우리는 그 반론을 이렇게 ─ 즉, 규칙이 관련된 함수를 계산하는 기계 안에 **구현될** 수 있는 것으로 ─ 해석할 수 있다. 만일 내가 그런 기계를 만들 수 있다면, 그것은 모든 덧셈 문제에 대해 어느 경우에도 올바른 답을 기계적으로 만들어낼 것이다. 그렇다면 그 기계가 제시할 답이 내가 의도했던 답이 된다.

철학의 다른 분야에서 흔히 그런 것처럼, 여기서 '기계'란 용어는 애매하다. 우리의 의도를 구현할 프로그램을 작성하거나 기계를 만들 위치에 있는 사람은 거의 없다. 만일 어떤 기술자가 나를 위해서 그런 일을 한다면, 회의주의자는 그 기술자가 그의 일을 정확히 수행했는지를 합법적으로 물을 수 있다. 그렇지만 다행스럽게도 내가 나의 의도를 계산 기계에 구현할 수 있는 기술을 갖춘 전문가이고, 그 기계가 나 자신의 의도를 **분명하게 보여준다**고 말한다고 하자. 이

---

[23] M. A. E. Dummett, "Wittgenstein's Philosophy of Mathematics," *The Philosophical Review*, vol. 68(1959), 324-348쪽, 331쪽을 볼 것. 이 논문은 다음의 논문집에도 재수록되어 있다. George Pitcher ed., *Wittgenstein: The Philosophical Investigations* (Macmillan, 1966, 420-447쪽), 428쪽을 볼 것. 여기서 인용한 반론을 반드시 그 문제에 대한 더밋 자신의 최종 견해로 간주할 필요는 없다.

때, '기계'란 단어는 다양한 것들 중 어느 하나를 지칭할 수 있다. 그것은 기계의 작동과 관련된 나의 의도를 구현할 내가 작성한 기계의 **프로그램**을 지칭할 수 있다. 그렇다면 원래의 기호 '+'에 대해 제기되었던 문제와 정확하게 똑같은 문제가 프로그램에 대해 제기된다. 회의주의자는 그 프로그램 역시 겹하기 식으로 해석되어야 한다고 믿는 척할 수 있다. 프로그램은 내가 종이 위에 썼던 것이 아니라 추상적인 수학적 대상이라고 말하는 것은 더 이상 별 도움이 되지 않는다. 그렇다면 문제는 그저 다음과 같은 형식의 질문일 뿐이기 때문이다. 어떤 프로그램(추상적 수학적 대상이라는 의미로)이 내가 (내가 그것을 의미했던 방식에 따라서) 종이 위에 썼던 '프로그램'에 대응하는가? ('기계'는 흔히 이 두 의미들 중 하나를 의미하는 것 같다. 예를 들면, 튜링 '기계'는 '튜링 프로그램'으로 불리는 것이 더 나을 것이다.) 그렇지만 마침내 나는 전선과 톱니바퀴(혹은 트랜지스터와 전선)로 만들어진 진짜 기계를 만들어서 그것이 내가 '+'에 의해 의도하는 기계를 구현한다고 선언할 수 있다. 그 기계가 내놓는 값들이 내가 의도하는 함수의 값들이다. 그렇지만 여기에는 몇 가지 문제들이 있다. 첫째, 비록 그 기계가 이런 의미의 함수를 구현한다고 할지라도, 나는 그 기계를 해석하는 법을 내게 말해주는 지침(기계 '언어' 코드 장치)을 이용해서 그렇게 말해야 한다. 더욱이, 나는 그 함수가 항상 기계에 의해 선택된 코드에 따라 주어진 값을 취한다고 분명하게 선언해야 한다. 그러나 그렇다면 회의주의자들은 이 모든 지침들을 비표준적인 '겹하기' 방식으로 자유롭게 해석할 수 있다. 이 문제들을 제쳐놓더라도, 다른 두 문제들이 있다. 여기서 전에 했던 성향적 견해에 관한 논의가 도입된다. 나는 정말로 그 함수의 값들이 기계에 의해 주어진다고 고집할 수 없다. 첫째, 기계는 유한한 대상이다. 그것은 오로지 유한하게 많은 수들을 투입으로 받아들여서 오로지 유한하게 많은 수들을 산출하는데, 어떤 수들은 너무 크기 때문이다. 무한히 많은 프로그램들이 기계의 현실적으로 유한한 행동을 확장시킨다. 보통 이것은 그 기계의 설계자가 그것이 딱 한 가지 프로그램을 구현하도록 의도했기 때문에 무시되지만, 현재의 맥락에서 설계자들의 의도에 대한 그런 접근은 그저 회의주의자에게 비표준적인 방식으로 해석할 실마리를 줄 뿐이다. (실제로, 설계자의 프로그램에 호소하는 것은 그 물리적 기계를 쓸모없게 만든다. 오직 프로그램만이 실제로 당면한 문제와 관련이 있다. 물리적 대상으로서의 기계는 오직 그 의도된 함수가 어떤 식으로건 물리적 대상으로부터만 읽혀질 수 있을 경우에만 가치가 있다.) 둘째, 실제에 있어서는 내가 정말로 함수의 값을 물리적 기계의 작동에 위임한다고 의도할 것 같지는 않다. 심지어 그 기계가 계산할 수 있는 함수에 대해서도 그렇다. 실제 기계들은 **오작동**할 수 있다. 전선이 녹거나 톱니바퀴가 미끄러질 때 기계는 틀린 답을 줄 수 있다. 오작동 여부는 어떻게 결정될 수 있는가? 단순하게 기계 자체를 언급하는 것이 아니라 그것의 설계자가 의도했던 프로그램에 의거해서 그 여부가 결정될 수 있다. 설계자의 의도와 견주어서만 어떤 특정한 현상은 기계의 '오작동'으로 간주될 수도 있고 아닐 수도 있다. 심지어 프로그래머가 전선이 녹고 톱니바퀴가 미끄러지는 사실을 자신의 의도로 삼아 나에게 '오작동하고 있는' 기계가 그에게는 완전하게 작동하고 있는 것으로 간주할 수도 있다. 기계가 오작동하는지, 만일 그렇다면 언제 그런지는 물리적 대상으로서의 기계 자체의 속성이 아니며, 오직 그 설계자가 규정한 프로그램에 의거해서만 정의된다. 반복해 말하건대, 프로그램이 주어지면, 어떤 함수가 의미되는지를 결정하는데 물리적 대상은 아무런 역할도 하지 못한다. 그렇다면 전과 마찬가지로, 회의주의자는 반대로 초점을 프로그램에 맞출 수 있다. 회의주의로부터 탈출하기 위해 물리적 기계를 사용하는 방법에 대한 마지막 두 비판 — 그것의 유한성과 오작동가능성 — 은 분명 성향적 설명에 대한 두 종류의 반론과 비슷하다.[24]

---

[24] 비트겐슈타인은 특히 §§193-195에서 기계에 대해 논의한다. 또 이와 유사한 논의를 보려면 다음을 참조할 것.《수학의 기초에 관한 고찰》, I, §§118-130, 특히 §§119-126, 그리고 II[III], §87과 III[IV], §§48-49 참조. 문제를 해결하기 위해서 성향론과 기계를 사용하는 방법에 대한 비판은 이 단원들로부터 영감을 얻었다. 특히, 비트겐슈타인 자신이 추상적 프로그램으로서의 기계("der Maschine als Symbol")와 실제 물리적 기계 — 이것은 고장 날 수 있다("우리는 그것이 휘어지거나 부서지거나 녹거나 할 가능성을 잊고 있는가? [§193]) — 사이를 구분한다. 성향론은 주체 자신을 일종의 기계로 — 이 기계의 잠재적 행동들은 기능을 구현한다 — 본다. 이런 의미에서 성향론과 기능을-구현하는-것으로서의-기계라는 개념은 실제로는 하나이다. 양자에 대한 비트겐슈타인의 태도는 같다. 양자 모두 '규칙의 견고성hardness'을 '물질의 견고성'과 혼동한다(《수학의 기초에 관한 고찰》, II[III] §87). 그렇다면 내 해석에서 비트겐슈타인은 (§194와 §195에 나오는) 그의 대담자에 동의한다. 즉 둘은 함수의 모든 값이 이미 현존한다는 주장의 의미가 단순히 인과적이 아니라는데 동의한다. 비록 둘은 미래의 사용방식이 신비적인 비인과적 방식으로 미리 현존한다는 데엔 일치하지 않지만 말이다.

비트겐슈타인을 따르려고 앞에서 나는 구체적 물리적 기계와 그것의 추상적 프로그램간의 구분을 강조했지만, 현대의 자동인형 이론에서처럼 기계의 한계가 이상화될 때의 결과를 살펴보는 것이 도움이 될지 모른다. 통상적으로 정의되듯이, 유한한 자동인형은 오직 유한한 수만큼의 상태를 가지며, 오직 유한한 수만큼의 투입을 받아들여서 오직 유한한 수만큼의 산출을 갖지만, 그것은 두 점에서 이상화된다. 그것은 오작동할 염려가 전혀 없으며, 그것의 수명은 (부품들이 부식하지도 닳지도 않은 채) 무한하다. 이런 기계는 어느 의미에선 임의의 큰 수들에 대한 계산을 수행할 수 있다. 그것은 0부터 9까지 한 자리 숫자들을 위한 기호법을 갖고 있지만, 단순히 그 숫자들을 하나씩 입력함으로써 임의의 큰 양의 정수를 얻을 수 있다. (우리는 이것을 할 수 없는데 그 이유는 우리의 실질적 수명이 유한하며, 또 어떤 숫자이건 우리가 그것을 이해하기 위해선 필요한 최소한의 시간이 있기 때문이다.) 그런 자동인형은 십진법에 있는 통상적 알고리즘에 따라 덧셈을 할 수 있다. (더해지는 수들을 위한 숫자들은 통상적인 알고리즘에서와 마찬가지로 두 개의 피가수被加數, sum-mands의 마지막 숫자들로부터 시작해서 거꾸로 가면서 기계에 입력되어야 한다.) 그렇지만, 똑 같은 일상적 십진법에서 그런 기계가 **곱셈**을 할 수 없음이 증명될 수 있다. 아주 큰 수에 대해서, 그런 기계에 의해 계산된 곱셈임을 자처하는 어떤 함수도 충분히 큰 수에서 '겹하기 같은' (혹은 아니면 '겹곱하기 같은') 속성을 보여줄 것이다. 심지어 우리가 이상화된 유한한 자동인형일지라도, 성향론은 수용할 수 없는 결과를 낳을 것이다.

우리가 튜링 기계를 더 이상적인 것으로 만들었다고 가정하자. 이 기계는 양 방향으로 무한한 테이프를 갖고 있다. 그런 기계는 오작동하지 않고 무한한 수명을 가질 뿐 아니라, 각 순간마다 무한한 범위를 갖고 있다. 튜링 기계는 정확하게 곱셈을 할 수 있다. 하지만 심지어 여기서도 그런 기계에 의해 계산될 수 없으면서도 우리가 명백하게 정의할 수 있는 많은 함수들이 있다. 단순한 성향론은 우리에게 그런 함수에 대해서도 비표준적인 해석을 귀속시킬 것이다(혹은 아무런 해석도 귀속시키지 않을 것이다). (앞의 주 20 참조)

나는 비트겐슈타인의 역설이 논의될 때마다 단순한 성향론과 기계에-구현된-것으로서의-기능이 너무 자주 등장하는 것을 알게 되었다. 내가 이 이론들에 대해 ─ 그것들에 대한 논의가 너무 길게 되지 않을까 가끔 염려하면서도 ─ 해설한 이유는 그것들과 비트겐슈타인 텍스트 사이의 밀접한 관계 때문이다. 다른 한편 나는 '기능주의'를 명백하게 논의하려는 유혹에 저항했다. 비록 다양한 형식의 기능주의는 최근 가장 유능한 학자들 상당수에게 너무 매력적이어서 미국에서는 그것이 거의 표준적received 심리철학이 되었지만 말이다. 특히 내가 우려했던 것은 이 책을 읽은 사람들 중 일부가 '기능주의'를 단순한 성향론에 대한 비판(특히 다른 조건이 변하지 않는다는 단서의 순환성에 의존하는 비판)에 응답하기 위해 단순한 성향론을 수정한 바로 그 방법으로 생각할지도 모른다는 것이었다. (그렇지만 내가 지금까지 실제로 그런 반응을 접한 적은 없다.) 기능주의에 대해 길게 논의하자면 이 책의 핵심을 벗어나게 된다. 그래서 대신 간단히 이렇게 말하고자 한다. 기능주의자들은 심리적 상태를 (튜링) 기계의 추상적 상태에 비유하기를 좋아한다. 비록 일부는 그런 비유가 가진 특정한 한계를 인식하고 있지만 말이다. 모두가 심리학을 기계의 **인과적** 작동과 비슷한 인과적 연결의 집합에 의해서 주어지는 것으로 간주한다. 하지만, 그렇다면, 이 책에 나온 단평들이 여기서도 똑같이 적용된다. 어떤 구체적인 물리적 대상도 많은 기계 프로그램의 불완전한 실현으로 볼 수 있다. 인간 유기체를 성향적 설명에 관한 지금의 논의가 주는 교훈은 여기서 직접적으로 논의하는 요점을 넘어서서 다른 영역에 관심을 두고 있는 철학자에게도 관련이 될지 모른다. 내가 '+'에 의해 더하기를 의미한다고 가정하자. 이런 가정이 내가 '68+57'이란 문제에 대해 어떻게 반응할까라는 질문과 무슨 관련이 있는가? 성향주의자들은 이런 관계를 **기술적으로** 설명한다. 만일 '+'가 더하기를 의미한다면, 나는 '125'라고 답할 것이다. 그러나 이것은 그 관계를 적절하게 설명하지 못한다. 왜냐하면 그 관계는 **기술적**descriptive이 아니라 **규범적**normative이기 때문이다. 요점은, 만일 내가 '+'에 의해 더하기를 의미한다면 나는 '125'라고 대답**할 것**이라는 게 **아니라**, 만일 내가 '+'에 의해 내가 과거에 의미했던 것을 따를 의도가 있다면 나는 '125'라고 답**해야 한다**는 것이다. 계산상의 실수나 나의 능력의 유한성 및 다른 방해 요소들이 나로 하여금 내가 **해야 하는** 대로 반응할 **성향**을 갖지 못하도록 이끌지도 모른다. 그러나 그렇다면 나는 내 의도에 따라서 행동하지 않았던 것이다. 미래의 행동에 대한 의미와 의도의 관계는 **기술적**이 아니라 **규범적**이다.

성향적 분석에 대한 우리의 논의를 시작할 때, 우리는 그것이 회의적 문제의 중요한 한 가지 측면 — 회의주의자가 내가 의미한 것

구체적 대상으로 간주해보자. 그가 어떤 프로그램을 구현하는 것으로 간주되어야 한다고 우리에게 말해주는 것이 무엇인가? 특히, 그는 '덧셈'을 하는가 아니면 '겹셈'을 하는가? 만일 내 책에 나온 (그리고 비트겐슈타인의) 기계에 대한 단평들을 이해한다면, 현재의 문제에 관한 한, 비트겐슈타인이 기계에 대한 그의 단평들이 '기능주의'에도 또한 적용가능 한 것이라고 간주했으리라는 점이 드러날 것이라고 생각한다.

나는 다른 곳에서 이에 대해 자세하게 말하고 싶다.

은 겹하기였다는 가설을 계속 주장할 수 있다는 사실은 내가 '5'가 아니라 '125'라고 답하는 것을 전혀 **정당화시켜주지 못 함**을 보여준 다는 것 — 과 무관하다는 느낌을 갖게 한다는 점을 시사했다. 성향 적 분석은 도대체 이 문제를 어떻게 다루려고 할까? 성향적 이론에 대한 수많은 구체적인 비판 이후에 앞 단락에서 우리가 내린 결론 은, 어떤 의미에선 우리가 완전히 원점으로 돌아왔다는 것을 보여 준다. 내가 무슨 함수를 의미했는가라는 질문에 대한 우리의 답이 나의 현재의 반응을 **정당화시킬 수 있다**는 바로 그 사실이 정확하게 성향적 설명에선 무시되며 그것 때문에 모든 문제들이 생겼던 것이다.

이제 성향적 견해에 대한 평가를 마치겠다. 내가 너무 많이 장황 하게 말하지 않았는지 모르겠다. 이제 다른 제안을 간단하게 논박하 겠다. 어느 누구도 — 과학철학의 지나친 영향 하에 — 내가 더하기 를 의미했다는 가설이 **가장 단순한** 가설로 선호되어야 한다는 제안 을 해서는 안 된다. 여기서 나는 단순성이 상대적이라거나 혹은 정 의하기 어렵다거나 혹은 화성인은 더하기 함수보다 겹하기 함수를 더 단순하다고 생각할지 모른다는 주장은 하지 않겠다. 그런 응답들 도 상당한 강점을 가질 수 있지만, 단순성에 대한 호소가 가진 진짜 문제는 좀 더 근본적이다. 그런 호소는 회의적 문제를 오해하거나 혹은 단순성의 고려가 수행하는 역할을 오해한데서 생기거나 아니 면 둘 다이다. 회의적 문제가 단지 인식론적일 뿐만은 아니라는 점 을 상기하자. 회의주의자는 더하기이건 겹하기이건 내가 의미했던 것에 관한 사실이란 없다고 주장한다. 단순성의 고려는 경쟁하는 가 설들 사이에서 우리가 어떤 것을 결정하는데 도움을 줄 수 있지만 경쟁하는 가설들이 무엇인지는 결코 말해줄 수 없다. 만일 우리가 두 가설들이 **진술**하는 것을 이해하지 못한다면, 하나가 '더 단순'하기 때문에 '더 가능성이 있다고' 말하는 것이 무슨 의미가 있는가? 만일 두 경쟁적인 가설들이 진정한 가설이 아니라면, 즉 진정한 사실의 문제에 관한 주장들이 아니라면, 어떤 '단순성'의 고려도 그 가설들을 그렇게 만들지 않을 것이다.

실험 자료에 의해 확인되는 전자에 관한 충돌하는 두 가설이 있다고 하자. 만일 전자에 대한 진술에 관한 우리의 견해가 '도구론적'이 아니라 '실재론적'이라면, 우리는 이런 주장들을 전자의 '실재성'에 관한 사실적 주장으로 볼 것이다. 전자에 관한 이런 사실들을 직접 '볼' 수 있는 신이나 어떤 존재자는 가설들 사이에서 결정하기 위해 실험적 증거나 단순성을 고려할 필요가 전혀 없을 것이다. 그런 능력이 없는 우리는 가설들 중에서 하나를 결정하기 위해, 전자들이 거시적 대상의 운동에 끼치는 영향으로부터 얻은 간접적인 증거에 의존해야 한다. 만일 거시적 대상들에 대한 전자들의 영향과 관련하여 두 경쟁하는 가설들이 서로 구별 불가능하다면, **우리는** 둘 중 하나를 결정하기 위해 단순성을 고려해야 한다. 전자들에 관한 사실을 '직접 볼' 수 있는 존재는 그런 단순성을 고려할 필요가 없으며, 가설을 결정하기 위해 간접적인 증거에 의존할 필요도 없다. 그는 둘 중 하나의 가설을 참이게끔 해주는 관련된 사실들을 '직접 지각'할 것이다. 이런 말은 그저 두 가설들이 진정으로 다른 사실의 내용을 진술한다는 주장을 멋진 표현으로 반복하는 것에 불과하다.

비트겐슈타인적 회의주의자는 겹하기보다 더하기의 의미를 구성할 수 있는 개인에 관한 어떤 사실도 알지 못한다고 주장한다. **이런 주장에 반대하기 위해서** 단순성을 고려하는 것은 적절하지 않다. 단순성의 고려는, 의미와 의도의 사실에 대해 우리가 간접적으로 접근하기 때문에 우리가 더하기 또는 겹하기를 의미하는지를 **알 수 없다**고 주장하는, 회의주의자에 반대하기 위해 이용될 수 있다. 그러나 단지 그러한 인식론적인 회의주의가 지금 문제가 되는 것은 **아니다**. 회의주의자는 사실에 대해 우리 자신이 접근할 수 없는 한계 때문에 우리가 숨겨진 무엇을 알 수 없다고 주장하는 게 아니다. 그는, **모든** 가용한 사실들에 접근할 수 있는 전지적全知的인 존재도 여전히 더하기와 겹하기 가설들을 구분해줄 아무런 사실도 발견하지 못하리라고 주장하는 것이다. 그런 전지적인 존재는 단순성을 고려할 필요도 없고 그것을 사용하지도 않을 것이다.[25]

---

25 서로 경쟁하는 가설들을 평가하기 위해 사용하는 '단순성'과는 다른 용법의 단순성이 앞에 나온 기계에 대한 논의와 연관되어 생각될 수 있다. 거기에서 나는 설계자와 무관한 대상으로 간주되는 하나의 구체적인 물리적 기계가, 그것의 실제 유한한 행동을 (대략, 일부 '오작동'을 허용하면서) 확장하는 임의의 수의 프로그램들을 (대강) 구현할 수 있다고 말했다. 만일 물리적 기계가 설계되지 않고, '하늘에서 떨어졌다면', 그것이 '실제로' 구현하는 프로그램과 관련된 사실은 전혀 있을 수 없으며, 따라서 이런 존재하지 않는 사실에 관한 '가장 단순한 가설'조차 있을 수 없다.

그럼에도 불구하고, 물리적 기계가 하나 주어지면 우리는 그 기계와 가장 가까운 **가장 단순한 프로그램**이 무엇인지 물을 수 있다. 이것을 하기 위해 우리는 프로그램의 단순성의 척도 — 프로그램의 단순성과 기계가 프로그램에 순응하지 못 하는 (오작동하는) 정도 사이의 교환 척도 등 — 를 발견해야 한다. 나는 전문가도 아닌 탓에 이 문제를 이론 컴퓨터 과학자들이 어떻게 다뤘는지 알지 못 한다. 그것을 다뤘던 안 다뤘던 간에, 직관적으로 무언가가 그것에 대해서 생각될 수 있을 것 같다. 그렇다고 직관적으로 만족스러운 결과를 주는 단순성의 척도를 발견하는 것이 시시한 일이란 뜻은 아니다.

나는 이것 중 어떤 것이 비트겐슈타인의 회의적 역설의 해결에 빛을 던져 주리라는 것에 회의적이다. 단순성의 척도에 따라, 내가 의미했던 함수를 나의 물리적 구조 우리가 더하기를 의미하는지 또는 겹하기를 의미하는지에 관한 사실에 우리가 '직접' 접근하지 못한다는 생각은 어쨌든 이상하다. 내가 더하기를 의미한다는 것을 직접적이면서도 상당한 정도의 확실성을 갖고 나는 알지 않는가? 만일 내가 과거에 사용했던 것과 같은 의미로 단어를 사용하고 싶어 한다면, 내가 지금 의미하는 것에 관한 사실이 나의 미래의 행동을 **정당화**시킬 것이며, 그 행동을 **불가피한**inevitable 것으로 만들 것임을 상기하자. 이것이 내가 의미했던 사실에 관해 우리가 근본적으로 요구한 조건이었다. 어떤 '가설적' 상태도 그런 요구 조건을 만족시킬 수 없을 것이다. 만일 내가 지금 더하기 또는 겹하기를 의미하는지에 관해 오직 가설만을 세울 수 있고, 만일 그 문제에 관한 진실이 나의 무의식에 깊게 묻혀 있어서 오직 잠정적 가설로서만 가정될 수 있다면, '68+57'에 대해 나는 앞으로 아마 '5'가 아니라 '125'라고 답해야 한다고 **추측**하면서, 머뭇거리며 가설적으로만 진행할 수 있을 것이다. 분명히 이는 그 문제를 정확하게 설명한 것은 아니다. 간접적인 접근을 통해, 그에 관해 잠정적인 가설을 세워야 할 나에 관한 어떤 사실이 있을지도 모

와 대체로 양립 가능한 가장 단순한 프로그램을 따르는 것으로 정의하려는 시도를 할 수 있다. 가령 뇌생리학자가 놀랍게도 그런 단순성의 척도가 '+' 함수가 덧셈이 아니라 다른 함수를 계산하는 프로그램으로 인도했음을 알게 됐다고 하자. 이것이 내가 '+'에 의해 덧셈을 의미하지 않았음을 보여줄까? 하지만 뇌에 대한 상세한 지식(과 가설적인 단순성의 척도에 대한 지식)이 없는 상태에서, 문제의 생리적 발견이 일어나리라곤 전혀 생각할 수 없다. 회의주의적 문제의 정당화 측면은 단순성의 척도로부터 훨씬 더 멀리 떨어져 있다. '68+57'에 대한 답으로 '5'가 아니라 '125'를 선택할 때, 나는 그 답을 정당화하기 위해 언급된 형태의 가설적 단순성의 척도를 들먹이지는 않는다. (나는 앞의 주 24에서 언급된 기능주의에 대해 계획한 연구 작업에서 이것에 관해 상세하게 밝히고 싶다.)

른다. 그러나 확실히 내가 '더하기'에 의해 의미하는 사실은 그것들 중 하나가 아니다! 그것들 중 하나라고 말하는 것은 이미 회의주의로 발을 들여놓은 것이다. 나는 머뭇거리지 않고 즉각적으로 내가 하는 대로 '68+57'을 계산하며, 내가 '+'에 부여하는 의미가 이 절차를 **정당화**할 것임을 상기하자. 나는 만일 어떤 하나의 가설이 참이면 어떻게 해야 할지 궁금해 하면서 잠정적 가설들을 세워나가지 않는다.

지금 우리의 설명에서 전지적인 존재가 알 수 있는 것이 무엇인지를 들먹이는 것은 그저 극적인 도구일 뿐이다. 모든 사실을 아는 신조차도 내가 더하기를 의미했는지 또는 겹하기를 의미했는지 알 수 없을 것이라고 회의주의자가 주장할 때, 그는 내가 의미한 바에 연관되는 사실이 있다는 것을 그가 부인한다는 주장을 화려하게 표현하고 있을 뿐이다. 우리는 그런 비유를 제거하는 것이 더 나을지도 모른다. 어쩌면 그 비유 때문에 우리가 의미나 의도라는 개념을 다른 어떤 것으로 환원시키려 했고, 이로 인해 회의주의의 유혹을 받았을지도 모른다. 왜 "'더하기'로 더하기를 의미한다는 것"이 내성에 의해 우리 각각에게 직접 알려지는 특유의 **퀄리아**를 가진, 환원 불가능한 경험을 가리킨다고 주장하지 않는가? (두통, 가려움, 구역질이 그런 **퀄리아**를 가진 내적인 상태들의 예들이다.)[26] 내가 오로지 더하기를 단지 유한 번 수행했다는 것을 회의주의자가 알아채고, **이런** 사실에 비추어 내가 겹하기를 의미하지 않았음을 '보여주는' 어떤

---

[26] 이런 형태의 견해가 흄의 철학의 특징임은 잘 알려져 있다. 다음에 나오는 주 51 참조.

사실을 제시해보라고 도전할 때, 어쩌면 "마술과도 같은 속임수를 위한 결정적인 조치"가 이미 이루어졌는지도 모른다. 내가 회의주의자에게 답할 수 없는 이유는 '더하기'를 통해 더하기를 의미하는 경험이 노랑을 보는 경험이나 두통을 느끼는 경험만큼 독특하고 환원 불가능한 것임에도 불구하고, 회의주의자는 그것을 환원시킬 수 있는 또 다른 사실 혹은 경험을 찾아보라고 나에게 재촉하기 때문이다.

나는 **내성 가능한** 경험을 언급했는데, 그 이유는, 우리 각자가 '더하기'로 의미하는 것을 상당한 정도의 확실성을 갖고 바로 알기 때문에, 아마도 우리가 지금 검토하는 입장은 우리 자신의 '질적인' 특징에 주목함으로써 우리가 두통을 아는 방식과 같은 방식으로 '더하기'에 의해 의미하는 것을 안다고 가정할 것이라는 데에 있다. 아마도 **더하기를 의미하는** 경험은 두통이 그렇듯이 그에 특유한 환원 불가능한 성질을 갖고 있을 수 있다. 내가 '더하기'에 의해 더하기를 의미한다는 사실은 이런 질적인 경험을 내가 소유하는 것으로 간주되어야 한다.

반복하지만, 성향적 설명의 경우와 마찬가지로, 이 이론 역시 회의주의자의 애초의 도전에 대한 응답으로는 과녁이 빗나간 듯 보인다. 회의주의자는 내가 '68+57'이란 질문을 받을 때 '125'라고 말해야 한다는 것을 왜 그렇게 확신하는지 알고 싶어 했다. 나는 전에 이 특정한 더하기에 관해 전혀 생각해보지 못 했다. '+'기호를 겹하기로 해석하는 것이 내가 생각했던 모든 것과 양립가능하지 않은가? 자, 내가 '+' 기호에 관해 생각할 때마다 아주 특별한 성질을 가진 두통을 실제로 느낀다고 가정해보자. 도대체 이런 두통이

'68+57'에 관한 질문을 받을 때 내가 '125' 또는 '5'라고 답해야 하는지를 알아내는데 어떤 도움을 줄 것인가? 그 두통이 내가 '125'라고 말해야 함을 나에게 지시한다고 생각한다 하더라도, 반대로 그것은 '5'라고 말해야 함을 지시한다고 하는 회의주의자의 주장을 논박하는 무엇이 거기에 있는가? 나의 내적인 상태 각각이 ― 아마 내가 '더하기'에 의해 의미하는 것을 포함하여 ― 두통, 간지럼, 파란색의 잔상의 경험과 같이 특별히 구별 가능한 성질을 갖고 있다는 생각은 실제로 고전적 경험론의 기초적 주장들 중 하나이다. 그것이 기초적일지 몰라도, 이른바 내성 가능한 **퀄리아**가 지금 다루는 문제와 어떤 관련이 있는지는 알기 어렵다.

심지어 고전적 경험론의 그림이 아주 그럴듯해 보이는 경우에도 비슷한 말을 할 수 있다. 이 그림은 단어와 심상image, 전형적으로 시각적 심상의 연합이 그 의미를 결정한다고 제안했다. 예를 들면 (§139), 내가 '큐브'(정육면체)라는 말을 듣거나 말할 때마다 내 마음에는 큐브의 그림이 떠오른다. 이것이 참일 필요가 없다는 것은 분명하다. 우리들 중 많은 사람들이 큐브의 그림이나 심상이 마음에 떠오르지 않더라도 '큐브'와 같은 단어를 사용한다. 그렇지만, 당분간 그렇다고 가정하자. '이 그림은 어떤 의미에서 "큐브"란 단어의 사용 방식에 들어맞거나 들어맞지 않을 수 있는가? ― 아마도 당신은 이렇게 말할지 모른다. "그것은 아주 간단하다. 만일 그 그림이 내게 떠올랐는데, 내가, 가령 삼각 프리즘을 가리키면서, 그것은 큐브이다라고 말한다면, 단어를 그렇게 사용하는 방식은 그 그림에 들어맞지 않는다." 그러나 그것은 과연 들어맞지 않는가? 나는 의도적으로 **투사의 방법**을 아주 쉽게 상상할 수 있는 그림의 예를 택했다. 하지만 큐브의 그림이 실제로 우리에게 특정한 사용 방식을 **시사해 준다 하더라도**, 내가 그것을 다르게 사용하는 것은 가능하다.' 회의 주의자는 그 이미지가 비표준적인 방식들로 사용된다고 제안할 수 있다. "그렇지만 큐브의 그림뿐 아니라 투사의 방법도 우리의 마음 안에 떠오른다고 가정하자? ─ 이것을 나는 어떻게 상상해야할까? ─ 아마 나는 내 앞에 투사의 방법을 보여주는 한 도표schema를 볼 것이다. 가령 투사의 선들에 의해 연결된 두 큐브들의 그림 ─ 하지 만 이것이 정말로 더 도움이 되는가? 지금 이 도표 역시 다르게 사용 하는 것을 상상할 수 있지 않은가?"(§141). 다시 한 번 규칙을 해석 하기 위한 규칙이 도입되고 있다. 그러나 **퀄리아**를 가진 어떤 내적 인 인상도 그 자체로 미래의 경우들에 그것을 어떻게 적용해야 할지 를 내게 말해줄 수 없다. 또한 규칙들을 해석하기 위한 규칙으로 생 각되는 그런 인상들의 어떤 결합도 그 일을 할 수 없다.[27] "이 주어진 규칙을 새로운 경우에 어떻게 사용해야 할지를 나에게 말해주는 것 이 무엇인가?"란 회의주의자의 문제에 대한 답은 심상 또는 '질적' 인 심적 상태 밖에 있는 무엇으로부터 와야 한다. 이것은 '더하기'의 경우에 분명하다 ─ 두통, 간지럼, 심상과 같은 내적인 상태는 분명 히 그 일을 할 수 없다. (분명히 나는 나의 마음에 '더하기' 함수의 무한 계산표에 대한 심상을 갖고 있지 않다. 그런데 그와 같은 어떤 심상이 내게 '더하기'를 적용하는 방법을 알려줄 낮은 가능성이나마 갖고 있는 유일한

---

[27] 47-48쪽에 있는 초록의 심상 혹은 물리적 샘플의 용법에 대한 단평도 같은 점에 대해 말한다.

후보일 것이다.) '큐브'와 같은 경우에도 그런지는 분명하지 않아 보이는 듯하지만, 실제로는 그 경우에도 사정은 마찬가지이다.

따라서 만일 '더하기'에 의해 더하기를 '의미하는' ― 두통과 비슷한 ― 특별한 경험이 있더라도, 그것은 '더하기'에 의해 더하기를 의미하는 상태가 가져야만 하는 속성을 갖지 못할 것이다. 그것은 새로운 경우들에 대해 무엇을 하라고 내게 말해주지 않을 것이다. 그렇지만, 실제로, 비트겐슈타인은 ('더하기'에 의해 더하기를) 의미하는 독특하고 특별한 경험이 존재하지 않는다는 것을 보여주기 위해 추가적으로 긴 논증을 전개한다. 여기서 그의 탐구는 내성적인 것으로서, 제안된 독특한 경험이 환상이라는 것을 보여주려는 목적을 갖고 있다. 의미함을 내성적으로 관찰 가능한 경험으로 간주하는 견해가 회의주의자에 대한 그의 응수 중 아마도 가장 자연스러우면서도 근본적인 응답일 것이다. 그러나 나는 오늘날의 독자들을 위해 그것을 첫 번째로 다루지 않았고, 가장 길게 다루지도 않았다. 그 이유는, 비록 각각의 심리 상태에 대응하는 환원 불가능한 '인상'이라는 흄적인 그림에 과거의 많은 사람들이 매혹되었지만, 현대에는 그런 사람들이 비교적 드물기 때문이다. 과거에는 그것이 너무 쉽고 간단히 가정되었지만, 사실상 지금 그것의 힘은 ― 최소한 내 개인적인 생각으로는 ― 거의 느낄 수 **없을** 정도이다. 여기엔 몇 가지 이유가 있다. 하나는 그런 견해에 대한 비트겐슈타인의 비판이 비교적 잘 받아들여지고 흡수되었기 때문이다. 또한 라일과 같은 철학자가 데카르트적이면서도 흄적인 그림에 대한 비판을 더 강화한 탓도 있다. 다른 이유 ― 이것은 내게는 매력적이지 못한데 ― 는 물리주의적이고 행동주의적인 견해가 유행을 했기 때문이다. 이 견해는 심적 상태의 느껴지는 성질에 관한 문제들을 전적으로 무시하거나, 최소한 그런 상태들을 넓은 의미의 행동주의적 용어들로 분석하려고 시도한다.[28]

지금 내가 앞서 말했던 것을 반복하는 것이 중요하다. 비트겐슈타인의 고찰은 '내적'인 것을 제거하는 어떠한 행동주의적 **전제**에도 근거를 두고 있지 않다. 반대로, 대부분의 그의 논증은 상세한 내성적 고찰로 이루어져 있다. 그는 우리의 내적인 생활에 관한 주의 깊은 고찰을 통해 그의 반대자가 시사하는 특별한 종류의 '의미' 경험은 없다는 것을 보여 주고 있다. 이 경우는 특히 고통을 느끼는 것이나 빨강을 보는 것 등과 **대조**된다.

'더하기'에 의해 더하기를 의미하는 '경험'에 특별히 질적인 특징을 귀속시키는 것이 의심스럽다는 것을 깨닫기 위해 내성적인 예민함은 별로 필요하지 않다. 내가 더하기를 처음 배웠을 때 어떤 일이 일어났는지를 생각해보자. 첫째, 아마 내가 어렸을 때 갑자기 더하기 규칙을 내가 파악했다고 느꼈던 (알았다!Eureka!) 특정한 때가 있었을 수도 없었을 수도 있다. 만일 그런 때가 없었다면, 내가 더하기를 배우는 이른바 특별한 경험이 무엇인지 말하기는 쉽지 않다. 심지어 내가 "알았다"라고 외쳤던 특정한 때가 있었다고 하더라도 ―

---

[28] 비록 명료한 고전적인 의미의 행동주의가 있고, 이에 비추어 보았을 때, 현대 심리철학의 '기능주의'는 '행동주의'가 아니지만, 현대의 '기능주의'의 상당 부분이 (특히 심적 용어를 '기능적으로' **분석**하려는 시도를 하는 기능주의는) 내가 보기엔 너무 행동주의적이다. 하지만 여기서 이에 관해 더 논의하는 건 논점을 벗어나는 일이 될 것이다.

분명히 이건 예외적인 경우인데 ― 이때 수반하는 경험이란 무엇인가? 아마도 몇 가지 구체적인 사례들과 ―"이제 알았다!"라는 생각, 또는 이와 비슷한 것을 고려하는 것일 게다. **이것이** '더하기를 의미함'이라는 경험의 내용일 수 있을까? 내가 겹하기를 의미했더라면 그것이 어떻게 달라졌을까? 내가 지금 한 가지 덧셈, 가령 '5+7'을 한다고 생각해보자. 그 경험에 어떤 특별한 성질이 있는가? 만일 내가 대응하는 겹하기를 하도록 훈련받았다면, 그것은 달라졌을까? 만일 내가 다른 답을 자동적으로 응답하지 않고, 곱하기(5×7)를 했더라면 그 **경험**은 실제로 어떻게 달라졌을까? (직접 이 실험을 해보라.)

　　비트겐슈타인은《철학적 탐구》의 전반에 걸쳐 이와 같은 점들을 반복해서 다루고 있다. 회의적 역설(§§137-242)을 논의하는 단원들에서 그는 이른바 이해의 내성적인 과정에 대한 일반적인 요점을 말한 후, **읽기**라는 특별한 경우와 관련시켜 그 문제를 다룬다 (§§156-178). '읽기'에 의해 비트겐슈타인은 씌어지거나 인쇄된 것을 소리 내어 크게 읽는 것과 같은 행동을 뜻한다. 그는 씌어진 것을 이해하는 데엔 관심이 없다. 나와 같은 종교를 믿는 사람들 중 많은 이들이 그랬던 것처럼, 나는 히브리어의 여러 단어들을 이해할 수 있기 전에 이런 의미로 히브리어를 '읽는' 것을 먼저 배웠다. 이런 의미에서 읽기는 '규칙 따르기'의 단순한 경우이다. 낱말들을 부지런히 큰 소리로 읽는 초보자는, 그가 미리 암기했던 구절을 '읽는' 흉내를 낼 때와는 달리, 정말로 읽을 때에는 내성 가능한 경험을 할지도 모른다는 점을 비트겐슈타인은 지적한다. 그러나 숙련된 독자는 그저 낱말들을 소리 내어 읽을 뿐이며, 책으로부터 낱말들을 '뽑아내는' 특별히 의식적인 경험을 하지는 않는다. 숙련된 독자는 읽을 때 초보자가 읽는 흉내를 낼 때 느끼는 것과 같은 것을 느낄 수도 있고, 그렇지 않을 수도 있다. 선생님이 초보자들에게 읽기를 가르치고 있다고 생각해보자. 일부는 흉내를 내고, 다른 일부는 우연히 가끔 맞게 읽고, 또 이미 읽기를 배운 학생들도 있다. 언제 학생들이 읽기를 배웠다고 간주할 수 있는가? 일반적으로 이런 일이 일어나는 확인가능한 때란 없을 것이다. 선생님은 학생이 읽기 테스트를 충분히 많이 통과한다면 그가 '읽기를 배웠다'고 판단할 것이다. 그 학생이 '이제 읽기를 배웠다!'고 처음으로 느낀 때를 확인할 수도 혹은 확인하지 못할 수도 있지만, 그런 경험이 그 학생의 읽기를 선생님이 평가하기 위해 필요하거나 충분한 조건은 아니다.

다시 말하건대(§160) 어떤 사람이 약효 때문에 혹은 꿈속에서 엉터리 '알파벳'을 보고, 읽을 때의 모든 특징적 '느낌'을 지닌 채 ─ 그런 '느낌'이 존재한다면 ─ 특정한 낱말들을 발음할 수 있다. 만일, 약효가 떨어진 후에 (또는 깨어난 후) 그가 책과는 무관하게 무작위로 낱말들을 발음하고 있었다고 생각한다면, 우리는 그가 정말로 읽고 있었다고 말해야 할까? 또는, 반대로, 그가 약 때문에 진짜 책을 유창하게 읽고 있는데 동시에 어느 것을 암기해서 낭송할 때의 '감각'을 갖고 있다면 어떻게 이것을 이해해야 할까? 그는 여전히 읽고 있는 것이 아닐까?

비트겐슈타인은 규칙 따르기와 연결된 이른바 특별한 '경험'이 환각적이라고 주장하면서, 이와 같은 예들 ─《철학적 탐구》는 내가 요약했던 것 이상의 풍부한 예들과 사고 실험들을 포함한다 — 을 거론한다.[29] 이미 말했듯이, 나는 이에 대해 간단하게 말한다. 이에

---

[29] 이 점이 과장되어서선 안 된다. 비트겐슈타인은 우리가 특정한 의미를 가진 단어를 사용할 때 (혹은 읽거나 이해할 때) 그리고 오직 그 때에만 현존하는 두통과 같은 '질적인' 경험을 갖는다는 것을 부인하지만, 그는 한 단어의 유의미한 용법에 대한 특정한 '느낌'이 있으며, 특정한 상황 하에서 그런 것을 잃어버릴 수도 있음을 부인하지는 않는다. 많은 사람들이 퍠 공통적인 경험을 한다. 한 단어나 구절을 자꾸 반복함으로써, 사람들은 그것의 정상적인 '생명'을 빼앗아서, 비록 그것을 올바른 상황 하에서 내뱉을 수는 있지만, 그것이 이상하고 낯설게 들리는 경험을 한다. 특수한 경우에 특별한 낯선 느낌이 여기에 있다. 기계적으로 단어를 항상 사용하는 사람이 이런 기계적 용법과 정상적 용법 사이의 구분에 대한 '느낌'을 갖지 못할 수 있을까? 비트겐슈타인은 이 문제를《철학적 탐구》2부에서 '-으로 보기seeing as'의 논의와 연관시킨다(단원 xi, 193-229쪽). 특히 213-214쪽에 있는 '측면-맹盲 aspect blindness'에 대한 그의 단평들과, '측면을 보는 것'과 '단어의 의미를 경험하는 것'에 대한 관계에 관한 단평들을 참고하라. (214쪽에 있는 그의 예들을 참고할 것. "만일 한 단어가 열 번 반복되어 그 단어가 의미를 잃고 단순한 소리가 되어 버린다는 것을 당신이 느끼지 못 한다면 … 당신이 놓치고 있는 것은 무엇인가? … 내가 어떤 사람과 '탑'이 은행을 의미한다는 약호에 합의했다고 가정하자. 나는 그에게 '지금 탑으로 가라'고 말한다 — 그는 나를 이해하고 그렇게 행동하지만 그에게는 '탑'이라는 말이 낯설게 느껴진다. 그것은 아직 그 의미를 '얻지' 못 했다." 213-218쪽에서 그는 많은 예들을 제시한다.)

(비트겐슈타인이 하듯이) 단어를 이러 이러한 것으로 의미하는 느낌과 ('till'을 한 번은 동사로, 다음에는 명사로 생각해보라)《철학적 탐구》2부의 단원 xi에서 길게 논의된 시각적 측면의 개념을 비교해보라. 우리는 오리-토끼(194쪽)를 한 번은 토끼로 볼 수 있고, 한 번은 오리로 볼 수 있다. 우리는 육각형Necker cube을 한 번은 한 면이 앞에 있는 것으로 볼 수 있고, 또 한 번은 다른 면이 앞에 있는 것으로 볼 수도 있다. 우리는 육각형 그림을 한 번은 상자로 볼 수 있고(193쪽), 한 번은 철골로 볼 수도 있다. 우리의 시각적 경험은 어떻게 변하는가? 그 경험은 두통의 느낌, 소리를 들음, 파란 조각의 시각적 경험과 같은 것보다 훨씬 더 포착하기 힘들다. 이에 대응하는 의미의 '모습들'은 내성적으로 심지어 더 포착하기 힘든 것처럼 보일 것이다.

비슷하게 비록 §§156-178의 글들 중 일부는 (책을 읽을 때) '인도됨'에 대한 의식적이며 특수한 경험을 모두 비판하는 듯 보이지만, 그것을 완전히 무시하는 것으로 생각하면 잘못이다. 예를 들면 §160에서 비트겐슈타인은 '그가 암기한 것을 말하는 감각'과 '읽기의 감각' 모두에 대해 말한다. 비록 이 문단의 요점은 그런 감각의 유무가 읽거나 암기한 것 등을 구분하게 해주는 것은 아니라는 것이지만 말이다.

관한 비트겐슈타인의 가르침이 비교적 — 어쩌면 너무 잘 — 잘 수용되었기 때문이다. 하지만 몇 가지 점들을 지적해야겠다. 첫째, 반복해 말하건대, 탐구의 방법과 사고 실험의 방법은 철저히 내성적이

내가 생각하기에 비트겐슈타인의 논의는 어느 정도 애매할 수 있다. 그럼에도 불구하고 몇 가지 연관된 점들을 지적할 수 있다. (1) (읽을 때) '인도됨의 경험'이 무엇이든지 간에 (흄과는 대조적으로) 그것은 두통처럼 별나고 내성가능한 질적인 특징을 가진 것은 아니다. (2) 읽기라는 특별한 경우에, 우리는 분명하고 내성 가능한 경험들을 느낄지 모르지만, 그것들은 서로 다르고 구분되는 경험들이어서 각 개별적 경우마다 특수한 것들이며 모든 경우에 존재하는 하나의 단독적 경험은 아니다. (유사하게, 비트겐슈타인은 **특정한 상황**에서 내가 단어를 이해할 때 발생하는 다양한 내성 가능한 '심적 과정들'에 대해서 말한다(§§152-155 참조). 그러나 이것들 중 어느 것도 이해의 '과정'은 아니다. 실제로 이해는 '심적 과정'이 아니다(이 책 85-87쪽 참조). §§151-155 바로 다음에 나오는 읽기에 관한 논의는 이 점들을 예시하려는 의도를 갖고 있다. (3) 아마 가장 중요한 점은 이것일 것이다. 인도된다는 그 포착하기 어려운 느낌이 무엇이든지 간에, 그것의 유무는 나의 읽음이나 읽지 않음을 구성하지 않는다. 가령, 이 책 앞에 나온 읽기를 배우는 학생에 관해서 그리고 약 기운에 의해 영향 받고 있는 사람에 관해서 언급된 사례들을 보라.

《청갈색책*The Blue and Brown Books*》(Basil Blackwell, Oxford and Harper and Brothers, New York, 1958, xiv+185쪽)에 대한 서문에서 러시 리스Rush Rhees는 비트겐슈타인을 위해 '의미 맹meaning blindness'의 문제를 강조한다(xii-xiv쪽 참조). 또 그는《철학적 탐구》2부 xi 단원에 있는 '무엇을 무엇으로 보는 것seeing something as something'에 관한 논의가 그 포착하기 힘든 질문을 다루려는 시도에 의해 자극되었음을 강조한다.《철학적 탐구》의 앞부분은 의미와 이해에 대한 내적이며 질적인 상태의 전통적인 그림을 논박한다. 하지만 러시 리스가 말하듯이 후기 비트겐슈타인은 그가 고전적인 그림을 너무 기계적인 그림으로 대체하는 위험에 처할 수 있음을 걱정했던 것 같다. 비록 그는 분명히 특정한 질적인 경험이 내가 특정한 의미를 가진 단어를 사용한다는 것을 구성한다는 생각을 여전히 비판하지만 말이다. 우리가 하는 방식대로 단어를 조작하지만 '의미 맹'인 사람이 있을 수 있는가? 그렇다면, 우리는 그도 우리처럼 언어를 구사하고 있다고 말할 것인가? 두 번째 질문에 대한 '공식적'인 답은, 우리 책에서 주어졌듯이, '그렇다'이다. 하지만 그 답은 아마도 "네가 사실들을 알고 있는 한 네가 하고 싶은 말을 하라"이어야 할 것이다. 그 문제가 완전히 해소되었는지는 분명하지 않다. 여기에서도 논의는 우리 자신의 현상적 경험에 대한 탐구에 근거한 내성적 논의임을 주목하라. 그것은 행동주의자가 맡을 그런 종류의 탐구는 아니다. 그 문제를 주의 깊게 더 깊이 다룰 필요가 있음은 의심의 여지가 없다.

다. 그것은 엄격한 심리적 행동주의자들이 **금지**할 바로 그런 종류의 탐구이다.[30] 둘째, 비록 비트겐슈타인이 행동과 행동할 성향 때문에 우리는 어떤 사람이 읽고 있다거나 혹은 더하기를 하고 있다고 **말하게** 된다고 결론짓고 있지만, 내 생각으론 이것을 성향 이론의 수용으로 오해해서는 안 된다. 그는 읽기 또는 더하기가 행동을 할 특정한 성향이라고 말하지는 않는다.[31]

---

[30] §314에서 비트겐슈타인은 이렇게 말한다. "만일 내가 감각에 관한 철학적 문제를 분명히 하기 위해 지금 내가 겪고 있는 두통의 현재 상태를 고찰하는 경향이 있다면, 그것은 근본적인 오해를 드러내는 것이다." 만일 이 단평이 이 책과 주 29에서 요약되었던 대로 비트겐슈타인이 실제로 하는 것과 일관성을 유지하려면, 우리는 그것을 우리의 경험의 현상학에 관한 내적인 반성을 철학적으로 사용하려는 것에 대한 비트겐슈타인의 **일반적** 비난으로 읽을 수는 **없다**.

[31] 나는 비트겐슈타인이 행동주의(그리고 유한주의[161-163쪽 참조])와 중요한 유사성을 갖고 있음을 부인하지 않을 것이다. "그를 향한 나의 태도는 영혼*Seele*을 향한 태도이다. 나는 그가 영혼을 갖고 있다고 보지는 않는다."(178쪽)와 같은 유명한 슬로건은 내겐 너무 행동주의적으로 들린다. 나는 개인적으로 나를 의식적인 인간으로 생각하지 않는 사람에 대해선 누구든지 그의 '태도' — 이것이 무엇을 의미하든지 간에 — 가 그저 '불행'하다거나 '사악'하다거나 혹은 심지어 '괴수'같다거나 '비인간적'이라는 것이 아니라, 그는 사실에 관해서 틀렸다고 생각하고 싶다.

만일 '*Seele*'가 '영혼'으로 번역된다면, 비트겐슈타인이 말하는 '태도*Einstellung*'는 특별한 종교적 함의 혹은 그리스의 형이상학과 이에 수반하는 철학적 전통과 연결되어 있다고 생각할 수 있다. 하지만, 전체 글귀로부터 보면, 문제는 단순히 의식적인 존재를 향한 나의 '태도'와 자동인형을 향한 나의 태도 사이의 차이점에 대한 것이다. 비록 그 단락 중 하나는 특별히 영혼*Seele*의 불멸성이라는 종교적 원리를 언급하지만 말이다. 아마도 어느 점에선 앞에 나온 문장에 있는 '*Seele*'에 대해 보다 오해의 소지가 덜한 번역은 '마음'일지도 모르겠다. 왜냐하면 현대 영어를 사용하는 철학 독자들에게 그것은 특별한 철학적이며 종교적인 함의를 덜 수반하기 때문이다. '영혼'이 독일어의 '*Seele*'를 '마음'보다 더 잘 표현한다 하더라도 이 생각이 맞을지 모른다고 생각한다. 앤스콤은 '*Seele*'와 이에서 파생된 말들을 문맥에 따라서 '영혼' 혹은 '마음'으로 번역한다. 진짜 문제는 영어를 사용하는 철학자들이 'mind'을 사용할 곳에서 독일어는 '*Seele*'와 '*Geist*'를 갖고 있다는 데에 있는 듯하다. 이 책 부록에 있는 주 11을 참조할 것.

이해하는 것이나 읽는 것과 같은 상태와 '진정한' 내성 가능한 심적 상태 혹은 과정 사이의 차이(대조)에 관한 비트겐슈타인의 확신은 너무나 강해서 — 흔히 그는 '일상 언어철학'의 창시자로 간주되며, 언어가 실제로 사용되는 방식에 대한 중요성을 강조했다 — 그것 때문에 그는 일상 언어에 관한 다소 이상한 의견을 제시했다. §154를 살펴보자. "(심적 과정들을 포함해서) 이해하는 것에 특징적인 과정이 있다는 의미에서, 이해한다는 것은 심적 과정이 아니다. (고통이 심해지고 약해지는 것이나 문장을 듣는 것, 이런 것들이 심적 과정이다.)" 또는, 반복하지만, 59쪽 밑에 있는 말, "'한 단어를 이해한다는 것'은 상태이다. 그러나 **심적** 상태인가? — 우울, 흥분, 고통은 심적 상태들이라고 불린다. 문법적 탐구를 해보라… " '심적 상태'와 '심적 과정'은 다소 이론적인 맛flavor을 풍기고 있어서, 나는 그것들의 '일상적' 사용 방식에 관해서 어떻게 자신 있게 말할 수 있을지 확신하지 못한다. 그렇지만, 나 자신의 언어적 직관은 비트겐슈타인의 단평들과 완전히 일치하지는 않는다.[32] 이해하게 되는 것, 또는 배우는 것은 나에겐 '심적 과정'처럼 보인다. 고통이 심해지고 약해지는 것 그리고 특히 소리나 문장을 듣는 것은 아마 일상적으로 전혀 '심적' 과정들로 생각되지 않을 것이다. 비록 우울함과 불안은 일상적으로 '심적' 상태들이라고 불리지만, 고통은 (만일 진짜 육체적 고통을 뜻한다면) 아마 '심적' 상태가 **아닐 것이다**("그것은 모두 네 마

---

[32] 이것은 영어 사용자인 나의 직관이다. 뉘앙스나 용법에서 독일어('seelischer Vorgang'과 'seelischer Zustand')와의 차이가 있더라도 그것이 어떤 영향을 미칠지는 전혀 모르겠다.

음먹기에 달려 있다"는 아무런 진짜 육체적 고통이 없다는 것을 뜻한다). 그러나 비트겐슈타인의 관심은 확실히 일상적 용법에 있지 않고 철학적 용어에 있다. '심적 상태들'과 '심적 과정들'은 내가 내 마음 안에서 발견할 수 있거나 신이 내 마음 안을 본다면 신이 발견할 수 있는 그러한 내성 가능한 '내적인' 내용들이다.[33] 그러한 현상들은, 내성 가능한 '질적'인 마음의 상태들인 한, 현재 유형의 즉각적인 회

---

[33] 인용된 구절에서 보면 그렇게 보일 것이다. 하지만 §154에서 이해가 '심적 과정'임을 부인하는 주장에 앞서서, "이해를 '심적 과정'으로 전혀 생각하지 않도록 하자 — 왜냐하면 그것은 너를 혼란케 하는 표현이기 때문이다"란 좀 더 약한 단평이 나온다. 이 자체로 보면, 이것은 이해를 '심적 과정'으로 생각하는 것은 잘못된 철학적 그림으로 이끌지만 그것이 필연적으로 틀린 것은 아니라고 말하는 듯하다. 또 §§305-306을 참조할 것. "그러나 분명 당신은, 예컨대 기억을 할 때 어떤 내적 과정이 일어남을 부정할 수 없다." — 우리가 무엇을 부정하려 한다는 인상은 어디에서 연유하는 것일까? ⋯ 우리가 부정하는 것은 내적 과정의 그림이 우리에게 "기억한다"는 말의 올바른 사용 방식을 제시한다는 것이다. ⋯ 왜 나는 심적 과정의 존재를 부정해야 하는가? 그러나 "방금 내게서 ⋯ 을 기억하는 심적 과정이 일어났다"는 다만 "나는 방금 ⋯ 을 기억했다"를 의미할 뿐이다. 심적 과정을 부정하는 것은 기억을, 즉 어떤 사람이 어떤 것을 기억한다는 것을 부정함을 의미할 것이다." 이 단락은 기억이란 **물론** '심적 과정'이지만 이 일상적 용어가 철학적으로 오해의 소지가 많다는 인상을 준다. (여기서 사용된 독일어는 'geistiger Vorgang'인데, 앞선 단락에선 'seelischer Vorgang'[§154]과 'seelischer zustand'[59쪽]이다. 하지만 내가 이해할 수 있는 한, 이것은 스타일 상의 차이 말곤 아무런 의미도 없다. 비트겐슈타인이 여기서는 기억에 대해서, 그리고 앞선 이해에 대해서 말한다는 사실이 중요할 수 있지만 이것마저 내게는 그렇게 보이지 않는다. §154에서 보면, 진정한 '심적 과정'은 고통이 다소 커지는 것, 음조나 문장을 듣는 것 — 우리가 사용했던 의미대로의 '내성가능한 질'을 가진 과정 — 이라는 점을 주목하라. 왜냐하면 비트겐슈타인에게 기억은 이런 과정이 아니기 때문이다. 비록 §154에 있는 이해의 경우와 마찬가지로, 우리가 기억할 때 발생하는 내성가능한 질을 가진 과정이 있을 수 있지만 말이다. §154에 있는 예들이 전형적인 '심적 과정'임이 의도되었다고 가정할 때, 그 예들은, 기억이 §154의 의미대로 '심적 과정'이 아니라고 간주되지 않는다면, 아주 많은 오해를 불러일으킬 수 있다. 이해처럼 기억은 '지향적' 상태(주 19 참조)여서 비트겐슈타인의 회의적 문제에 직면한다. (또 §339에 있는 '비육체적 과정'에 대한 논의를 참조할 것.)

의주의적 도전의 대상이 안 된다. 이해하는 것은 이런 것들 중의 하나가 아니다.

물론 더하기를 의미함이 '독특한 내성 가능한 상태'라는 견해가 거짓이라는 것은 그 문제를 시작할 때부터 암묵적으로 받아들여졌음에 틀림없다. 만일 '더하기'로 더하기를 의미하는 것이 실제로는 두통처럼 내성 가능한 상태라면, (그리고 만일 그것이 그러한 상태가 가져야 하는 정당화시켜주는 역할을 정말로 할 수 있다면) 그것은 분명하게 확인할 수 있었을 것이고 이로 말미암아 회의주의자의 도전을 무력화시켰을 것이다. 그러나 회의주의자의 도전이 지닌 힘을 고려해볼 때, 그런 상태를 철학자들이 정립할 필요성과 그것을 잃었을 때 우리가 입게 될 손실은 너무도 분명하다. 손실을 만회하기 위해서 아마 '더하기'에 의해 더하기를 의미하는 것은 우리가 전에 주장했던 것보다 훨씬 더 **독자적인**sui generis 상태라고 논증할 수 있을지도 모른다. 어쩌면 그것은 감각이나 두통 내지 어떤 '질적' 상태와도 동화될 수 없고 성향과도 동화될 수 없는 그 자체로 특유한 종류의 상태일지 모른다.

이런 응수는 어느 의미에선 논박이 불가능하며, 만일 그것이 적절한 방식으로 해석된다면, 비트겐슈타인도 그것을 수용할지 모른다. 그러나 그것은 자포자기적인 방법처럼 보인다. 그것은 가정되는 원초적 상태 ― "'더하기'에 의해 더하기를 의미하는 것"이라는 원초적 상태 ― 의 본성을 완전히 신비로운 것으로 내버려둔다. 그것은 내성 가능한 상태는 아니지만, 여전히 우리는 그것이 발생할 때마다 상당한 정도의 확실성을 갖고 그것을 안다고 간주한다. 다른 어떤

방법으로 우리는 현재 '더하기'에 의해 더하기를 의미**한다는 것을**
자신할 수 있겠는가? 훨씬 더 중요한 것은 비트겐슈타인의 회의적
논증에 함축되어있는 논리적 어려움이다. 내가 생각하기에 비트겐
슈타인은 우리가 지금까지 말했듯이 내성은 이른바 '질적인' 이해
상태가 환상임을 보여준다고 주장할 뿐 아니라 "'더하기'에 의해 더
하기를 의미하는" 상태는 논리적으로 불가능하다는 (또는 최소한 논
리적으로 상당한 어려움이 있다는) 주장도 한다.

그런 상태는 우리의 유한한 마음에 포함된 유한한 대상이어야 할
것이다.[34] 그런 상태에서 내가 덧셈표의 매 사례를 명백하게 생각하

---

[34] 우리는 오로지 덧셈표의 유한하게 많은 사례들에 대해서만 내가 생각한다는 점을
강조했다. 덧셈표의 무한하게 많은 사례들에 대해서 생각했다고 주장하는 사람은
누구든지 거짓말쟁이이다. (일부 철학자들은 — 아마 비트겐슈타인도 — 누구이건
무한하게 많은 그런 사례들에 대해서 생각했었다는 가정 안에서 개념적인 부적합성
을 발견한다고까지 말한다. 우리는 이렇게 강한 견해에 대해 논의할 필요는 없다.
우리 각자는 사실상 오직 유한히 많은 사례들에 대해서만 생각한다는 약한 주장을
우리가 인정하는 한에서 말이다.) 그렇지만, 비록 비트겐슈타인 자신을 따라 내가
오로지 유한 번의 사례들만을 생각했다는 관찰과 함께 **시작**하는 것이 유용하긴 하
지만, 원칙적으로, 이 특별한 사다리를 차버릴 수 있는 것처럼 보인다는 점에 주목할
가치가 있다. 내가 덧셈표의 **모든** 사례들에 대해서 분명하게 생각했다고 가정하자.
이것이 내가 '68+57'이란 질문에 답하는데 어떤 도움을 주는가? 나 자신의 심적
기록들을 다시 검토한 후에, 나는 스스로에게 명백한 지침을 주었음을 발견한다.
"만일 당신이 '68+57'이란 질문을 받는다면, '125'라고 응답하라!" 회의주의자는
이 지침들 역시 비-표준적 방식으로 해석될 수 있다고 말할 수 없는가? (《수학의
기초에 관한 고찰》, I, §3 참조 "만일 내가 그것을 **미리** 안다면, 이 지식이 내게 나중
에 무슨 소용인가? 이 말로 내가 의미하려는 것은 이것이다. 나는 그 단계가 실제로
취해질 때 이 사전 지식을 갖고 무엇을 해야 하는지를 어떻게 아는가?") 만일 유한성
이 당면 문제와 연관된다면, 그것은 내가 덧셈표의 오직 유한하게 많은 사례들에
대해서만 생각한다는 사실보다 "정당화는 어딘가에서 끝나야 한다"는 사실과 더 결
정적인 연관을 맺는 듯하다. 비록 비트겐슈타인은 두 사실을 모두 강조하지만 말이
다. 두 사실 각각 회의적 역설을 발전시키기 위해 사용될 수 있으며, 둘 모두 중요하다.

지는 않으며, 덧셈표의 매 사례를 뇌에서 부호화하는 것도 아니다. 우리는 그런 능력을 갖고 있지 않다. 그러나 (§195) "**이상한** 방식으로" 그런 매 사례는 이미 "어느 의미에서 현존"한다. (우리가 비트겐슈타인의 회의적 논증을 듣기 전에, 우리는 확실히 — 별 생각 없이 — 이와 비슷한 그 무엇이 정말로 일어난다고 가정한다. 심지어 지금도 나는 어찌 된 일인지 이것이 틀림없이 맞다고 생각하고 싶은 강한 경향을 느낀다.) 이것은 무슨 뜻인가? 우리는 겹하기처럼 해석될 수 **없을** 하나의 유한한 상태를 생각할 수 있는가? 그것이 어떻게 가능할까? 지금의 내 제안은 그런 질문들을 일축해버린다. 왜냐하면 이른바 '상태'란 것의 본성이 신비스러운 것으로 방치되어 있기 때문이다. §195에 있는 이의제기를 좀 더 자세하게 인용해보자. "하지만 내 말은 지금 내가 (낱말의 모든 쓰임을 파악할 때) 하는 일이 미래의 쓰임을 **인과적**으로, 그리고 경험적으로 결정한다는 것이 아니라, 어떤 의미에서는 쓰임 자체가 **이상한** 방식을 나타나 있다는 것이다." 인과적 결정은 성향 이론가들이 제안하는 분석의 일종이며, 우리는 이미 그것을 거부해야 한다고 논한 바 있다. 아마도 지금 문제가 된 그 관계는 대강 다음과 같은 함축의 근거가 될지 모르겠다. "만일 내가 지금 '더하기'에 의해 더하기를 의미한다고 가정하자. 그렇다면 만일 내가 미래에 이 의미를 기억하고 내가 의미했던 것을 따라서 잘못 계산하지 않는다면, '68+57'은 얼마인가란 질문을 받았을 때, 나는 '125'라고 답할 것이다." 만일 흄이 옳다면, 물론 과거의 내 마음의 어떤 상태도 내가 미래에 특정한 반응을 하리라는 것을 함축할 수 없다. 그러나 내가 과거에 125를 의미했다는 것은 그 자체로 내가 의미했던 것을 내가 기억해야 함을 함축하지 않는다. 그럼에도 불구하고, 나의 마음의 **임의의** 유한한 과거의 상태의 존재로부터 ─ 그것이 어떤 것이건 ─ 만일 내가 그것에 일치하고 싶어하고, 그 상태를 기억하고, 잘못 계산하지 않는다 하더라도, 임의의 커다란 덧셈 문제에 대해 내가 하나의 결정된 답을 주리라는 것이 정확히 어떻게 필연적으로 따라 나올 수 있는지는 신비로 남아 있다.[35]

수학적 실재론자 또는 '플라톤주의자'는 수학적 존재의 비-정신적 본성을 강조한다. 더하기 함수는 어느 특정한 마음에 있지 않으며, 또한 모든 마음들의 공통적인 속성도 아니다. 그것은 독립적인 '객관적' 존재이다. 그렇다면, 현재 고려사항에 관한 한, 더하기 함수(가령, 세 수triples의 집합으로 간주된)[36]가 어떻게 그 안에 모든 예들, 가령 세 수(68, 57, 125)를 포함하는지는 전혀 문제가 되지 않는다. 이것은 단지 문제되는 수학적 대상의 본성에 속하는 것이며, 그것이 무한한 대상이란 것은 당연하다. 더하기 함수가 68, 57, 125와 같은 세 수의 쌍을 포함한다는 증명은 수학에 속하지, 의미 및 의도와는 무관하다.

---

[35] 218쪽을 볼 것. "의미함은 낱말에 동반되는 과정이 아니다. 왜냐하면 어떤 과정도 의미함이라는 결과를 가져올 수 없을 것이기 때문이다." 이 경구는 이 책에서 그 윤곽이 묘사된 일반적인 요점에 대해서 말해준다. 어떤 과정도 의미가 동반하는 것을 동반할 수 없다. 특히, 어떤 과정도 앞에서 진술된 대강의 조건문을 동반할 수 없다. 이런 조건문들에 대한 나의 견해에 대해선 이 책 146-148쪽에 나오는 논의를 참조할 것.

[36] 물론 프레게는 함수를 세 수의 집합과 동일시하는 것을 수용하지 않을 것이다. 그런 동일화는 함수를 '불포화된 것'으로 보는 그의 생각에 어긋난다. 이런 복잡한 논의는 프레게의 철학에서는 아주 중요하겠지만, 이글의 목적을 위해서는 무시해버릴 수 있을 것이다.

더하기 기호를 사용하는 방식에 관한 프레게의 분석은 다음의 네 요소들을 상정한다. (a) '객관적'인 수학적 존재인 더하기 함수. (b) 언어적 존재인 더하기 기호 '+'. (c) 함수와 같은 '객관적'이고 추상적 존재인 이 기호의 '의미'. (d) 기호와 연합된 개인의 마음속에 있는 관념. 관념은 각 개인에게 사적이며, 마음마다 서로 다른 '주관적'인 정신적 존재이다. 대조적으로 '의미'는 '+'를 표준적인 방법으로 사용하는 모든 사람들에게 같다. 그러한 개인들 각각은 자신의 마음에 적절한 관념을 가짐으로써 이 의미를 파악한다. 그 '의미'는 다시 '+' 기호의 **지시체**와 같은 더하기 함수를 **결정한다**.

다시 말하지만, 이런 입장에서는 의미와 그것이 결정하는 지시체 사이의 관계에 대한 특별한 문제는 전혀 없다. 의미는 본성상 지시체를 결정한다. 그러나, 결국, 그 입장은 회의적 문제를 피할 수 없는데, 그 문제는 나의 마음에 있는 어떤 정신적 존재 혹은 관념의 존재가 어떻게 어떤 특정한 의미의 ─ 다른 의미를 제쳐두고 ─ '파악'을 **구성**할 수 있는가라는 물음으로 제기된다. 내 마음속의 관념은 유한한 대상이다. 그것은 더하기 함수가 아니라 겹하기 함수를 결정하는 것으로 해석될 수 있지 않은가? 물론 내 마음엔 또 다른 관념이 있을지도 모른다. 이것은 첫 번째 관념에 특정한 해석을 **할당**하는 것으로 간주되는 그런 관념이지만, 그렇다면 문제는 다시 새로운 단계에서 제기된다(규칙을 해석하기 위한 규칙의 재등장) 등등. 비트겐슈타인이 보기에 플라톤주의는 우리의 유한한 마음이 무한한 사례들에 적용되는 것으로 간주되는 규칙들을 어떻게 줄 수 있는가라는 문제를 회피한다는 점에서 별 도움이 되지 않는다. 플라톤적 대상은 자기-해석적self-interpreting일 수도 있고, 어떤 해석도 필요하지 않을 수도 있다. 그러나 궁극적으로 회의적 문제를 제기하는 어떤 정신적 존재가 연관되어 있음에 틀림없다. (플라톤주의에 관한 이 간단한 논의는 이 문제에 관심이 있는 사람들을 위해서 준비한 것이다. 만일 그것이 너무 간단해서 모호하다고 생각하면 무시해버려라.)

3장

해결책과 '사적 언어' 논증

The solution
&the 'Private'
Language
Argument

해결책과 '사적 언어' 논증

그렇다면 회의적 논증은 해결되지 않은 채 남게 된다. 어떤 단어에 의해서 무엇을 의미한다는 것은 전혀 있을 수 없다. 우리가 단어를 새로운 경우마다 적용할 때 그것은 매번 무모한 짓이나 마찬가지다. 현재 갖고 있는 의도가 무엇이건 그것은 우리가 하려고 선택할 수 있는 어떤 것과도 일치accord하도록 해석될 수 있다. 따라서 일치도 충돌도 있을 수 없다. 이것이 비트겐슈타인이 §202에서 말했던 것이다.

비트겐슈타인의 회의적 문제는 두 철학자들의 최근 연구와 관계가 있지만 이들이 비트겐슈타인으로부터 직접 영향을 받았다는 증거는 거의 없다. 둘 모두 앞에서 이미 언급한 바 있다. 첫 번째 철학자는 콰인[37]이다. 그의 잘 알려진 번역 불확정성과 지칭의 불가투시성 논제 역시 우리가 의미하는 객관적 사실이 있는지 질문을 던진다. 후반부에서 논의할 내용을 미리 말한다면, 일치agreement에 관한

---

[37] 이 책 39-40쪽과 주 10 참조.

콰인의 강조는 분명 비트겐슈타인의 견해와 비슷하다고 할 수 있다.[38]

또한 내적인 '관념' 혹은 '의미'가 우리의 언어적 행위를 좌우한 다는 것을 거부하는 콰인의 입장 역시 비트겐슈타인의 견해와 비슷 하다. 그렇지만 둘 사이에는 다른 점도 있다. 내가 앞에서 언급했듯 이, 콰인의 논증은 처음부터 행동주의적 전제들에 근거해 있다. 그 는 절대로 비트겐슈타인이 사용하는 내성적인 사고 실험을 중요하 게 여기지 않을 것이며, 사적이고 내적인 세계를 가정하는 견해들을 자세히 논박할 필요가 있다고 생각하지 않을 것이다. 콰인은 현대의 과학적인 관점을 수용하는 사람들에게 그런 견해는 분명 지탱될 수 없을 것이라고 생각한다. 더욱이, 콰인은 언어철학이 행동주의적 가설 체계 안에 들어간다고 보기 때문에, 의미에 관한 문제를 행동 하려는 성향에 관한 문제로 생각한다. 이런 경향 때문에 비트겐슈타 인과 콰인의 문제 형식이 달라지는 결과가 생기는 것처럼 보인다. 비트겐슈타인에게는 나의 현재의 심적 상태가 내가 앞으로 무엇을 **해야 하는지**를 결정하지 못 하는 것처럼 보인다는 점이 중요한 문제 이다. '더하기'란 단어에 대응하는 내 머리 속의 그 무엇이 새로운 덧셈 문제들에 대해서 내가 일정하게 반응을 보이도록 권한을 부여

---

[38] 비트겐슈타인의 '일치'와 이와 연관된 '삶의 형식'에 대해선 이 책 149-152쪽 참조. *Word and Object*, 27쪽에서 콰인은 언어를 "언어적 행위에 대한 현재의 성향들의 복합체(이 안에서 동일한 언어의 화자들은 어쩔 수 없이perforce 서로를 닮게끔 되어 있다)"로 규정한다. 또 같은 책 §2, 5-8쪽 참조. 같은 책에 나오는 '관찰 문장' 개념과 같은 주요 개념들 중 일부는 공동체의 이런 균일성uniformity에 의존한다. 그럼에도 불구하고, 일치는 콰인의 철학보다는 비트겐슈타인의 철학에서 더 결정적 인 역할을 하다.

한다mandate고 (지금) **느낄**지 몰라도, 실제로 내 머리에 있는 아무것도 그런 일을 하지 못 한다. '세피아'란 색깔 단어를 지시적으로 배우는 비트겐슈타인의 예(§§28-30)를 언급하면서,[39] 콰인은 비트겐슈타인에게 다음과 같이 이의를 제기한다. '하나의 자극이 이 자극보다 저 자극과 더 질적으로 유사하다고 생각하는 타고난 버릇'과 '잘못된 일반화들을 제거하는' 조건화가 충분히 이루어지면, 사람들은 단어를 궁극적으로 배울 것이다. "… 원칙적으로 말하면, '세피아'를 배울 때, 조건화나 귀납을 배울 때보다 더 많은 것이 필요하지 않다."[40] "콰인은 '세피아'를 배움"이란 말로 '세피아'를 구체적 사례들에 적용하려는 올바른 성향을 개발함을 뜻한다. 비트겐슈타인도 이런 의미로 '세피아'를 배우는 데에는 어떤 어려움도 없다는 것을 알고 있었으며, 실제로 그 점을 강조했다. 내가 앞에서 말했듯이, 근본적인 문제는 다르다. 내가 실제로 갖고 있는 성향들이 '옳건' 그르건 간에, 그것들이 **그래야 한다는** 권한을 부여하는 것이 있는가? 콰인은 쟁점들을 성향적으로 정식화하기 때문에, 이 문제는 그의 체계 안에서는 서술될 수 없다. 더하기나 겹하기의 의미와 관련된 어떤 사실도 나의 행동으로 나타날 것이기 때문에, 내 성향이 주어진다면, 내가 무엇을 의미하는가에 관한 질문은 콰인에게 전혀 생기지 않는다.

쟁점들을 이렇게 구성하는 것이 적절치 못해 보인다는 점은 이미 앞에서 주장한 바 있다. 내가 실제로 갖고 있는 성향들은 오류불가

---

[39] 이 예는 이 책에서 논의된다. 131-132쪽과 주 72 참조.

[40] Quine, *Ontological Relativity and Other Essays*, 31쪽.

능하지 않을 뿐 아니라, 덧셈표의 무한히 많은 사례들을 모두 다루지도 못한다. 그렇지만 콰인은 그 문제를 성향의 견지에서 보기 때문에, 성향들이 이상적으로 오류불가능하고 모든 사례들을 다룬다고 간주되더라도, 결정되지 않은 채로 남아 있는 해석의 문제들이 여전히 있음을 보여주는 데 관심이 있다. 첫째, (대강 말해서) 그는 직접적인 관찰 보고들이 아니라 충분히 '이론적'인 발언들의 해석은 심지어 나의 모든 이상적인 성향들에 의해서도 과소결정된다고 주장한다. 게다가, 그는 '토끼'와 '토끼-단계'와 같은 예들을 통해 심지어 우리의 문장 전체에 대한 정해진 해석이 주어지고, 행동을 하려는 우리의 이상적 성향이 확실하게 주어진다고 하더라도, 다양한 사전적 어휘들lexical items의 해석(지칭)은 여전히 정해지지 않음을 보여주려고 한다.[41] 이는 흥미로운 주장이지만 비트겐슈타인의 주장과는 다르다. 콰인처럼 행동주의적이지 않은 우리에게, 비트겐슈타인의 문제는 콰인의 논제들을 새롭게 볼 수 있게 해준다. 콰인 자신이 사용한 그의 논제들의 구성 방법이 주어지면, 비행동주의자에겐 콰인의 논증이 의미에 대한 어떠한 행동주의적 설명도 부적절함을 입증하는 것으로 — 왜냐하면 그것은 심지어 토끼를 의미하는 단어와 토끼-단계를 의미하는 단어를 구분할 수 없기 때문에 — 받아들여질 수도 있다. 하지만 만일 비트겐슈타인이 옳고, 나의 마음에 대한 어떤 접근도 내가 더하기나 겹하기를 의미하는지를 드러낼 수 없다면, 토끼와 토끼 단계에 대해서도 같은 말을 할 수 없을까?

---

[41] 대략적으로 말해, 첫째 주장은 '번역불확정성'이고, 둘째 것은 '지칭의 불가투시성'이다.

따라서 어쩌면 콰인의 문제는 비행동주의자들에게도 제기될지 모른다. 하지만 여기는 그 문제를 다룰 곳이 아니다.

넬슨 굿맨의 '귀납의 새로운 수수께끼'에 관한 논의도 비트겐슈타인의 연구와 비교할만한 가치가 있다.[42] 콰인은, 비트겐슈타인과는 비슷하지만 '새로운 수수께끼'를 다룰 때의 굿맨과는 달리, 의미에 관한 회의적 의심에 직접적인 관심을 둔 반면, '새로운 수수께끼'를 다루는 굿맨의 기본적인 전략은 놀라울 정도로 비트겐슈타인의 회의적 논증과 비슷하다. 이 점에서 그의 논의는 콰인의 '불확정성'보다 훨씬 더 비트겐슈타인의 회의주의와 비슷하다. 비록 비트겐슈타인의 문제가 수학적인 문제로 정식화되었다고 하더라도, 그것은 완전히 일반적이며 어느 규칙이나 단어에도 적용될 수 있다는 점이 강조된 바 있다. 특히, 비트겐슈타인 자신이 시사하듯이, 만일 그 문제가 색깔-인상color-impressions의 언어로 표현된다면, 굿맨의 '초랑' 혹은 그와 비슷한 것이 '겹하기' 역할을 할 것이다.[43] 하지만 지금 우리는 귀납에 관한 굿맨의 문제 ─ "왜 과거에는 초랑이었던 풀이 미래에는 초랑일 것이라고 예측하지 않는가?" ─ 가 아니라 의미에 관한 비트겐슈타인의 문제 ─ "나는 과거에 '초록'에 의해 초랑을 의미하지 않았다는 것, 그래서 지금 나는 풀이 아니라 하늘을 '초록'이라

---

[42] 주 14에 언급된 참고문헌을 볼 것. 또 *Problems and Projects*(Bobbs-Merrill, Indianapolis and New York, 1972, xii+463쪽)의 7부에 있는 논문들을 볼 것.

[43] '초랑'에 대해선 이 책 47쪽과 주 14와 15를 볼 것. 몇 년 전의 내 사고 과정에 대해 잘 기억할 수는 없지만, 내가 비트겐슈타인의 문제를 '겹하기'란 용어로 형식화한 것은 이와 비슷한 굿맨의 '초랑'의 사용 방식에서 영감을 얻었기 때문인지도 모른다. 내가 기억하는 것은 그 문제에 대해 처음 생각했을 때 비트겐슈타인과 굿맨 (그리고 다른 사람들) 사이의 논의의 유사성으로부터 큰 인상을 받았다는 것이다.

고 불러서는 안 된다고 누가 말할 것인가?"—를 다루고 있다. 굿맨은 귀납의 문제를 집중적으로 다루고 의미에 관한 문제는 거의 무시하지만,[44] 때때로 비트겐슈타인의 문제를 시사해주는 면도 있다.[45] 개인적으로 나는 굿맨이 그가 정식화한 문제를 진지하게 다루려면 반드시 비트겐슈타인의 문제를 다루어야 했다고 생각한다.[46]

---

[44] 부분적으로 그 문제에 대한 굿맨의 논의는 다음을 전제하는 듯하다. 즉, 각 술어('초록'과 '초랑')의 외연이 알려졌다는 것과 이 질문은 그 자체로는 '새로운 귀납의 수수께끼'와 무관하다는 것이 그것이다. 슈메이커Sydney Shoemaker는 그런 분리가 가능한지 의문을 던진다. "On Projecting the Unprojectible", *The Philosophical Review*, vol. 84(1975), 178-219쪽(그의 결론 부분을 볼 것). 나는 아직까지 슈메이커의 논증을 주의 깊게 연구하지는 않았다.

[45] 굿맨의 다음 글 참조. "Positionality and Pictures", *The Philosophical Review*, vol. 69(1960), 523-525쪽. 다음 책에 재수록됨. *Problems and Projects*, 402-404쪽. 또한 율리언Ullian의 글 "More on 'Grue' and Grue"와 *Problems and Projects*, 408-409쪽(주디스 톰슨Judith Thompson에 대한 논평) 참조.

"Seven Strictures on Similarity", *Problems and Projects*, 427-436쪽의 몇 군데는 비트겐슈타인적이다. 비트겐슈타인에게서처럼 굿맨에게서도, 우리가 '유사'하다고 부르는 것(비트겐슈타인이 심지어 '같다'고 부르는 것)은 우리의 실행에서 나타나며 그것을 설명할 수는 없다. (비트겐슈타인의 견해는 뒤에서 설명된다.)

한 가지 문제가 여기서 생긴다. 비트겐슈타인의 입장은 '절대적 유사성'의 거부에 의존하는가? 우리가 '유사성'을 단순히 우리가 실제로 계속 하는 방식을 **지지**하기 위해 사용하는 한에서는 그렇다. 하지만 비록 '절대적 유사성'이 영어에서 고정된 의미를 가졌으며 '유사성'이 사물들을 유사하게 만드는 세목들에 의해 구체적으로 채워질 필요가 없다고 하더라도 회의적 문제는 해결되지 않을 것이다. 내가 '더하기'를 배울 때 나는 나 자신에게 단순히 유한한 수의 사례들을 주고 다음과 같이 계속할 수는 없다. '앞으로 덧셈 문제에 직면할 때 유사하게 행동하라'. 이렇게 구성한 표현이 '유사함'의 일상적 의미를 기준으로 했을 때 완전히 확정적이라고 가정하자. 또 사람들은 이런 저런 행동 방식이 내가 했던 것과 '유사'하다고 불릴 수 있는 한 가지 세목을 말함으로써 '유사함'을 완성하는 방식에 의존하여 다양한 여러 행동 방식들을 '유사'하다고 부를 수 있는 원리를 주장하지 않는다고 가정하자. 심지어 그렇더라도, 회의주의자는 '유사함'에 의해 나는 '큐사함' — 여기서 두 행동은 … 할 경우에 큐사하다 — 을 의미했다고 논증할 수 있다. 주 13에 있는 '상대적 동일성'에 대한 논의 참조.

비트겐슈타인은 새로운 형태의 회의주의를 발명했다. 개인적으로 나는 그것을 지금까지 철학사에서 등장했던 것들 중 가장 급진적이며 독창적인 회의적 문제 ― 오로지 고도로 비범한 정신의 소유자만이 제기할 수 있는 문제 ― 로 간주하고 싶다. 물론 그는 우리에게 그의 문제를 떠넘기지 않고 그것을 해결하고 싶어 한다. 그는 회의적 결론은 정신 나간 것이며 받아들일 수 없다고 보았다. 나는 그의 해결책이 '사적 언어'에 반대하는 논증을 포함한다고 주장할 것이다. 왜냐하면 그것은 사적 언어를 인정하지 않기 때문이다. 그러나 그가 이 문제를 제기하면서 이룩한 성과는, 그것에 대한 자신의 해결책이나 그 결과 나오는 사적 언어에 반대하는 논증의 가치와는 독립적으로, 그 자체로 중요하다. 왜냐하면, 만일 우리가 비트겐슈타인의 문제를 진정한 문제로 본다면, 그를 자주 잘못된 관점으로 읽어 왔다는 것이 분명하기 때문이다. 과거의 나 자신을 포함해서 독자들은 자주 다음과 같은 것을 궁금해 하곤 했다. "어떻게 그는 사적

---

46 간단히 언급하겠다. 굿맨은 '초랑'은 '시간적temporal' 혹은 '장소적positional'으로 만들지만, '초록'은 그렇지 않게 만드는 의미는 모두 선결 문제 요구의 오류를 범한다고 고집한다. '파랑-초록'과 '초랑-파록' 중 하나를 원초적인 것으로 간주하면, 다른 쌍의 술어들을 그것을 이용해서 '시간적으로' 정의할 수 있다(*Fact, Fiction and Forecast*, 77-80쪽 참조). 그럼에도 불구하고, 직관적으로 보면, '초록'이 장소적이 아니라는 의미에서 '초랑'이 장소적이라는 것은 분명해 보인다. 아마 그 의미는 '초랑'은 아니지만 '초록'이 충분한 수의 사례들에 의해, 시간에 대한 언급 없이, 지시적으로 배워졌다(배울 수 있다?)는 사실에 의해 드러날 수 있을지도 모른다. 이 논증에 대한 응답은 다음 형식을 취해야 할 것 같다. "다른 사람들(혹은 심지어 과거의 나?)이 그런 지시적 훈련에 의해 배웠던 것이 '초랑'이 아니라고 누가 말할 수 있는가?" 하지만 이것은 곧 비트겐슈타인의 문제로 이끈다. 앞의 각주에서 인용된 논문들이 이와 관련된다. (그렇지만, 굿맨의 문제와 같은 문제들이, 심지어 직관적으로도, 장소적으로 정의되는 것처럼 보이지 않는 서로 경쟁적인 술어들에 대해서도 제기될 수 있다는 것은 맞다.)

언어가 불가능함을 증명할 수 있는가? 내가 나 자신의 감각을 찾아내는데 무슨 어려움이 있을 수 있는가? 만일 어려움이 있다면, '공적'인 기준들이 어떻게 나를 도울 수 있는가? 만일 내가 나 자신의 감각을 찾아내기 위해 외부의 **도움**을 필요로 한다면, 나는 꽤 나쁜 상태에 있는 게 틀림없다!"[47] 그러나, 만일 내가 옳다면, 적절한 방향

---

[47] 특히, '사적 언어 논증'에 관한 문헌들 중 일부를 알고 있는 사람들을 위해서, 이 점을 해설하는 것이 유용할지 모르겠다. 이런 문헌들 중 상당수는 §243부터 시작해서 그 이하에 나오는 비트겐슈타인의 논의에 의존하고 있기 때문에, 나 자신의 감각에 대한 나의 확인을 외부적으로 점검하지 않은 채, 내가 주어진 감각을 정확히 (나의 이전 의도와 일치하게) 확인했는지를 아는 방법이 없을 것이라고 생각한다. (그 질문은 이렇게 구성되어야 한다고 생각되어 왔다. "이것이 고통이라고 할 때 내가 맞다는 것을 어떻게 아는가?" 혹은 그 질문은 이런 것일 수 있다. "내가 '고통'을 의도했던 대로 사용할 때, 내가 올바른 규칙을 적용하고 있음을 어떻게 아는가?" 앞에 나온 주 21 참조.) 하지만 만일 내가 (이런 해석들 중 하나에 따라) 올바르게 확인하는지를 아는 방법이 없다면, 확인에 대해서 말하는 것은 무의미하다. 나를 뒷받침하기 위해 다양한 감각 기호들로 내가 의미했던 것에 대한 기억이나 나 자신의 인상에 의존하는 정도로는, 이런 회의를 잠재울 길이 없다. 나의 외적인 행위를 통해서 내가 한 확인의 정확성을 인지하는 다른 사람들만이, 적절한 외부의 점검을 제공할 수 있다.

방금 모호하게 요약된 논증에 대해 많은 이야기를 할 수 있다. 이 논증은 심지어 문헌에 있는 더 긴 글에 근거하더라도 이해하기 쉽지 않다. 하지만 여기서 나는 한 가지 반응을 언급하고 싶다. 만일 내가 어느 감각을 정확히 확인할 수 있는지에 대해서 정말로 의심을 한다면, 내 감각을 외적인 행동 혹은 다른 사람들에 의한 입증과 연결시키는 것이 무슨 도움이 될 것인가? 분명히 나는 연관된 외적인 행위가 일어났음을 확인할 수 있다. 또는 내가 문제의 감각을 정말로 가졌다는 것을 다른 사람들이 입증하는 것을 확인할 수 있다. 하지만 이것은 오직 내가 연관된 감각적 인상들(행동의 인상들 혹은 내가 감각을 정확히 확인했음을 입증하는 다른 사람들의 감각적 인상들)을 확인할 수 있기 때문이다. 외적인 현상을 확인하는 나의 능력은 연관된 감각적 (특히 시각적) 인상을 확인하는 나의 느낌에 의존한다. 만일 내가 나 자신의 심적 상태를 확인하는 나의 능력에 대해서 **일반적인** 회의를 제기한다면, 그것으로부터 벗어나기는 불가능할 것이다.

바로 이런 의미에서 사적 언어에 반대하는 논증은 나 자신의 감각을 확인하기 위해 외적인 **도움**을 필요로 한다는 것을, 가정하는 듯하다. 왜냐하면 그 논증에 관해 나온 많은 글들은 내적 상태에 대한 나의 확인의 정확성에 대한 일반적인 회의에

의존하는 것처럼 보이기 때문이다. 내가 한 어떤 확인도 일종의 정확성에 대한 검증을 필요로 하기 때문에, 하나의 내적인 상태의 확인을 다른 내적인 상태의 확인에 의해 검증하는 것은 그저 똑같은 질문을 (내가 내 감각을 정확하게 확인하고 있는지를) 다시 한 번 제기할 뿐이라고 주장된다. 에이어Ayer는 널리 알려진 러시 리스와의 논쟁("Can there be a Private Language?" *Proceedings of the Aristotelian Society*, Suppl. Vol. 28[1954], 63-94쪽. 다음 글에 재수록됨. Pitcher ed., *Wittgenstein: the Philosophical Investigations*, 251-285쪽. 특히 256쪽을 볼 것)에서 그 논증을 이렇게 요약한다. "대상(감각)을 인지한다는 그의 주장, 그것이 정말로 같다는 그의 믿음은, 그것이 또 다른 증거에 의해 뒷받침될 수 없는 한, 수용되어져선 안 된다. 또한 이 증거는 명백하게 공적이어야 한다. 그저 하나의 사적 감각을 다른 사적 감각에 의해 점검하는 것으로는 충분하지 않다. 왜냐하면 사적 감각들 중 하나를 인지하기 위해 다른 하나의 사적 감각을 신뢰할 수 없다면, 후자를 인지하기 위해 전자를 신뢰할 수도 없기 때문이다." 그 논증의 결론은 이렇다. 내가 한 확인의 정확성에 대해 진정으로 검증을 할 수 있는 것은 오로지 내가 '사적인 점검'의 고리로부터 빠져 나와 공적으로 접근 가능한 증거에 다다를 때이다. 그러나 만일 내가 내적 상태에 대한 나의 **모든** 확인을 의심할 정도로 회의적이라면, 공적인 것이 어떤 도움이 될 수 있는가? 공적인 것에 대한 나의 확인은 나의 내적 상태에 대한 확인에 의존하지 않는가? 에이어는 이 점을 이렇게 표현한다. (앞의 인용문 바로 다음에 나온다.) "하지만 사람들이 인지하도록 허용될 어떤 것이 없다면, 어떤 점검도 완성될 수 없다 … 나는 시간표의 한 쪽을 시각화함으로써 기차가 출발할 시간에 대한 나의 기억을 점검한다. 그리고 나는 그 쪽을 찾아봄으로써 그것을 다시 점검하도록 요구받는다. (그는 §265를 언급한다.) 그러나 이 때 내가 나의 시력을 믿을 수 없다면, 내가 쓰여 있는 모양을 인지할 수 없다면, 나는 여전히 전보다 나아진 것이 없다 … 내가 지칭하려고 애쓰는 대상을 당신이 원하듯이 공적이라고 하자 … 내가 그 단어를 정확하게 사용하고 있다는 나의 확신은 … 종국에는 감각의 증언에 의존해야 한다. 다른 사람들이 그 단어를 사용하는 방식이 나와 일치한다는 결론을 내릴 수 있는 것은 다른 사람들이 말하는 것을 듣기 때문이거나, 혹은 그들이 쓴 것을 보기 때문이요, 혹은 그들의 움직임을 관찰하기 때문이다. 그러나 더 이상 아무런 어려움 없이 그런 소음이나 모양 혹은 움직임을 내가 인지할 수 있다면, 나는 또한 왜 사적 감각을 인지할 수 없는가?"

사적 언어 논증이 단순히 이런 형식으로 전개된다는 것이 가정되면, 이 반론은 적절한 것처럼 보인다. 한때 나도 이와 같은 근거를 바탕으로 하여 사적 언어에 반대하는 논증은 옳을 수 없다고 생각한 적이 있었다. 전통적인 견해들은 결정적으로 논박되지 않는 한 매우 그럴 듯한데, 그것은 모든 확인은 감각의 확인에 의존한다고 주장한다. 이 책에 있는 사적 언어 논증의 회의적 해석은 확인이라는 개념을 당연하게 받아들이지 않으며, 문제를 아주 다르게 구성한다. 인과 관계 분석에 대한 흄의

은 반대 방향이 될 것이다. 중심 문제는 "어떻게 우리는 사적 언어 — 혹은 어느 다른 특별한 형식의 언어 — 가 **불가능**함을 보여줄 수 있는가?"가 **아니라**, "어떻게 우리는 어느 언어이건 (공적, 사적 혹은 어느 것이건) **언어가 가능**함을 보여줄 수 있는가?"이다.[48] 이것은 어떤 감각을 '고통'이라고 부르는 것이 쉽다는 뜻이 아니며 또 비트겐슈타인이 어떤 어려운 점을 만들어 내야 했다는 뜻이 아니다.[49] 반대로, 비트겐슈타인의 핵심 문제는 **모든** 언어, **모든** 개념 형성이 불가능하며, 실제로 불가해함을 그가 보여주었던 듯하다는 점이다.

여기서 비트겐슈타인의 새로운 형태의 회의주의와 고전적인 흄의 회의주의를 비교하는 것이 중요하며 그것은 우리 문제 해결에 빛을 던져준다. 둘 사이에는 중요한 유사점이 있다. 둘 모두 회의적 역설을 전개하는데, 이는 과거로부터 미래로의 **연계**에 대한 의심에 기초하고 있다. 비트겐슈타인은 과거의 '의도' 혹은 '의미들'과 현재의 실행 사이의 연계에 의문을 갖는다. 예를 들면, '더하기'와 관련된 나의 과거의 '의도들'과 내가 현재 하는 '68+57=125'의 계산 사이의 연계에 대해 의문을 던진다. 흄은 서로 관련된 두 개의 다른 연계들에 의문을 던진다. 하나는 과거의 사건이 미래의 사건을 필연적으로 일어나게 하는 인과적 연계이고, 다른 하나는 과거로부터 미래로의 귀납적 추리의 연계이다.

이와 유사한 반대 방법에 대해선 이 책 110-111쪽 참조.

[48] 이렇게 표현되면, 이 문제는 칸트적 맛을 풍긴다.

[49] 특히 앞에 나온 '초록'과 '초랑'에 대한 논의를 볼 것. 이 논의는 쉽게 고통으로 옮길 수 있다. ('고지러움pickle'을 t 전에는 고통에, 그 다음부터는 간지러움tickle에 사용하도록 하자!) 이제야 그 문제가 완전히 일반적이라는 점이 분명해졌다.

유비는 명백하지만 몇 가지 이유 때문에 희미해졌다. 첫째, 흄적인 문제와 비트겐슈타인적인 문제는 비슷하지만 물론 서로 다르고 독립적이다. 둘째, 비트겐슈타인은 흄에 대해 관심이 거의 없었고 그에게 별로 호의적이지도 않았다. 그는 흄을 읽을 때마다 "일종의 고문"을 당하는 것 같아서 그의 책을 읽을 수 없었다고 말한 것으로 인용되기도 했다.[50] 더욱이, 흄은 비트겐슈타인이 가장 관심을 두고 공격했던 몇몇 심적 상태들의 본성에 관한 생각들의 출처가 되었던 인물이었다.[51] 마지막으로 (그리고 아마도 가장 중요하게) 비트겐슈타인은 흄이 명백하게 했던 것처럼 '회의적'이라는 상표를 결코 명시적으로 인정하지 않으리라는 것은 거의 확실하다. 실제로, 그는 자주 '상식'의 철학자로서 우리의 일상적인 개념들을 방어하고 전통적인 철학적 회의들을 해소하기 위해 고심했던 인물로 간주된다. 철학은 오로지 모든 사람이 인정하는 것만을 진술한다고 주장한 사람이 비트겐슈타인 아니던가?

하지만 심지어 여기에서도 비트겐슈타인과 흄 사이의 차이점이

---

[50] Karl Britton, "Portrait of Philosophy," *The Listener*, LIII, no. 1372(June 16, 1955), 1072쪽. 조지 피처가 다음 글에서 인용함. George Pitcher, *The Philosophy of Wittgenstein*(Prentice Hall, Englewood Cliffs, NJ, 1964, viii+340쪽), 325쪽.

[51] 상당수의 비트겐슈타인의 논증은 흄적인 생각(혹은 고전적 경험론자의 생각)에 대한 공격이라는 특징을 갖고 있다고 간주할 수 있다. 흄은 우리의 심리적 상태 각각에 대해 내성가능한 질적인 상태('인상')를 상정한다. 더 나아가 그는 적절한 '인상' 혹은 '심상'이 '관념'을 구성할 수도 있다고 생각했는데, 심상은 그것이 어떻게 적용되어야 하는지에 대해 우리에게 전혀 말해주지 않음을 깨닫지 못 했다. (앞 47쪽에 나온 '초록'의 의미를 심상을 갖고 결정하는 것에 관한 논의와 76–78쪽에 있는 큐브에 관한 상응하는 논의 참조.) 물론 무엇보다도 비트겐슈타인의 역설은 그런 가정에 강하게 반대한다.

과장되어서는 안 될 것이다. 흄조차도 철학자는 절대로 일상적인 믿음들에 의문을 던져서는 안 된다는 중요하면서도 어떤 때에는 지배적이기까지 한 경향을 갖고 있었다. "정말로 모든 것이 불확실하다고 주장하는 회의주의자인가"라는 질문을 받자 흄은 "이 질문은 완전히 불필요한 것이며 나쁜 아니라 어느 누구도 한 번이라도 진실하게 지속적으로 그런 의견을 가져본 적은 없을 것"이라고 대답한다.[52] 외부 세계의 문제를 논의할 때 그는 훨씬 더 강하게 다음처럼 말한다. "우리는 다음과 같이 물을 수 있다. **어떤 원인들이 우리로 하여금 물체의 존재를 믿게 하는가?** 하지만 다음과 같이 묻는 것은 헛된 일이다. **물체가 있는가 없는가?** 이 점은 우리가 하는 모든 추론들에서 당연한 것으로 간주되어야 한다."[53] 하지만 상식에 대한 이런 충성의 맹세는 반대로 물리적 대상들에 관한 상식적 입장이 돌이킬 수 없을 정도로 비일관적임을 논증하는 것처럼 보이는 단원의 도입부를 이룬다.

---

[52] D. Hume, *A Treatise of Human Nature*(ed. L. A. Selby-Bigge, Clarendon Press, Oxford, 1888), Book I, Part IV, Section I(183쪽 in the Selby-Bigge edition).

[53] Hume, *ibid.*, Book I, Part IV, Section II(187쪽 in the Selby-Bigge edition). 흄에게 가끔 '일상 언어' 철학과 비슷한 점이 있다는 점을 간과해선 안 된다. 다음을 고려해보라. "인간의 이성을 **인식과 개연성**으로 구분한 철학자들, 또 전자를 **관념들의 비교로부터 생기는 증거**로 정의했던 철학자들은 원인 혹은 결과로부터의 논증들 모두를 개연성이란 일반 용어 하에서 이해하도록 강요받는다. 그러나 누구든 자기가 원하는 대로 그의 용어를 자유롭게 사용할 수는 있지만, 통상적인 담화에서 우리는 많은 인과 관계로부터의 논증이 개연성을 넘어서서 우월한 종류의 증거로서 받아들여질 수 있음을 쉽게 긍정한다. 태양이 내일 떠오르리라는 것, 혹은 모든 사람은 죽어야 한다는 것이 오로지 개연적일 뿐이라고 말하는 사람은 어리석게 보일 것이다."(*ibid.*, Book I, Part III, Section xi, 124쪽 in the Selby-Bigge edition).

흄이 우리의 상식적 믿음을 절대로 거부하거나 의심하지 않겠다는 자신의 결심을 존중한다면, 그의 '회의주의'는 무엇으로 이루어지는가? 첫째는 그런 믿음들의 원인에 관한 회의적인 **설명**이고, 둘째는 우리의 상식적 개념에 대한 회의적 분석으로 구성된다. 자신의 견해를 회의적으로 간주하지 않았던 버클리가 심지어 어떤 면에서는 비트겐슈타인과 더 비슷할지 모른다. 언뜻 보기에, '마음 밖에 있는' 물질과 모든 대상들을 부인할 때 버클리는 우리의 상식적인 믿음들을 **부인**하고 있는 것처럼 보인다. 이런 인상은 많은 사람들에게 나중에까지 지속된다. 그러나 버클리에게는 그렇지 않다. 버클리가 보기에 상식적 인간이 마음 밖에 있는 물질과 대상의 존재를 인정하는 것은 상식적인 말을 형이상학적으로 잘못 해석했기 때문에 생긴다. 상식적인 인간이 '외부의 물리적 대상'에 관해 말할 때, 그가 실제로 의미하는 것은 (마치 방백하듯이) **외부의 물리적 대상**이 아니라 '나의 의지로부터 독립해서 내 안에서 생산되는 관념'과 같은 것이다.[54]

버클리가 취하는 입장은 철학에서 드문 것이 아니다. 철학자들은 분명히 상식과 모순된 것처럼 보이는 견해를 옹호한다. 그는 상식을 공격하는 대신 그런 충돌이 상식적인 언어를 철학적으로 잘못 해석했기 때문에 생겼다고 주장한다. 때때로 그는 그런 잘못된 해석이 일상 화법의 '피상적 형식'에 의해 조장된다는 점을 덧붙인다. 그는

---

[54] George Berkeley, *The Principles of Human Knowledge*, §§29-34. 물론 이것은 그 특징을 너무 단순하게 묘사한 것일지 모른다. 하지만 현재의 목적을 위해선 충분하다.

상식적 주장에 관한 그 자신의 분석을 내놓으면서, 상식적 주장이 실제로는 상식적이지 않음을 보여준다. 버클리의 연구에서 이런 철학적 전략은 중심적 위치를 차지한다. 흄이 그저 자신은 상식을 분석할 뿐 거기에 반대하지 않는다는 주장을 하는 것과 마찬가지로, 그도 같은 전략에 호소하고 있다. 이 관행이 오늘날에 사라졌다고 말할 수는 없을 것이다.[55]

개인적으로 나는 그런 철학적 주장들이 예외 없이 의심스럽다고 생각한다. 그런 주장을 하는 사람들이 일상적 진술의 '오도적인 철학적 오해'라고 부르는 것이야말로 거의 언제나 (일상적 진술의) 자연스럽고 정확한 이해일 것이다. 실질적인 오해는 그런 주장을 하는 사람이 계속해서 "모든 일상적인 사람들이 정말로 의미하는 것은 … 이다"고 말하면서 그 자신의 철학과 양립하는 복잡한 분석을 할 때 생긴다. 어쨌든 현재 목적을 위해서는 비트겐슈타인이 이런 종류의 버클리식 주장을 한다는 점이 중요하다. 왜냐하면 ─ 곧 보겠지만 ─ 자신의 회의적 문제에 대한 그의 해결책은 내가 '더하기'에 의해 더하기를 의미함을 구성하고 또한 내가 이 의미와 일치하기 위해 해야 하는 것을 미리 결정해주는 '과도한 사실superlative fact'(§192)이란 없다는 회의주의자들의 주장에 동의하면서 논의를 시작하기 때문이다. 그러나 그는 (§§183-193에서) 의미에 관한 우리

---

[55] 강력한 반론에 부딪히지 않는 현대의 사례를 제시할 수 없다는 것은 거의 '분석적'이다. 이런 경우에, 인용된 견해를 주장하는 사람들은 일상적 용법에 대한 그들의 분석이 정말로 정확하다고 주장할 것이다. 여기서 무관한 논쟁에 끼어들고 싶지는 않지만, 현대 물리주의자들이 제안한 마음에 관한 '토픽-중립적' 분석 중 상당수는 버클리적인 동전의 다른 한 면일 뿐이라고 생각한다.

의 일상적 개념이 그런 사실을 요구하는 것처럼 보이는 까닭은 '그는 그러그러한 것을 의미했다'나 '그 단계들은 그 공식에 의해 결정된다'와 같은 것들을 철학적으로 잘못 해석한데 — 비록 자연스럽긴 하지만 — 에 있다고 주장한다. 비트겐슈타인이 이런 표현들을 어떻게 이해하는지는 곧 보게 될 것이다. 지금으로서는 그저 비트겐슈타인이 더하기나 겹하기를 의미하는 것 사이의 차이를 구분하기 위해, 내 현재의 심적 상태 안의 어떤 것을 찾으려는 생각이나 내가 '68+57'에 관해 질문 받을 때 '125'라고 답해야 한다는 것을 결과적으로 보여줄 그 무엇을 나의 심적 상태에서 찾으려는 어떤 생각도 오해이며, 또 그런 생각은 회의적 논증에 의해 논박**되는** 의미 개념을 보통 사람들에게 귀속시킨다는 점만 언급해두겠다. 그는 §194에서 이렇게 말한다. "우리는 문명인들이 표현하는 것을 듣고는 그것을 잘못 해석하여, 그 해석으로부터 아주 이상한 결론을 이끌어내는 미개인들이나 원시인들과 같다." 버클리도 아주 똑같은 말을 할 수도 있었다는 점을 주목하자! 아마 그럴지 모른다. 개인적으로 나는, 비트겐슈타인의 확신에도 불구하고, 그 '원시적'인 해석이 내게는 자주 좋게 들린다는 것을 지적해두고 싶다.

흄이 그의《탐구*Inquiry*》에서 "오성의 작동 방식에 관한 회의적 의심"을 개발한 후에, 그는 "이런 의심들에 대한 회의적 해결책"을 내놓는다. '회의적' 해결책이란 무엇인가? 회의적인 문제에 대해, 상세한 조사에 근거해서 그 회의주의가 지탱될 수 없음을 입증한다면 그것을 **직접적**인 해결책이라고 부르자. 그것은 회의주의자가 의심한 논제를 증명하는 어렵고 복잡한 논증이다. 데카르트는 자신의 철학적 의심들에 대해서 이런 의미의 '직접적'인 해결책을 내놓는다. 귀납추리의 **선험적** 정당화나 인과적 관계를 사건들 사이의 필연적 연결 혹은 연계로 분석하는 것은 각각 귀납 및 인과 관계에 관한 흄의 문제들의 직접적인 해결책이 될 것이다. 반대로 회의적 문제에 대한 '회의적' 해결책은 회의주의자의 부정적인 주장을 논박할 수 없다는 것을 인정하면서 논의를 시작한다. 그럼에도 불구하고, 우리의 일상적 실행 또는 믿음이 정당화되는 이유는 그것이 — 겉으로 드러나는 모습은 반대처럼 보일지라도 — 회의주의가 지탱될 수 없음을 보여주는 방식의 정당화를 필요로 하지 않기 때문이다. 회의적 논증은 일상적인 실행을 우리가 방어하려고 해도 방어할 방식이 없음을 보여주었다는 바로 그 사실 때문에 중요한 가치가 있다. 회의적 해결책은 또한 — 앞에서 제안된 방식으로 — 일상적 믿음에 대한 회의적 분석 혹은 설명을 포함하는데, 이는 일상적 믿음이 형이상학적 불합리성과 관련되어 있다는 **초견적인**prima facie 생각을 물리치기 위해서이다.

흄의 회의적 해결책의 대략적인 윤곽은 잘 알려져 있다.[56] 귀납추리의 원천은 **선험적인** 논증이 아니라 관습이다. 만일 두 사건 A와 B가 지속적으로 연결되어 나타난다는 것을 우리가 관찰한다면, 우리는 A 유형의 사건이 나타나자마자 B 유형의 사건을 기대하게끔

---

[56] 이 문장을 쓰면서, (일부) 전문가들이 내가 여기서 흄과 버클리에 대해 말한 것들 중 일부를 승인하지 않을까 걱정이 된다. 이 글의 목적을 위해 그들에 대해 주의 깊게 연구하지는 않았다. 대신 비트겐슈타인과 비교하기 위한 목적을 위해서 나는 그들의 견해에 대한 '대강의 윤곽'에 관한 조야하고 꽤 관행적으로 이루어지는 설명을 사용한다.

조건화 — 현대에서 사용되는 이 심리적 개념의 조부가 흄이다 — 된다. 개별적인 사건 a에 관해서 그것이 다른 사건 b를 야기했다고 말하는 것은 이 두 사건들을 두 유형 A와 B — 우리는 이 두 유형들이 과거에 그랬던 것처럼 미래에도 계속해서 연결되어 나타나리라고 기대하는데 — 아래에 포섭하는 것이다. 필연적 연결이라는 관념은 이런 사건 유형들에 관한 우리의 관념들 사이의 '관습적인 이행의 느낌'으로부터 생긴다.

흄의 해결책이 갖는 철학적 장점은 우리의 관심사가 아니다. 우리의 목적은 자신의 문제에 대한 비트겐슈타인의 해결책을 더 잘 설명하기 위해서 그것을 흄의 해결책과 비교하는 것이다. 비교를 하기 위해 흄의 회의적 해결책이 갖는 결과를 하나 더 언급해야겠다. 단순하게, 사람들은 개별적인 하나의 사건 a가 다른 개별적 사건 b를 야기하는지는 오로지 a와 b 사건들(그리고 그것들의 관계들)만을 포함하며 다른 사건들은 전혀 포함하지 않는 문제라고 생각할지 모른다. 만일 흄이 옳다면, 그렇지 않다. 심지어 신이 그 사건들을 보더라도, 그것들과 관련해서 한 사건이 다른 사건에 잇따라 일어나는 것 말고는 아무것도 가려내지 못 할 것이다. 오직 개별적 사건들 a와 b가 두 개의 대응하는 유형 사건인 A와 B 아래로 포섭되는 것으로 생각될 때에만 — 그런데 A와 B는 유형 A의 모든 사건들 다음에 유형 B의 사건들이 나타난다는 일반화에 의해 관계를 맺는다 — a는 b를 "야기"했다고 말할 수 있다. 사건들 a와 b 자체만 고려한다면, 어떤 인과적 개념도 적용될 수 없다. 이런 흄적인 결론은 '사적 인과의 불가능성'이라고 불릴 수 있다.

다음과 같은 반대는 합리적인가? 분명 사건 a가 혼자서 할 수 없는 것을 같은 유형의 다른 사건들의 **도움**을 받아서 할 수 있는 것은 없다! 정말로 a가 단독으로 b의 충분 원인이라고 말하는 것은, 우주의 나머지가 제거되더라도 a는 충분히 b를 생산했을 것이라고 말하는 것이다. 직관적으로 보면 당연히 그럴지 모르지만, 이 직관적인 반론은 흄의 회의적 논증을 무시한다. 회의적 논증의 핵심은 한 사건이 다른 사건을 '야기'한다는 상식적인 개념 ― 반론은 이 개념에 의존하는데 ― 이 위험에 처해 있다는 것이다. '야기'와 같은 관계는 전혀 없는 듯하며, 인과 관계는 허구적인 것처럼 보인다. 회의적 논증이 그 자체의 조건들에 맞게 해결될 수 없다는 것을 보여준 이후에 회의적 해결책이 제공되는데, 이는 우리가 인과의 개념으로부터 구할 수 있는 모든 것을 포함한다. 나머지 우주가 제거된 채 두 개의 고립된 사건들에 적용될 때, 인과 관계가 아무런 의미도 얻지 못한다는 것이 이런 분석의 한 특징이다. 오로지 이런 사건들은 어떤 규칙성에 의해 관련된 유형 사건들의 예들로 생각될 때에만 인과적으로 연결된 것으로 생각될 수 있다. 만일 두 개별적 사건들이 어떠한 (그럴듯하게 자연적인) 사건 유형들 아래에 놓일 수 없을 만큼 독특하다면, 인과 개념은 그것들에 적용될 수 없을 것이다.

물론 나는 사적 언어를 논박하는 비트겐슈타인의 논증이 사적 인과에 반대하는 흄의 논증과 유사한 구조를 갖고 있다는 점을 제안하려고 한다. 비트겐슈타인 또한 회의적 역설을 말한다. 흄처럼 그도 역설처럼 보이는 것을 극복하기 위해 '회의적 해결책'을 내놓는다. 그의 해결책은 "존스는 '+'에 의해 더하기를 의미한다"와 같은 일상적인 주장에 대한 회의적 해석을 포함한다. 사적 언어의 불가능성은, 마치 흄에게 '사적 인과'의 불가능성이 그런 것처럼, 자신의 역설에 대한 그의 회의적 해결책의 보조 정리로 등장한다. 회의적 해결책 때문에 우리는 고립된 채 혼자 사는 사람들은 무언가를 한 번이라도 의미한 적이 있다고 말할 수 없음이 입증된다. 반복하지만, 아무도 내가 어떤 주어진 기호를 갖고 의미하는데 영향을 끼칠 수 없다는 반론은 직관적인 느낌에 근거를 두고 있는데, 그것은 의미에 대한 어떤 소박한 직관도 위태롭게 하는 회의적 논증을 무시한다.

나는 비트겐슈타인의 문제 해결 방식이 회의적이라고 말한 바 있다. 그는 어리석은 회의주의자들에게 '더하기'에 의해 더하기를 의미하게 해주는 이 세계의 한 조건으로서의 사실이 있음을 지적하는 '직접적'인 해결책을 제시하지 않는다. 사실상 그는 '내적인' 또는 '외적인' 세계에 있는 그런 조건이나 사실이란 없다는 그가 가정했던 회의주의자의 의견에 동의한다. 내가 지금 비트겐슈타인보다 더 강한 주장을 하고 있다는 것을 인정한다. 왜냐하면 그런 사실이 있음을 부인하면서도 모든 사람이 인정하는 것을 의심하거나 부인하는 철학적 논제를 표현하지 않을 수도 있기 때문이다. 우리는 사람들이 단어를 갖고 무언가를 의미하며, 그들이 규칙을 따르고 있다고 말할 때 완전한 권리를 갖고 그렇게 한다는 것을 의심하거나 부인하고 싶지 않다. 우리는 심지어 '존스는 이러이러한 기호에 의해 더하기를 의미했다는 사실'이라는 구절을 일상적으로 사용하는 것이 타당함을 부인하고 싶지도 않으며, 실제로 그런 표현들은 완전하게 일상적으로 쓰인다. 우리는 그런 일상적인 형태의 단어들 자체의 타당성이 아니라 그저 철학자들이 그런 단어들에 잘못 붙이는 '과도한 사실'이 존재한다는 것을 부인하고 싶을 뿐이다.

바로 이런 이유로 앞(24쪽)에서 나는 비트겐슈타인이 통상적인 방식으로 글을 쓰지 않았던 것은 개인적인 문체상의 성향 때문이 아니라 최소한 부분적으로는 그의 연구의 본성 때문이라고 추측했던 것이다. 만일 비트겐슈타인이 ─ §128에 있는 그의 악명 높고 비밀스러운 준칙과는 반대로 ─ 그의 결론을 정확한 논제의 형태로 표현했다면, 십중팔구 우리의 일상적인 주장을 회의적으로 부인하는 것처럼 보였을 것이다. 버클리도 비슷한 어려움에 직면한다. 그는 '물질'의 존재를 부정하는 논제를 말하면서도 '물질'은 우리의 상식적인 견해를 대변하지 못하는 철학적인 은어라고 주장함으로써 그 어려움을 피한다. 그럼에도 불구하고 한 곳에서 그는 ─ 분명히 그의 통상적인 공식적 원리와는 반대로 ─ 자기가 '사람들 사이에서 이상하게도 만연된' 하나의 원리를 부인한다고 말할 수밖에 없었다.[57] 반면에, 만일 우리가 우리의 결론을 광범위한 철학적 논제의 형태로 진술하지 않는다면, 일상적인 믿음을 부인하는 위험에서 쉽게 벗어날 수 있다. 비록 우리의 상상속의 대담자(예 §189와 §195)[58]는 우리

---

[57] Berkeley, *The Principles of Human Knowledge*, §4. 물론 버클리는 그 원리가 상식보다는 철학 이론으로부터 널리 보급되었다는 점을 의미했을 수 있다. 실제로 그는 다음 단원에서 그렇게 주장한다.

[58] §189. "그렇다면 그 이행단계들은 대수 공식에 의해 결정되지 **않는가?**" 비트겐슈타인이 일상적 구절 "이행단계들은 공식에 의해 결정된다"를 그의 철학 안에서 해석했음에도 불구하고, 그의 견해에 대한 대담자의 규정이 정말로 정확한 것이라는 인상이 계속 남는다. §195 참조. "그러나 내 말은 지금 내가 하고 있는 것이 (의미를 파악함에 있어서) 미래의 사용 방식을 **인과적으로** 그리고 경험적으로 결정한다는 것이 아니라 어떤 의미에서는 쓰임 자체가 **이상한** 방식으로 나타나 있다는 것이다." 이는

가 일상적인 믿음을 부인한다고 비난하지만 말이다. 우리에게 반대하는 사람이 일상적인 표현 (예를 들면, '이행단계들이 공식에 의해 결정된다', '미래의 쓰임은 이미 나타나 있다')이 완전하게 타당함을 고집할 때마다, 만일 적절하게 이해된다면 우리도 그 표현의 타당성에 동의한다는 점을 강조할 수 있다. 위험은 우리가 부인**하고 있는 것**이 정확히 무엇인지 ─ 우리에게 반대하는 사람이 일상적인 표현 수단에 부여하고 있는 '잘못된 해석' ─ 를 정확히 하려고 시도할 때 생긴다. 이것을 또 다른 진술 ─ **여전히** '적절하게 이해되면 완벽하게 올바른' 그런 진술 ─ 을 하지 않고 하기란 거의 힘들 것이다.[59]

　따라서 비트겐슈타인은, 아마도 조심스럽게, 여기에서 제시되는 구성 방법을 승인하지 않을지도 모른다. 그럼에도 불구하고 나는 대담하게 다음과 같이 말하겠다. 비트겐슈타인은 회의주의자들과 마찬가지로 내가 더하기 또는 겹하기를 의미했음을 결정해주는 사실이 전혀 없다고 주장한다. 그러나 만일 이것이 회의주의자들에게 굴복하는 것이라면, 그것은 문제의 종착지가 아닌가? 우리가 일상적으로 의미 있는 언어를 우리 자신과 다른 사람에게 귀속시킨다는 것을 옹호하기 위해서 무슨 말을 **할 수** 있는가? 모든 언어는 의미가 없다는 믿기지 않는 자기 파괴적 결론이 이미 나온 것이 아닌가?

대담자의 말인데 이에 대한 온건한 응답을 보라. "그러나 물론 그것은 '어떤 의미에서' 그렇다! 실제로 당신이 말한 것에서 유일하게 잘못된 것은 '이상한 방식으로'라는 표현이고 나머지는 모두 맞다. 그 문장은 누군가가 그것을 우리의 실제 언어 게임과는 다른 언어 게임에 속한다고 상상할 때에만 이상하게 보인다."

[59] 이와 연관 가능한 종류의 긴장 관계의 한 예는 이미 나왔다. 참조 85-86쪽, 주 33 참조.

이에 답하기 위해 우리는 비트겐슈타인의 언어철학이 《논리철학논고》로부터 《철학적 탐구》에 이르기까지 어떻게 변화했는지에 대해 약간 언급해야겠다. 비록 《논리철학논고》가 세세한 점에서는 철학 책들 중에서 가장 어려운 책들 중 하나이지만 그 대강의 윤곽은 잘 알려져 있다. 각 문장에는 (가능한) 사실이 대응한다. 만일 그런 사실을 얻으면, 문장은 참이며, 그렇지 않으면 거짓이다. 원자 문장에서 문장과 사실 사이의 관계는 단순한 대응 또는 동형isomorphism의 관계이다. 문장은 이름들을 포함하며 이름들에는 대상들이 대응한다. 원자 문장은 그 자체가 하나의 사실이며 이름들을 특정한 관계로 맺어준다. 또한 원자 문장은 이름들에 대응하는 대상들이 원자 문장의 이름들이 가진 것과 같은 관계를 맺고 있다는 (원자 문장에 대응하는 사실이 있다는) 것을 말해준다. 다른 문장들은 이것들의 (유한하거나 무한한) 진리 함수들이다. 비록 이 이론의 세세한 점들이 일부 사람들에겐 논리적 분석에 근거해 자연 언어의 환상적이고 **선험적**인 구조를 제시하려는 그럴듯하지 않은 시도로 보일지 모르지만, 유사한 생각들이 흔히 《논리철학논고》로부터의 구체적인 영향은 전혀 없이 개진되었으며 오늘날에도 건재하고 있다.[60]

---

[60] 데이빗슨Donald Davidson의 자연언어에 관한 영향력 있는 중요한 이론은 《논리철학논고》와 많은 특징을 공유한다. 비록 기저에 있는 철학은 다르지만 말이다. 데이빗슨은 간단하고, 거의 **선험적**인 (구체적 언어에 대한 상세한 경험적 탐구를 요구하지 않는) 고려 사항들이 자연언어 의미론의 **형식**에 강한 제약을 가한다고 주장한다. (그것은 유한하게 공리화된 타르스키 스타일의 진리 조건이어야 한다.) (비록 이론의 형식은 상세한 경험적 탐구 없이도 결정되지만, 특정한 언어에서 채택된 구체적 이론은 상세한 경험적 뒷받침을 요구하는 것으로 간주된다.) 의미론이 이런 형식을 가져야 한다는 사실은 자연 언어의 논리적 형식 혹은 심층 구조에 대해 강력한 제약을 가한다. 그것이 고전적인 1차 외연 논리에 가까워야 한다는 것은 아주 가능성이

《논리철학논고》의 가장 단순하며 가장 근본적인 생각을 파악하는 것은 어렵지 않다. 평서문은 **진리 조건** 덕택에, 즉 만일 그것이 참이라면 획득해야 하는 사실에 그것이 대응하는 덕택에 의미를 얻는다. 예를 들면, "고양이가 저 돗자리 위에 있다"는 평서문은 만일 고양이가 돗자리 위에 있다면 그리고 오직 그 경우에만 참이며, 다른 경우에는 거짓이라는 것을 깨닫는 화자들에 의해 이해된다. 그

_____

높다고 주장된다. 이 모든 생각은《논리철학논고》의 정신에 가깝다. 특히《논리철학논고》처럼 데이빗슨은 (1) 진리 조건이 언어론의 핵심 요소이며, (2) 언어의 숨겨진 심층 구조를 드러내는 것이 적절한 해석 이론에 결정적이며, (3) 심층 구조의 형식은 이론적 준-논리적 고려 사항들에 의해 미리 제약을 받으며, (4) 특히 그 제약 사항들은 심층 구조가 기호 논리의 형식적 언어의 논리적 형식과 유사한 논리적 형식을 가짐을 보여주고, (5) 특히 문장들은 '원자들'로부터 논리적 조작사들에 의해 만들어지며, (6) 특히 자연 언어의 심층 구조는 표층 구조의 오도적인 외양에도 불구하고, 외연적이라고 주장한다.《논리철학논고》의 이 모든 생각은《철학적 탐구》에서 논박되는데,《철학적 탐구》는 언어를 숨겨진 심층 구조를 드러냄으로써 분석하려는 모든 시도에 대해 적대적이다. 마지막 측면에서, 촘스키 이후의 현대 변형 문법transformational 언어학자들은《철학적 탐구》보다《논리철학논고》에 더 가까웠다. (하지만 변형문법학자들에게 있어서, 심지어 이론의 형식마저 구체적 자연 언어의 상세한 탐구를 필요로 하는 구체적, 경험적 탐구에 의해 만들어진다.)

또한 자신들을 '생성적 의미론자generative semanticists'로 불렸던 언어학자들의 프로그램과 몬테규Richard Montague의 프로그램을 참조하라. 물론《논리철학논고》혹은 '논리적 원자론'의 생각 중 많은 것이 이 이론들 중 어느 것에 의해서도 재생되지는 않는다.

(주: 최근의 변형문법학에서 '심층 구조'는 구체적이며 전문적 의미를 갖는다. '생성 의미론자'는 '심층 구조'에 대한 비판을 그들의 정강의 주요 강령들 중 하나로 삼았다. 앞선 글에선, '심층 구조'를 '기저에 있는' 구조라는 일반적 의미로 간주하는 것이 가장 좋다.《논리철학논고》4.002 ─ 언어의 이해는 형식을 가장한, 눈에 안 보이는, 셀 수 없는 암묵적 규약들을 포함한다 ─ 를 지지하는 언어 이론을 가진 사람은 누구나 이런 넓은 의미에서의 심층 구조를 믿고 있다. 특수한 의미의 '심층 구조'는 이렇게 넓게 정의된 심층 구조의 특수한 이론이었는데, 이것이 '심층 구조'라는 용어가 적절했던 한 가지 이유이다. 특수한 의미의 '심층 구조'를 거부했던 대부분의 최근의 언어 이론은 넓은 의미의 '심층 구조'를 수용했다.)

돗자리 위에 있는 그 고양이의 현존은 만일 그것이 획득된다면 그 문장을 참으로 만들어 줄 (하나의 참을 표현할) 세계-내의-조건 또는 사실이다.

평서문의 의미에 관한 이 같은《논리철학논고》의 그림은 자연스러울 뿐 아니라 심지어 동어반복적으로 보일 수 있다. 그럼에도 불구하고, 더밋이 말하듯이, "《철학적 탐구》는 의미를 설명하는 것은 진리 조건들을 진술하는 것이라는 고전적 (실재론적) 프레게-《논리철학논고》Frege-Tractatus의 입장을 암묵적으로 거부한다.[61] 이런 입장 대신에 비트겐슈타인은 대강의 일반적인 그림을 대안으로 제시한다. (이를 대안적 **이론**이라고 부르는 것은 아마도 너무 지나친 것인지 모른다. 비트겐슈타인은《논리철학논고》에 있는 언어에 관한 일반적인 설명과 경쟁할 어떤 설명도 제시할 의도가 없다고 주장한다[§65]. 오히려 우리는 상호 다양한 방식들로 관련된 여러 가지의 다른 활동을 접하게 된다.) 비트겐슈타인은 "이 문장이 참이기 위해서 무엇이 있어야 하는가?" 란 질문을 다른 두 질문으로 대체한다. 첫째, "어떤 조건 하에서 이런 형태의 단어들이 적절하게 주장(또는 부인) 되는가?" 둘째, 첫 번째 질문에 대한 답이 주어지면, "이런 조건들 아래에서 우리가 그런 단어들을 주장하는 (또는 부인하는) 행동들이 우리의 삶에서 차지하는 역할과 유용성이 무엇인가?"

물론 비트겐슈타인의 관심은 평서문에만 한정되어 있지는 않다.

---

[61] Dummett, "Wittgenstein's Philosophy of Mathematics," *The Philosophical Review*, vol. 68(1959) 348쪽. 다음에 재수록됨. Pitcher ed., *Wittgenstein: The Philosophical Investigations*, 446-447쪽.

따라서 내가 방금 했던 것처럼 주장과 부인에만 국한하는 것이 아니다. 반대로,《철학적 탐구》의 앞부분을 읽어본 독자라면 누구라도 그가 주장 또는 직설법 형태의 문장을 특별히 다루려 하지 않았다는 것을 알게 될 것이다. (그의 초기 예들인 '벽돌!', '기둥!' 등의 예들을 보라.) 이것은 고전적인 실재론적 그림을 그가 논박할 때 중요한 역할을 한다. 직설법은 어떤 의미로도 중요하거나 기본적인 것으로 간주되지 않기 때문에, 심지어는 겉으로 주장처럼 보이는 발언의 언어적 역할도 '사실을 진술하는' 역할일 필요는 없다는 것이 더 그럴듯하게 된다.[62] 따라서, 적절하게 표현한다면, 우리는 '주장'의 조건이 아니라, 오히려 더 일반적으로, 하나의 움직임(한 형태의 언어적 표현)이 '언어 게임' 안에서 만들어질 때의 조건에 관해 말해야 한다. 그렇지만, 만일 특별한 범위의 경우에 더 적절하게 단순화된 용어를 받아들일 의향이 있다면, 우리는 비트겐슈타인이 **진리 조건**이 아니라 **주장가능성 조건** 혹은 **정당화 조건**에 근거해 언어 그림을 제안한다고 말할 수 있다.[63] 우리는 주어진 하나의 주장을 어떤 환경 아래에

---

[62] 예를 들면 §304 참조. 여기서 비트겐슈타인은 감각 언어를 다루고 있다. "역설은 오직 언어가 … 언제나 같은 목적, 즉 집이나 아픔이나 선이나 악이나 혹은 다른 어떤 것에 관한 생각을 전달하는 목적에 이바지한다는 생각으로부터 우리가 근본적으로 벗어날 경우에만 사라진다."

[63] '정당화 조건'이란 말은 '주장 가능성 조건'만큼 직설법의 우위성을 시사하지는 않지만 그 자체로 단점들을 갖고 있다. 비트겐슈타인은 화자가 그 상황에서 그렇게 말하려는 경향 말고는 언어의 쓰임을 독립적으로 정당화시켜 주는 것을 갖지 않는 일군의 중요한 사례들이 있다고 주장한다(가령 아프다고 말하는 것). 이 경우에 비트겐슈타인은(§289) "어떤 말을 정당화Rechtfertigung함이 없이 사용한다는 것은 그것을 틀리지는 않게zu Unrecht, without right 사용함을 뜻하지는 않는다"고 말한다. 'zu Unrecht'에 대한 앤스콤의 번역은 일관적이지 않다. 그녀가 번역한《철학적 탐구》에서 그녀는 그것을 '부당하게without right'로 번역한다. 그렇지만 그녀가 번

서 할 수 있는가? 이런 종류의 그림 혹은 명시적인 이론이 비트겐슈타인 이전에도 있었기 때문에 아마도 그것이 그에게 영향을 끼쳤을 것이다. 검증주의자들의 의미 검증 이론이 그런 종류의 이론이다. 또한, 더 특수한 맥락에서, 수학적 진술에 관한 직관주의적 설명도 그런 종류의 이론이다. (진리 조건에 대한 수학자의 고전적인 강조는 증명 가능성 조건에 대한 강조로 대체된다.) 그러나 물론 비트겐슈타인의 대강의 그림은 이것들 중 어느 것과도 동일시되어선 안 된다. 그 두 번째 요소는 독특한 것이다. 우리의 언어 게임이 구체적인 특정 조건들 아래에서 어떤 '움직임'(주장)을 허용할 때, 그런 허용은 우리

역한 《수학의 기초에 관한 고찰》, V, §33[VII, §40]에서 거의 정확히 같은 독일어 문장이 등장하는데 여기서 그녀는 그것을 'wrongfully'로 번역한다. 지금 내 손에 있는 독영사전(Wildhagen-Heraucourt, Brandstetter Verkag, Wiesbaden, and Allen and Unwin, London, 6th ed., 1962)은 'zu Unrecht'를 'unjustly, un-fairly'로 번역한다. 'Unrecht'는 일반적으로 'injustice' 혹은 'wrong'이다. 이 모든 것은 무리 없이 'wrongfully'와는 정합적이지만, 'without right'은 거의 뒷받침해주지 못 한다. 비록 우리는 특정한 상황 하에서 '정당화' 없이 단어를 사용할 '권리'를 가졌다는 생각은 분명히 비트겐슈타인 핵심 주장과 조화를 이루지만 말이다. 그렇지만, 'zu Unrecht'에 의해 비트겐슈타인은 독립적인 정당화 없이 단어를 사용하는 것이 그 단어를 'wrongfully' 사용할 — 적절한 인식론적 혹은 언어적 뒷받침 없이 사용하는 것 — 필요는 없음을 의미하는 듯하다. 반대로 어떤 경우에 언어의 그런 쓰임은 완전히 적절하다는 것은 우리 언어의 작동을 위해 본질적이다. 우리가 '정당화 조건'이란 용어를 사용할 때, 우리는 그것이 그런 경우들(비트겐슈타인이 '정당화'가 없는 경우라고 말하는 경우)을 포함하는 것으로 이해해야 한다. (단순하게 'wrongly'로 번역하는 것이 'wrongfully'로 번역하는 것보다는 더 관용적일지 모른다. '부당하게 without right'는 내겐 너무 새로운 용어가 하나 도입된 것처럼 들린다. 요점은 'zu Unrecht'는 꽤 일상적인 독일어 표현이기 때문에, 영어에서도 통상적이지 않고 전문적 표현처럼 보이도록 변경되어선 안 된다는 것이다.) 또 137-138쪽과 주 75 참조. (이영철 교수가 번역한 《철학적 탐구》[서광사, 1994, §289 참조]와 박정일 교수가 번역한 《수학의 기초에 관한 고찰》[서광사, 1997, 313쪽 참조]에서는 'zu Unrecht'를 모두 '부당하게'로 번역하고 있다. — 역자주)

의 삶에서 어떤 역할을 하는가? 만일 언어 게임의 이런 측면이 쓸모 없게 되지 않으려면, 그런 역할은 존재해야 한다.

비트겐슈타인이 대안으로 내놓는 언어 그림은 이미 분명하게《철학적 탐구》의 제일 첫 단원에서 시사된다. 많은 수학철학자들이 — 아우구스티누스의 '대상과 이름'이란 생각에 동의하면서 — 다음과 같은 질문을 던진다. "숫자에 의해 어떤 존재('수들')가 지칭되는가? 이런 존재('사실') 사이의 어떤 관계들이 수에 관한 진술들에 대응하는가?" (유명론적인 경향의 철학자들은, 회의적으로, "우리가 정말로 그런 존재들이 있다고 믿을 수 있는가?"라고 반박할 것이다.) 이런 일종의 '플라톤주의적'인 생각에 대항해서, 비트겐슈타인은 **선험적**인 개념화를 포기하고 수에 관한 주장들이 실제로 발언되는 상황들과 그런 주장들이 우리의 삶들에서 어떤 역할을 하는지를 우리에게 보라고 ("생각하지 말고 보라!") 요청한다.[64] 내가 '다섯 개의 빨간 사과들'이라고 표시된 쪽지를 갖고 식품점에 간다고 가정하자. 그 식품점에서 일하는 사람이 숫자들을 마음속으로 다섯까지 말하면서 각각의 숫자가 말해질 때마다 사과 한 개씩을 건네준다고 가정해보자. 이와

---

[64] 여기서 목표가 프레게라는 점은 몇 가지 방식으로 생각할 수 있다. 수를 **대상**으로 간주하자고, 그리고 이 대상들의 본성에 관해 묻자고 (심지어 우리는 줄리어스 시저가 수인지 아닌지 물을 수 있다고) 고집했던 사람이 그이기 때문이다. 한편,《산술의 원리*Grundlagen der Arithmetik*》의 유명한 문맥 원리(기호의 의미는 오로지 문장의 맥락 안에서만 물어야 한다는 것)와 특히 수적 표현이 실제로 어떻게 적용되는지에 관해 질문하는 것에 대한 그의 강조는 비트겐슈타인이 하는 논의의 정신과 통한다. 아마 여기서 비트겐슈타인과 프레게 사이의 관계를 생각하는 최선의 방법은 이것일 게다. 비트겐슈타인은 프레게의 문맥 원리의 정신을 견실하다고 간주하겠지만 프레게가 '대상의 이름'을 언어의 쓰임을 포괄적으로 대표하는 것catch-all으로 본 것 — '이것은 절대로 가능성이 없다'(§10) — 에 대해서 프레게를 비판할 것이다.

같은 환경들 아래에서 숫자들을 사용하는 우리의 발언은 인가를 받는다. 그러한 인가의 역할과 유용성은 분명하다. §§8-10에서 비트겐슈타인은 그 단원에 있는 수들이 사용되듯이, 단순화된 언어 게임에서 알파벳 순서로 낭송되는 알파벳 글자를 상상한다. 우리는 이 알파벳 글자들에 의해 '지칭되는' 존재들의 본성에 관해서 거의 궁금해 하지 않는다. 그럼에도 불구하고, 만일 그것들이 기술된 방식으로 사용된다면, 그것들은 '숫자들을 가리킨다'고 타당하게 말해질 수 있다. 실제로 단어들이 (자연)수들을 가리킨다고 말하는 것은 그것들이 숫자로 사용된다는 것, 즉 기술된 방식으로 사용된다고 말하는 것이다. 그럼에도 불구하고 '수들을 가리킨다'는 표현이 그 나름대로 갖는 합법성 때문에 숫자들을 '벽돌', '기둥'과 같은 표현들과 유사하다고 ― '지칭된' 존재들이 시공간적이 아니라는 점을 제외하곤 ― 생각해선 안 된다. 만일 '수들을 가리킨다'는 표현을 사용하는 것이 이런 식으로 오해를 불러일으킨다면, 다른 용어를 사용해서, 가령, 한 표현이 '숫자의 역할을 한다'라고 말하는 식으로 생각하는 것이 가장 좋을 것이다. 비트겐슈타인이 기술하듯이, 이 역할은 그가 앞에 있는 단원들(§10 참조)에서 기술한 언어 게임에 있는 '벽돌', '기둥', '석판'과 같은 표현들의 역할과는 강하게 **대조**되는 것이 분명하다.

이 사례는 《철학적 탐구》에서 비트겐슈타인이 사용하는 기법들의 다양한 양상들을 보여주는 훌륭한 예이다. 언어와 '언어 게임'의 본성에 관한 일반적인 논의가 진행되는 와중에 수학철학의 중요한 한 가지 견해가 숨겨진 채 시사되고 있다.[65] 앞에서 논의된 스타일로, 비트겐슈타인은 '수를 가리킨다'와 같은 표현이 제대로 사용되지만, 만일 그것이 어떤 형이상학적 제안으로 간주된다면 위험하다는 것을 시사한다. 우리는 이런 입장이 '플라톤주의자들'의 것이라는 점에서, 그가 숫자가 '수'라 불리는 존재를 가리킨다는 주장을 **부인**하는 것이 아닌가 추측하게 된다. 현재의 목적을 위해 가장 중요한 것은 그가 언어의 사용에 관한 핵심적 질문들을 그 예를 통해 보여주고 있다는 것이다. 수에 관한 주장에 대응하는 '존재'와 '사실'을 찾지 말고 숫자를 포함하는 발언들이 만들어지는 상황과 이 상황 아래에서 그런 발언이 만들어 내는 유용성을 보라.

지금 진리 조건을 정당화 조건으로 대체하는 것은 《철학적 탐구》에서 두 가지 역할을 한다. 첫째, 그것은 《논리철학논고》와는 대조되는 접근법으로서, 언어가 어떻게 의미를 갖는가라는 문제에 새롭게 접근한다. 그러나 둘째로 그것은, 우리 언어 **안**에 있는 주장으로 간주된, 의미에 관한 주장 자체에 대한 설명을 제공한다. 비트겐슈

---

65 Paul Benacerraf, "What Numbers Could Not Be," *The Philosophical Review*, vol. 74(1963), 47-73쪽. 특히 71-72쪽을 볼 것. 베나세라프는 비트겐슈타인과 놀랄 정도로 유사한 제안으로 결론을 맺는다. 비록 그 전에 나오는 논증의 대부분은 비트겐슈타인과 직접적인 관계는 없지만 말이다. 그의 견해와 《철학적 탐구》의 꽤 잘 알려진 부분의 견해간의 유사성이 주목받지 못한 한 가지 이유는 비트겐슈타인이 수학철학의 그 문제를 더 일반적인 논의의 맥락 안에서 부수적으로 소개했기 때문일 가능성이 있다. (비록 나는 이 글에서 비트겐슈타인을 비판할 마음을 갖고 있지는 않지만, 만일 여기서 비트겐슈타인의 입장을 옹호하고 싶은 사람은 훨씬 더 많은 연구를 해야 할 것이다. 왜냐하면 수학은 단순한 계산과 관련된 사례에 의해 다루어질 수 있는 것보다 수를 명백하게 존재자로 다루는 방식에 의해서 다루어질 수 있는 것을 훨씬 더 많이 포함하기 때문이다. 아마 더 나중에 등장한 사람들 중 일부가 그런 프로젝트를 수행하려는 시도를 한 것으로 해석될 수 있을지 모른다. 하지만 여기서 이런 문제를 논의하는 것은 내 과제가 아니다.)

타인의 회의적 결론 ― 어떤 사실이나 어떤 진리 조건도 "존스는 '+' 에 의해 더하기를 의미한다"와 같은 진술에 대응하지 않는다 ― 을 상기하자. (의미와 쓰임에 관한 현재의 단평들은 그 자체로 그런 진리 조건들을 제공하지 않는다. 그것들에 의하면, 존스는 만일 그가 지금 '+' 기호를 한 방식으로 사용할 의도라면 '+'에 의해 더하기를 의미하고, 만일 그가 그것을 다른 방식으로 사용할 의도라면 겹하기를 의미한다. 그러나 그런 의도의 본성에 관한 질문을 해명해줄 어떤 것도 거론되지 않고 있다.)

이제 만일 우리가 사실 또는 진리 조건이 유의미한 주장에 본질적이라고 생각한다면, 그로부터 어떤 사람이 무엇이건 의미한다는 주장은 무의미하다는 회의적 결론이 따라 나온다. 반면, 만일 우리가 《철학적 탐구》에서 제안된 테스트를 어느 사람이 어떤 것을 의미한다는 주장에 적용해보면, 그런 결론은 따라 나오지 않는다. 어떤 사람이 무엇인가를 의미한다는 주장을 합법화하기 위해 필요한 모든 것은 대략 그것이 합법적으로 주장될 수 있는 구체적인 상황들이 있으며, 그런 조건들 아래에서 그것을 주장하는 게임이 우리의 삶에서 역할을 갖는다는 것이다. 그런 주장들에 '사실들이 대응한다'는 가정은 전혀 필요하지 않다.

그러므로 나는 《철학적 탐구》의 대강의 구조를 제시해보겠다. (하지만 각 부분 사이의 관계는 뚜렷하지 않고, 어느 정도 자의적이다.) §§1-137에서 비트겐슈타인은 《논리철학논고》에 있는 언어 이론을 예비적으로 논박하고 있으며, 그것을 대체하는 대강의 그림을 제안하고 있다. 이 단원들이 처음에 나오는 데에는 한 가지 이상의 이유가 있다. 첫째, 비트겐슈타인 자신이 《논리철학논고》의 이론을 자연스러우며 명백한 것이라고 생각했던 적이 있었으며 ― 맬컴에 의하면 그는 심지어 후기에도 그것을 그의 후기 연구의 **유일한** 대안으로 간주했다[66] ― 때때로 마치 그가 막지 않는다면 사람들은《논리철학논고》의 이론을 자연스럽게 받아들일 것처럼 쓰고 있다. 그러므로 앞에 있는 단원들은《논리철학논고》의 가장 기본적이면서도 분명해 보이는 이론(사실을 진술하는 것으로서의 의미와 같은 것)에 대한 논박일 뿐만 아니라《논리철학논고》의 상당수의 더 구체적인 원리들('단순자들'의 특별한 영역에 관한 원리와 같은 것)에 대한 논박이기도 하다.[67] 이 앞 단원들에서 비트겐슈타인이 문제를 새로운 방식으로 볼 때나 과거의 사고방식과 대조할 때, 그는《논리철학논고》의 구체적인 견해들로부터 철학의 본성에 이르기까지 광범위한 주제를 다루고 있다. 내가 생각하기에 이 앞 단원들의 첫 번째 양상은 대부분의 독자들에게 분명했다. 덜 분명한 것은 두 번째 양상이다. 회의적 역설은《철학적 탐구》의 근본적인 문제이다. 만일 비트겐슈타인이 옳다면, 그 문제를 해결하기 위해 다음과 같은 조건 ― 유의미한 평서문은 사실에 대응하게끔 생각해야 한다는 그 자연스러운 전제를 우리가 계속 받아들인다는 조건 ― 아래에서는 시작조차 할

---

[66] 참조. Norman Malcolm, *Ludwig Wittgenstein: A Memoir*, with a biographical sketch by G. H. von Wright(Oxford University Press, London, 1958), 69쪽.

[67] 비록, 이 앞 단원에서 비트겐슈타인의 관심은 우선 그 자신의 전기 사고방식에 있지만, 물론 그는 다른 학자들 안에서 발견되는 관련된 견해들(언어의 '대상과 이름' 모델, '사실에 대응하는 것으로서의' 문장의 그림 등)에도 관심을 갖는다. 비록 이 학자들은《논리철학논고》의 견해들과 세세한 점에서 다른 견해를 가졌을지도 모르지만 말이다. 그는 그 논의를 자신의 특수한 견해들뿐 아니라 더 넓은 문제들과 연관시키고 싶어 한다.

수 없다. 만일 이것이 우리의 기본 틀이라면 우리는 의미와 의도를 귀속시키는 문장들은 그 자체로 무의미하다고 결론을 내릴 수밖에 없을 것이다.《논리철학논고》의 전체 견해가 자연스럽고 명백해 보이는 전제들의 결론이라는 비트겐슈타인의 생각이 옳건 그르건 간에, 다음과 같은 근본적인 부분에 있어서는 확실히 옳다. 사실에 대한 대응이라는 그림은 회의적 문제를 다루기 전에 깨끗이 치워 버려야 한다.

§§138-242는 회의적 문제와 그 해결책을 다룬다.《철학적 탐구》의 중심이라고 할 수 있을 이 단원들이 이 글의 주요 관심사였다. 우리는 아직 그 문제의 해결책을 살펴보진 않았지만, 아마 예민한 독자라면 이미 비트겐슈타인이 누군가가 '그러그러한 것을 의미한다'는 우리의 주장과 그가 현재 단어를 사용하는 방식이 과거에 그가 '의미했던' 것과 '일치'한다는 주장을 특정한 조건들 아래에서 인가해주는 '언어 게임'의 유용한 역할을 발견했다고 추측할 수 있었을 것이다. 이런 역할과 이런 조건들은 공동체에 대한 언급을 포함한다. 그것들은 고립된 것으로 간주되는 한 개인에게는 적용될 수 없다. 따라서, 이미 말했듯이, 비트겐슈타인은 빠르게는 §202에서 '사적 언어'를 거부한다.

§243 다음에 나오는 단원들 ― 보통 '사적 언어 논증'이라고 불리는 단원들 ― 은 §§138-242에서 도출된 언어에 관한 일반적인 결론들을 감각의 문제에 **적용한다**. 규칙들에 관한 회의적 결론과 그에 부수해서 사적 규칙들을 거부하는 것은 일반적으로 받아들이기 어렵지만, 특히 두 영역에서 부자연스러운 듯하다. 첫 번째는 수학이

126

다. 이 글 앞에서 한 논의의 대부분은 수학과 관련된다. (그리고 §§138-242의 많은 부분의 주제도 수학이다.) 초급 수학에서 나는 미래의 모든 사용 방식들을 결정해주는 더하기 규칙과 같은 규칙들을 파악하지 않는가? 그런 규칙의 본성은 바로 일단 내가 그런 규칙을 얻었으면, 나는 그것을 미래에 사용할 때 아무런 선택의 여지가 없다는 것이 아닌가? 이런 주장들에 대해서 의문을 갖는 것은 수학적 증명 자체에 대해 의문을 갖는 것이 아닌가? 수학적 규칙을 파악하는 것은 공동체와의 어떤 상호 작용과도 독립적인 각 수학자의 개인적인 성취가 아닌가? 맞다. 다른 사람들이 내게 더하기의 개념을 가르쳤을지 모르지만, 그들은 사실 더하기의 '개념을 얻는다'는 성취 ― 이런 성취는 나를 더하기 함수와 특별한 관계를 맺게 하는데 ― 를 위한 교육적 보조자로서만 행동했을 뿐이다. 플라톤주의자들은 한 개념의 파악을 특별한 감각에 비유하면서, 그것은 우리의 일상적인 감각 기관과 비슷하지만 더 높은 존재들을 지각한다고 말한다. 그러나 그 그림이 수학적 대상들에 관한 특별히 플라톤적 이론을 필요로 하는 것은 아니다. 그 그림은 수학적 규칙을 얻는데 있어서 내가 나 자신의 내적 상태에만 의존하는 그 무엇을 성취했다는 관찰에 의존하다. 어떤 관점에서도 분명해 보이는 이 관찰은 외부의 물질적 세계에 대한 데카르트의 의심으로부터 벗어나는 것이다.[68]

---

[68] 비록 수학에 대한 비트겐슈타인의 견해는 의심의 여지없이 브라우어Brower의 영향을 받았지만, 브라우어의 직관주의적 수학철학이 어느 정도는 경쟁 대상인 전통적인 '플라톤주의'보다 훨씬 더 유아론적임은 언급할 가치가 있다. 이런 생각에 따르면, 수학은 한 명의 수학자('창조하는 주체')의 고립된 행동으로 이상화될 수 있다. 이 수학자의 정리들은 그 자신의 심적 상태에 관한 주장들이다. 수학자들이 공동

비트겐슈타인의 결론에 대한 한 가지 분명한 또 다른 반대 사례는 감각 혹은 심적 이미지의 예인 듯하다. 확실히 나는 감각을 느낀 후에 그것을 확인할 수 있으며, 공동체에 참여하는 것은 감각의 확인과는 관계가 없어 보인다. 이 두 사례들 — 수학과 내적인 경험 — 은 비트겐슈타인의 규칙관에 대한 분명한 반대 사례처럼 보이기 때문에, 비트겐슈타인은 두 개를 각각 자세하게 다룬다. 후자의 경우는 §243 다음에 나오는 단원들에서 다루어진다. 전자는 비트겐슈타인이 전혀 출판할 준비를 안 하긴 했지만《수학의 기초에 관한 고찰》및 다른 곳에서 발췌되어 출판된 글에서 다루어진다. 그는 규칙에 관한 그의 일반적인 결론을 무시하려는 우리의 강한 경향을 극복해야만 그 두 영역을 올바르게 볼 수 있다고 생각한다. 이런 이유로 규칙에 관한 결론은 수학철학과 심리철학에 결정적으로 중요하다. §243에서 시작되는 감각에 대한 연구에서 그는 그저 일반적인 결론들을 간단하게 **인용**하지 않고 이 특별한 경우를 새롭게 다룬다. (그는 다른 곳에서 수학도 이와 똑같이 다룬다.) 하지만 우리가 §243부터 시작되는 부분을 '사적 언어 논증'이라고 부르고 그것을 그 앞에 있는 내용과 별도로 공부한다면, 어려운 논증을 이해하기 더 어렵게 만들 뿐이다. 비트겐슈타인은 분명한 구성 계획을 갖고 이 논의를 현재 책에 실제로 있는 위치에 배치시켰던 것이다.

물론 이런 구분이 뚜렷한 것은 아니다. 처음 나오는 '《논리철학

체를 형성한다는 사실은 이론적 목적을 위해선 불필요하다. (실제로 브라우어 자신은 의사소통이 불가능하다는 신비적이고 '유아론적'인 견해를 견지한 것으로 알려져 있다. 우리가 이런 것들을 제쳐 놓더라도 요점은 그대로 남을 것이다.)

논고》에 반대하는' 단원들은 §§138-242에 나오는 '역설'에 대한 예견[69]과 심지어 그 해결책 역시 포함한다. §§28-36과 §§84-88이 그 예들이다. 심지어 《철학적 탐구》의 맨 처음 단원도 뒤늦긴 하지만 그 문제를 예상하는 것으로 읽을 수 있다.[70] 그럼에도 불구하고 이런 예상들은 앞서 논의된 문제들을 은밀히 암시하면서도 그 역설을 상세하게 발전시키지 않으며, 자주 핵심적인 요점을 빠뜨리고 다른 부차적인 논점으로 넘어가곤 한다.

먼저 §§84-88, 특히 §86에서 예상되는 것을 고려해보자. 여기서 비트겐슈타인은 규칙의 애매성과 '규칙들을 해석하는 규칙들'의 무한소급의 가능성을 소개한다. 《철학적 탐구》의 중심 문제를 알고 있다면, 이 단원들에서 비트겐슈타인이 이 문제를 드러내고 있으며 또한 심지어 해결책에 대한 그의 접근 방법의 일부를 (§87의 마지막 글. "만일 정상적 상황에서 도로 표지판이 그것의 목적을 성취한다면, 그것은 제대로 되어 있는 것이다.") 언급하고 있음을 쉽게 알 수 있을 것이다. 그렇지만 이 맥락에서 비트겐슈타인은 그의 심원한 역설을 훨씬 더 직선적으로 표현한다 — 일반적으로 언어의 쓰임은 모든 경우에서

---

[69] 스트라우드가 이 사실을 내게 강조해주었다. 하지만 계속된 단락에 있는 사례들과 해설에 대한 책임은 내게 있다.

[70] 참조. "그러나 어디서 그리고 어떻게 '빨강'이라는 말을 찾아야 하는지, 또 '다섯'이라는 말로 무엇을 해야 하는지 그는 어떻게 알고 있는가? — 그는 내가 기술한 방식대로 **행동한다**고 나는 가정한다. 설명은 어디에선가 끝난다."(§1) 이제 돌이켜보면, 이것은 내가 하는 선택을 정당화하지 않은 채로 내가 규칙을 '맹목적으로' 따른다는 기본적 요점을 진술한 것이다. 이 상황에서, '다섯', '빨강' 등에 대한 나의 용법이 공동체 안의 행동들의 적절한 시스템 안에 들어맞는다면 아무것도 그른 것은 없다는 그 단원의 제안은 비트겐슈타인의 회의적 해결책을 암시한다. 이 해결책은 다음에 곧 설명될 것이다.

그것의 적용 방식을 정확하게 결정하지 않는다. (§79에 있는 이름들에 관한 논의 참조 — "나는 **고정된** 의미 없이 … 이름을 사용한다."; §80에 있는 '의자'[?]에 관한 논의. §88에 있는 '여기 대강 서 있다'.) 비트겐슈타인이 말하듯이, 그의 역설이 다음을 보여준다는 점은 맞다; 특히 규칙에 관한 모든 설명이 오해받는 것을 상상할 수 있으며, 이 점에서 가장 정확해 보이는 언어의 쓰임도 '대강의' '부정확한' 혹은 '촘촘하지 않은open-textured' 쓰임과 다르지 않다. 그럼에도 불구하고, 비트겐슈타인 역설의 진정한 요점은 더하기의 규칙이 어쨌든 **모호**하다거나 그것을 사용하는 몇 가지 경우들이 결정되지 않은 채로 남아 있다는 것은 확실히 아니다. 반대로, '더하기'란 단어는 **완전히** 정확하게 결정되는 함수를 가리킨다. 이 점에서 그것은 '넓은', '초록' 등에 의해 표현되는 모호한 개념들을 닮지는 **않았다**. 요점은, 앞에서 윤곽이 그려진 회의적 문제, 즉 나의 머리에 있는 어떤 것도 '더하기'(내가 이것을 사용하는 대로)가 어느 **함수**(더하기 또는 겹하기)를 가리키는지, '초록'이 무엇(초록 또는 파랑)을 가리키는지 등을 과소결정된 채로 남겨둔다는 것이다. '초록'의 의미에 관한 모든 회의주의로부터 추상화된 일상적인 관찰 — 초록성이라는 속성 자체가 몇 경우들에서는 모호하게 정의된다는 관찰 — 은 회의주의와는 기껏해야 아주 간접적으로만 관련될 뿐이다. 내 생각에는, 비트겐슈타인의 회의적 논증들은 이런 의미로 더하기 함수가 모호하게 정의된다는 것을 절대로 보여주지 않는다. 더하기 함수는 — 프레게가 강조하듯이 — 각 쌍의 수들마다 하나의 정확한 값을 만들어낸다. 이 만큼은 산수의 정리이다. 회의적 문제는 더하기 **개념**이 (초록의 개념에 모호함이 있는 방식으로) 모호하다는 점을 전혀 지적하지 않으며, 또는 '더하기'란 단어에 통상적인 의미를 **부여하면**, 모호하다는 ('초록'이란 단어가 모호한 방식으로) 것을 지적하지도 않는다. 회의적 요점은 다른 것이다.[71]

지금 다루는 단원들에서, 비트겐슈타인은 **어떤** 설명도 그 목적을 이루지 못할**지 모른**다고 주장하고 있다. 만일 설명이 실제로 실패하지 않는다면, 비록 관련된 개념들이 '뚜렷한 경계'라는 프레게식의 요구 조건을 위반하더라도, 그것은 완전하게 효과적이라는 뜻이다. §88을 보자. "만일 내가 어떤 사람에게 '대충 여기 서있어'라고 말한다면, 이 설명은 완전히 효력이 있지 않을까? 또한 다른 모든 것도 반드시 효력이 있지 않을까?" 여기에는 최소한 두 문제가 관련된다. 모호함의 타당성, 즉 프레게식의 요청을 위반하는 것(실제로 비트겐슈타인은 이 요청이, 한 가지 절대적인 의미에서, 잘 정의되는지 묻는다). 그리고 《철학적 탐구》의 두 번째 부분(§§138-242)의 회의적 역설의 예시. 현재 맥락에서 간단하게 예시된 그 역설은 모호한 표현들과 뚜렷한 경계를 가진 표현들에 관한 이야기들과 분명하게 구분되지 않는다. 문제는 아직 본격적으로 전개되지 않았다.

비슷한 말을 §§28-36에 있는 지시적 정의에 대한 논의에 대해서

---

[71] 하지만 일상적 의미의 모호함이 다음 방식으로 비트겐슈타인의 수수께끼에 도입된다. 선생님이 '더하기'란 단어를 학생에게 **소개**할 때, 만일 그가 그것을 전에 배웠던 더 '기본적' 개념들로 환원시키지 않는다면, 그는 그것을 유한한 수의 사례들에 추가해서 "같은 방식으로 계속하라"는 지침과 함께 소개한다. 인용 부호 안의 주장은 정말로 일상적 의미에서 모호한 것으로 간주될 수 있다. 비록 가장 정밀한 개념에 대한 파악이 그것에 의존하지만 말이다. 이런 유형의 모호함은 비트겐슈타인의 역설과 밀접하게 연결되어 **있**다.

도 할 수 있다. 이 논의들은《철학적 탐구》초반부(§§1-137)의 중요한 주제들 중 하나인 명명하기에 관한 더 넓은 논의의 일부이다. 비트겐슈타인은 지시적 정의는 항상 원칙적으로 오해받을 수 있음을 — 심지어 '세피아'와 같은 색깔 단어의 지시적 정의도 마찬가지이다 — 강조한다. 누군가가 그 단어를 어떻게 이해하는지는 그가 처신하는 방식 — "그가 정의된 단어를 이용하는 방식" — 에서 드러난다. 아주 최소한의 설명이 주어졌을 때에도 올바르게 처신할 수 있는 반면, 아무리 많은 해명들이 추가되더라도 다른 방식으로 처신할수도 있다. 왜냐하면 이런 해명들도 또한 오해받을 수 있기 때문이다. (다시 한 번 규칙을 해석하기 위한 규칙 참조. 특히 §§28-29.)

비트겐슈타인 논증의 상당 부분은 지시적 정의를 올바로 이해시켜주는 특별하고 질적으로 독특한 경험이 있다는 견해에 반대하는것을 목표로 삼고 있다(§§33-36). 반복해서 말하지만, 명명하기와지시적 정의의 맥락에서, 비트겐슈타인의 진정한 요점은 회의적 역설이다. 한 가지 색깔('세피아')을 지시적으로 정의하는 경우는 §243이후 몇 절에서 감각에 대해 전개되는 이른바 '사적 언어 논증'과 특별한 관련을 맺는다. 그렇지만, 여기에서도 논증은 너무 간단하게 운만 떼는 식이고, 다른 문제들의 맥락에 묻혀 있기 때문에, 이단계에서 우리는 그 요점을 쉽게 놓칠 수 있다.[72]

---

[72] 이 단원들에서 비트겐슈타인은 '초랑'이나 '겹하기' 같은 예들을 인용하진 않지만, 지시적 정의를 오해할 일상적 가능성을 강조하면서 논의를 시작한다. 비트겐슈타인에게 영향을 받았던 많은 철학자들은 또한 지시 행위는 그것이 분류어sortal('내가 가리키는 것', vs '내가 가리키는 색', '… 모양', '… 탁자' 등)를 수반하지 않는 한 잘못 정의된다는 생각에 매력을 느꼈다. 그렇다면 명명하기 및 동일성과 관련된 교

그러나 이런 상황의 또 다른 특징은 여기서 지적된《철학적 탐구》
의 여러 부분에 있는 생각을 관통해서 연결할 수 있는 한 가지 방법
을 지적해준다. 첫째 부분(§137까지)은, 우리가 말했듯이, 언어의
본성에 관한 비트겐슈타인의 초기의 그림을 비판하며, 다른 그림을
제안하려고 시도한다. 비트겐슈타인의 역설에 대한 그 자신의 회의
적 해결책은 오직 그의 후기 언어관이 주어져야만 가능하며, 초기의
언어관에 의해서는 배제되기 때문에, 두 번째 부분(§§138-242)의
논의는 첫 번째 부분의 논의에 의존한다. 여기서 지적해야 할 요점
은 첫 번째 부분을 궁극적으로 이해하기 위해 두 번째 부분이 중요
하다는 점이다. 비트겐슈타인의 초기 연구는 어떤 사람의 마음에 있
는 생각과 그것이 '묘사'하는 '사실' 사이에 자연스런 해석의 관계
가 있다는 것을 당연한 것으로 간주한다. 그 관계는 한 사실(심적 요

훈이 ('분류어sortal terms'와 연합된 것으로서) 이 사실로부터 따라 나온다. 나는
이런 철학자들 중 많은 이들이 비트겐슈타인의 §§28-29를 같은 요점이 주장된 것
으로 해석할 것이라는 인상을 받았다. (참조. 가령 더밋의 *Frege*[Duckworth,
London, 1973, xxv+698쪽], 179-180쪽. 그리고 다른 곳들에서도 자주 나온다.)
그렇지만 이 단원들의 **중심** 요점은 그것과 거의 반대임이 내겐 분명한 듯하다. §29
에 대한 독해로부터 분류어("이 **수**는 '둘'로 불린다")를 첨가한다는 생각이 비트겐
슈타인의 가상적 대담자에 의해 도입되었음이 분명해져야 한다. 이에 반대해서, 비
트겐슈타인의 그런 논점은 어떤 의미에선 정확하며, 원래의 종류에 따른 분류가 없
는 지시적 정의는 완전히 합법적이라고 응답한다. 그것이 학생으로 하여금 '둘'과
같은 단어들을 미래에 정확히 적용하도록 이끈다는 것이 가정된다면 말이다. 반면
에 분류어가 첨가된다 하더라도, 미래의 오적용 가능성은 제거되지 않는데, 왜냐하
면 분류어 역시 부정확하게 해석될 수 있기 때문이다. (따라서 문제는 더 이상의 설
명에 의해 제거될 수 없다.) 실제로 이들은 두 개의 분리된 문제이다. §§84-88의
경우에서처럼 말이다. 한 문제는 §§84-88에 있는 모호함에 관한 문제 — 수반하는
분류어 없이 지시적 정의는 모호하다는 문제 — 와 유사하다. 다른 문제 — 이것이
중심 요점이다 — 는 비트겐슈타인의 회의적 문제이다. 여기서 그 문제는 지시적
정의를 오해할 가능성에 의거해서 전개된다.

소들이 특정한 방식으로 정리된다는 사실)과 다른 사실('묘사된' 세계-내-사실) 사이의 동형성isomorphism이라고 시사된다. 이 초기의 생각에 대한 비트겐슈타인의 공격 중 하나는 첫 번째 부분에서,《논리철학논고》의 동형성 이론에 결정적인, 복합자를 '궁극적'인 요소들로 분해한다는 생각에 대한 비판을 통해서 전개된다(가령 §§47-48 참조). 그렇지만 분명《철학적 탐구》의 두 번째 부분에 있는 역설은 '심적 표상'이 단일하게 '사실'에 대응한다는 모든 생각을 강력하게 비판한다. 왜냐하면 두 번째 부분의 역설은 그러한 '심적 표상'의 요소들은 그것들로부터 단일한 방법으로 '읽어낼' 수 있는 해석들을 갖고 있지 않다고 주장하기 때문이다. 따라서 **하물며** 이런 저런 '사실'을 '묘사'하는 것으로 그것들을 포함하는 심적 '문장들'에 대한 단일한 해석이란 있을 수 없다.[73] 이런 식으로《철학적 탐구》의 첫 번째 부분과 두 번째 부분은 상호의존적인 관계에 있다. 비트겐슈타인의 역설에 대한 그의 해결책이 이해될 수 있기 위해서는 언어의 '실재론적' 또는 '표상적' 그림이 (첫째 부분에 있는) 다른 그림에 의해 파괴되어야 한다. 반대로, 두 번째 부분에서 전개된 역설은 표상적 그림을 (아마도 결정적으로) 완전히 무너뜨린다.[74] 틀림없이 이런 이유 때문에 비트겐슈타인은 첫째 부분의 단원들에서 이미 역설을

---

[73] '동형성'과 관련된 초기 생각에 대한 비판은 이처럼 심적 표상의 독특한 한 가지 해석에 대한 비판이다. 비트겐슈타인의 전기 견해가 주어지면, 동형성의 개념에 대한 비판은 이처럼 그의 역설을 위한 무대 설정으로서 명백히 특별한 중요성을 갖는다. 이 특별한 **환경**으로부터 탈출하는 길을 찾지 않는 사람에겐 그런 무대 설정의 중요성은 상대적으로 줄어든다.

[74] 더밋이 이 점을 내게 강조해주었다. 하지만 현재 글에 대한 책임은 내게 있다.

희미하게나마 도입했을 것이다. 그러나 그것은 또한 내가 《철학적 탐구》에 있다고 지적한 구조적 분할이 뚜렷하지 않다는 것을 보여준다. 탐구는 '모든 방향으로 이리 저리' 진행된다(서문).

　비트겐슈타인의 회의적 해결책은 "우리들 중 많은 사람들처럼 존스가 '+'에 의해 더하기를 의미한다"란 진술을 참으로 만드는 '진리 조건' 또는 세계 안에 '대응하는 사실'이란 존재하지 않는다는 회의주의자들의 주장을 인정한다. 오히려 우리는 그런 주장이 어떻게 **사용**되는지를 살펴보아야 한다. 이렇게 하는 것은 적절한가? 우리는 방금 인용된 것과 같은 주장을 '참' 또는 '거짓'으로 부르지 않는가? 우리는 그러한 주장들 뒤에 '—는 사실이다' 또는 '—는 사실이 아니다'라는 구절을 타당하게 붙일 수 없는가? 그런 반론을 다루는 비트겐슈타인의 방법은 간단하다. 다른 많은 철학자들처럼, 비트겐슈타인은 진리의 '잉여' 이론을 수용한다. 한 진술이 참이라고 긍정하는 것(또는 아마도 그 진술 뒤에 '—는 사실이다'를 붙인다는 것)은 그저 그 진술 자체를 긍정하는 것일 뿐이며 그것이 참이 아니라고 말하는 것은 그것을 부인하는 것이다('p'는 참이다 = p). 그렇지만 이렇게 반대하는 사람이 있을지 모른다. (a) 오직 특정한 형태를 가진 발언만이 '참' 또는 '거짓'으로 불릴 수 있으며 ― 가령, 질문은 그렇게 불릴 수 없다 ― 이는 그 발언이 사실을 진술할 취지를 갖고 있기 때문이다. (b) '사실을 진술하는' 바로 그 문장은 진리 함수적인 복합 문장들의 요소로 나타날 수 있으며, 그런 복합문들 내에서 그것의 의미는 주장가능성 조건만으로는 거의 설명하기 힘들다. 이런 문제들을 다루는 비트겐슈타인의 방법 또한 간단하다. 우리는 우리 언어에서 진리 함수적 계산이 적용되는 것을 명제로 **부르고**, 따라서 참 또는 거짓이라고 **부른다**. 즉, 진리 함수가 특정한 문장들에 적용된다는 것은 우리 언어의 그저 원초적 부분일 뿐이며 더 깊은 설명을 필요로 하지 않는다. 지금 하는 해설을 돕기 위해, 그가 진리 개념을 논의하는 단원들(§§134-137)은《논리철학논고》에 관한 예비적 단원들을 **마무리하며** 회의적 역설에 관한 논의 **앞에 나온다**는 점을 지적할 필요가 있다. 그 단원들은 역설에 관한 논의를 하기 위한 마지막 기초 작업이다.

드디어 비트겐슈타인의 회의적 해결책과 그 결과 나타나는 '사적'인 규칙에 반대하는 논증을 다룰 차례가 되었다. 우리는 어떤 상황들 아래에서 의미가 귀속되며, 이런 의미의 귀속이 우리의 삶에서 어떤 역할을 수행하는지 살펴보아야 한다. 생각하지 말고 보라는 비트겐슈타인의 권고에 따라 우리는 그런 진술들이 수행**하여야** 할 역할에 관해 선험적으로 추리하지 않을 것이다. 반대로 어떤 상황들이 **실제로** 그런 규칙들을 인가하며 규칙을 인가하는 것이 실제로 무슨 역할을 하는지 찾으려 할 것이다. 중요한 것은 우리가 규칙을 따르기 위한 필요충분조건들(진리 조건들)이나 그런 규칙-따르기가 무엇으로 '구성되었는지'에 관한 분석을 하는 게 **아니라는** 점을 깨닫는 것이다. 그런 조건들은 회의적 문제에 대한 '직접적'인 해결책인데, 그런 해결책은 이미 거부되었다.

첫째, 고립된 것으로 간주된 한 사람과 관련해서 무엇이 참인지 살펴보자. 가장 분명한 사실은 회의적 역설에 대해 오랫동안 숙고한 후 우리가 간과할지도 모를 그런 것이다. 우리가 역설 때문에 일상

생활에서 걱정하는 일은 없다. 실제로 그 누구도 덧셈 문제의 답을 하라고 질문을 받았을 때 머뭇거리지 않는다! 거의 모두가 68과 57의 합이 무엇인가라는 질문을 받았을 때, 겹하기와 같은 규칙이 적절했을지도 모른다는 이론적 가능성에 대해서 전혀 생각하지 않은 채, '125'라고 주저 없이 대답할 것이다. 우리는 정당화하지 않은 채 그렇게 한다. 물론, 만일 왜 '125'인가라고 질문을 받으면, 우리들 대부분은 8과 7을 더해서 15를 얻은 후 5를 적고 1을 넘긴다는 식의 답을 할 것이다. 하지만, 그렇다면, 만일 왜 '넘겼는가'라는 질문을 받는다면 우리는 무어라고 말할 것인가? 우리의 과거의 의도는 '넘긴다'에 의해 **검긴다**를 의미했던 것은 아닐까? 여기서 '검긴다'는 것은 어떠어떠하다를 뜻한다. 회의적 논증의 전체 요점은 우리가 그 행동을 정당화하기 위해 더 이상 이유를 필요로 하지 않는 그런 단계에 궁극적으로 도달한다는 것이다. 우리는 머뭇거리지 않고 **맹목적**으로 행동한다.

그렇다면 이것은 비트겐슈타인이 '정당화'해서 말하는 것은 아니지만 '틀리지는 않게' 말한다고 한 것의 중요한 예이다.[75] 화자는 궁극적으로는 아무런 정당화도 하지 않은 채, 이 방식(가령 '125'라고

---

[75] 주 63 참조. 《수학의 기초에 관한 고찰》, V, §33[VII, §40]에서 비트겐슈타인은 이 점을 규칙, 일치, 동일성에 관한 그의 일반적 문제와 연관시켜 전개한다. 반면에 《철학적 탐구》 §289에 나오는 유사한 문구는 고통의 공언avowal과 관련된다. 이것 역시 감각 언어에 대한 비트겐슈타인의 생각과 규칙에 대한 비트겐슈타인의 일반적 요점 사이의 연관성을 예증해준다. 《수학의 기초에 관한 고찰》의 구절은 수학철학의 문맥 안에 놓여 있음을 주목하라. 비트겐슈타인의 수학에 대한 논의와 감각에 대한 논의 사이의 연관성은 이 글의 또 다른 주제이다. ('zu Unrecht'에 대한 앤스콤의 번역은 'without right[부당하게]'이지만, 크립키는 이것보다는 'wrongfully[틀리지는 않게]'가 더 낫다고 본다. 이에 대해서는 주 63 참조. ─ 역자 주)

응답하는 것)이 다른 방식(가령 '5'라고 응답하는 것)을 제치는 **올바른** 방법이라고 확신하면서 자신의 경향을 따를 수 있는데, 이는 규칙에 관한 우리의 언어 게임의 일부이다. 즉, 한 개인이 어떤 주어진 상황에서 저 방법보다는 이 방법으로 그의 규칙을 따라야 한다고 말할 수 있게 인가해주는 '주장 가능성 조건'이란 궁극적으로 자신의 경향을 따르는 것이다.

여기서는 만일 우리가 단 한 사람만 고려할 수밖에 없다면, 그의 심리적 상태와 그의 외적인 행동이 우리가 가질 수 있는 전부란 점이 중요하다. 우리는 그가 규칙을 매번 사용할 때, 가령, 그가 더 이상 정당화하지 않은 채 겹하기와 같은 대안을 따르지 않고 행동하면서도 그 방식이 **유일한** 응답 방식이라고 말할 때, 그는 자신 있게 행동하고 있다고 말할 수 있다. 비록 그는 '125'라고 말하는 경향이 있지만 그는 '5'라고 말했어야 했다고, 또는 그 반대로 말했어야 했다고 말할 수 있는 상황이란 전혀 없다. 정의에 의해, **그는**, 더 이상의 정당화 없이, 그에게 자연스럽고 명백하게 나타나는 답을 주도록 인가를 받는다. 어떤 상황 하에서 그는 틀릴 수 있는가? 말하자면, 틀린 규칙을 따르고 있는가? 어느 누구도 그의 마음과 행동만을 보고 "그가 그의 과거의 의도들과 일치하지 않는다면 틀렸다"와 같은 말을 할 수 없다. 회의적 논증의 중심 생각은 그가 자신의 의도와 일치하는지 안 하는지를 판단하는데 이용할 수 있는 그에 관한 사실이란 전혀 없다는 것이다. 만일 한 사람이 고립되어 있다고 가정한다면, 우리가 말할 수 있는 것이란 우리의 일상적인 실행은, 규칙이 그에게 나타나는 방식으로, 그가 규칙을 적용하는 것을 인가해준다는 게 전부이다.

　물론 이것은 규칙 따르기에 관해 우리가 보통 갖고 있는 생각은 **아니다**. 단지 어떤 사람이 하나의 규칙을 따르고 있다고 생각하기 때문에, 그가 실제로는 그렇게 하지 않고 있다고 판단을 내릴 여지가 전혀 없다는 것은 절대로 맞지 않다. 어린 아이 혹은 약을 먹어서 정신이 몽롱한 사람은 실제로는 아무런 규칙도 전혀 따르지 않은 채 멋대로 행동하고 있음에도 불구하고, 규칙을 따르고 있다고 생각할 수 있다. 또, 약효 때문에 그의 최초의 의도들을 바꾸어서 갑자기 겹하기와 같은 규칙에 일치하게 행동할지도 모른다. 만일 첫 번째 유형의 사람에게 어떤 규칙을 따르고 있다는 그의 자신감이 부당한 것이라고 말할 수 없거나, 만일 두 번째 유형의 사람에게, 그는 더 이상 전에 따랐던 규칙에 일치하지 않는다고 말하는 것이 더 이상 정당화될 수 없다면, 규칙 또는 과거의 의도가 미래의 선택들을 구속bind한다는 우리의 생각은 빈 말이 될 것이다. 우리는 대강 다음과 같은 형태의 조건문을 받아들이려고 한다. "만일 누군가가 '+'에 의해 더하기를 의미하고 또한 '68+57'에 대한 답을 질문 받았을 때 그가 자신의 과거의 의도를 기억하고 그에 맞추고 싶어 한다면, 그는 '125'라고 답할 것이다." 문제는 이런 조건문이 실질적으로 어떤 내용을 가질 수 있는가이다.

　우리가 지금까지 고려했던 것들이 정확하다면, 그 답은 이렇다. 만일 한 사람이 고립된 것으로 간주된다면, 규칙을 채택한 그 사람을 인도하는 규칙의 개념은 **아무런** 실질적인 내용도 가질 수 **없다**. 그가 과거의 그의 의도와 일치하는지 아닌지를 판단할 때 이용할 수 있는 진리 조건이나 사실이 없다는 것을 우리는 본 바 있다. 그가 규칙을 '사적으로' 따른다고 간주하는 한, 그래서 **그의** 정당화 조건들에만 주의를 기울이는 한, 우리가 말할 수 있는 전부는 규칙이 그에게 나타나는 대로 그가 그것을 따르도록 인가받았다는 것이다. 이런 이유로 비트겐슈타인은 이렇게 말한다. "규칙을 따른다고 생각하는 것이 규칙을 따르는 것은 아니다. 그러므로 규칙을 '사적으로' 따르는 것은 불가능하다. 그렇지 않다면 규칙을 따르고 있다고 생각하는 것이 그것을 따르고 있는 것과 마찬가지가 될 것이다."(§202)

만일 우리의 시야를 규칙을 따르는 사람만이 아니라 그가 더 넓은 공동체와 상호 작용하는 것으로 간주한다면, 상황은 아주 달라진다. 사람들은 그 사람이 규칙을 정확하거나 혹은 부정확하게 따르고 있는지를 판단하기 위한 정당화 조건들을 갖게 될 것이며, 이 조건들은 그 사람의 권위를 무조건적으로 수용하는 것은 **아닐** 것이다. 더하기를 배우는 꼬마의 예를 들어 보자. 그의 선생님이 그가 하는 모든 대답을 그냥 받아들이지 않으리라는 것은 분명하다. 반대로, 그 선생님이 더하기 개념을 숙지했다고 판단하기 위해, 그 아이는 다양한 조건들을 만족시켜야 한다. 첫째, 아주 적은 사례들에서, 그는 거의 매번 '올바른' 답을 해야 한다. 만일 그 아이가 '2+3'이라는 질문에 '7'이라고 답하고, '2+2'라는 질문에는 '3'이라고 고집스럽게 답하며 다른 많은 기초적인 실수들을 한다면, (선생님이 실제로 이런 식으로 아이에게 말하지는 않으리라고 생각하지만) 그 선생님은 그에게 "너는 더하기를 하고 있는 게 아니라 다른 함수를 계산하고 있거나, 아니면 너는 아직 아무런 규칙도 따르지 않고 머리에 떠오르는 아무것이나 제멋대로 답하고 있을 뿐이야"라고 말할 것이다. 그렇지만, 그 아이가 '작은 수' 더하기 문제들을 거의 모두 올바르게 푼다고 가정해보자. 더 큰 수를 더하는 문제들에서 그 아이는 '작은 수' 문제들보다 더 많은 실수를 할 수 있다. 그러나 그는 틀림없이 특정한 수를 맞추며, 따라서 그가 실수해서 틀렸다고 하더라도 겹하기 같은 절차가 아니라 타당한 절차를 '따르려고 시도하고' 있다는 것을 인정할 수 있어야 한다. (선생님은 그 아이가 더하기를 얼마나 정확하게 또는 **능숙하게** 하는지를 판단하고 있는 것이 아니라, 그가 더하기란 규칙을 따른다고 말할 수 있는지 판단하고 있음을 기억하자.) 내가 그 선생님이 특정한 경우들에서, 그 학생이 '올바른 답'을 했음에 틀림없다고 판단한다고 말할 때, 나는 무엇을 의미하는가? 나는 자신과 같은 답을 그 아이가 제시하리라고 그 선생님이 판단한다는 것을 뜻한다. 비슷하게, 그 아이가 더하기를 하고 있다고 그 선생님이 판단하기 위해서는 큰 수들의 계산에서 그 아이가 틀리더라도 그가 '올바른' 절차를 사용하고 있다고 판단해야 한다고 말할 때, 내가 의미하는 것은 그 아이가 선생님 자신이 사용하려는 그 절차를 사용하고 있다고 그 선생님이 판단한다는 것이다.

어른들에 대해서도 이와 유사한 말을 할 수 있다. 만일 정상적인 더하기 함수를 계산해왔다고 판단되는 어떤 사람이 (즉, 더하기를 할 때 내가 만들 답과 같은 답을 하는 것으로 판단한 어떤 사람이) 갑자기 나와 다른 이상한 절차들에 따라서 답한다면, 나는 그에게 무슨 일이 일어났으며, 그가 전에 따랐던 규칙을 더 이상 따르지 않고 있다고 판단할 것이다. 만일 이런 일이 그에게 일반적으로 일어난다면 그리고 그의 반응들이 내게 거의 분별할만한 형태로 나타나는 듯이 보인 다면, 나는 아마도 그가 미쳤다고 판단할 것이다.

　이로부터 우리는 "존스는 '더하기'에 의해 더하기를 의미한다"와 같은 문장에 대한 주장 가능성 조건을 대강 분별해낼 수 있다. **존스** 는, 다른 사람에 의해 교정될 수 있는 가운데, 그가 새로운 경우들에 '정확히' 반응할 수 있다는 자신감 ― "이제 나는 계속할 수 있다!" ― 을 가질 때마다 "나는 '더하기'에 의해 더하기를 의미한다"라고 조건부로 말할 자격이 있다. 또한 **그는**, 조건부로 또한 다른 사람들 에 의해 교정될 수 있는 가운데, 새로운 반응이 그의 경향과 일치한 다는 단순한 이유로 '정확'하다고 판단할 자격이 있다. 이런 경향들 (존스가 '그것을 이해했다'라고 말하려는 그의 일반적인 경향과 특별한 문 제들에 대해 특별한 답을 하려는 그의 특수한 경향 양자 모두)은 원초적 인 것으로 간주되어야 한다. 그런 경향들은 자신의 경향을 해석하는 존스의 능력이나 어떤 다른 것에 의해 정당화되지 않는다. 그러나 스미스는 이 문제에 관해서 존스의 권위를 수용할 필요는 **없다.** **스 미스로서는** 존스가 '더하기'에 의해 더하기를 의미한다고 판단하는 경우는 오로지 다음과 같을 경우뿐이다. 즉, 구체적인 더하기 문제 들에 대한 존스의 답들이 **그가** 제시하려는 답들과 일치하거나 또는 비록 그것들이 가끔 일치하지 않더라도 존스가 최소한 타당한 절차 를 따르고 있다고 그가 해석할 수 있는 경우뿐이다. (만일 존스가 아 주 작은 수의 문제들에서 스미스가 제시하는 답들과 일치하지 않는다면, 스미스가 존스를 타당한 절차를 따르는 것으로 해석하기는 어렵거나 불가 능할 것이다. 만일 큰 수의 문제들에 대한 존스의 반응들이 너무 이상해서 정상적인 의미로 틀렸다고 할 수 없다면 — 예를 들면, 만일 그가 '68+57' 에 '5'라고 답한다면 — 이때 역시 위와 똑같은 말을 할 수 있을 것이다.) 만일 존스가 스미스의 답들과 (넓은 의미에서) 일치하는 반응들을 하지 못 한다면, 스미스는 존스가 '더하기'에 의해 더하기를 의미하지 않았다고 판단할 것이다. 심지어 존스가 과거에 그것을 의미했다 하더라도, 현재 이루어지는 이탈은 존스가 틀렸다는 판단을 정당화할 것이다.

가끔 스미스는 존스의 '더하기'란 단어에 대한 대안적 해석을 제시함으로써 존스의 반응을 자신의 것과 일치하게 만들 수 있을 것이다. 하지만 그는 이런 일을 자주 할 수는 없을 것이며, 보통은 존스가 실제로는 아무런 규칙도 따르지 않고 있다고 판단하려 할 것이다. 이 모든 경우들에서 스미스의 경향은 존스의 경향만큼이나 원초적인 것으로 간주된다. 어떤 방식으로도 스미스는 존스의 머리에 자신의 머리에 있는 규칙과 일치하는 어떤 규칙이 있는지 직접 테스트할 수 없다. 오히려 요점은 만일 충분히 구체적인 경우들에서 존스의 경향들이 스미스의 경향들과 일치한다면, 스미스는 존스가 정말로 더하기 규칙을 따르고 있다고 판단을 내릴 것이라는 점이다.

우리가 허튼 논쟁에 빠진다면, 가령 만일 스미스와 존스가 서로 상대방이 규칙을 잘못 따르고 있다고 주장하지만, 다른 사람들은 두 사람 모두에 동의하지 않는다면, 물론 방금 묘사된 실행 양식은 거의 의미가 없을 것이다. 사실, 우리의 현실적 공동체는 (거의) 획일적인 방식으로 더하기를 실행한다. 어떤 개인이 더하기 개념을 숙지했다고 주장하고, 만일 그의 구체적 반응들이 충분한 경우들, 특히 단순한 경우들에서 공동체의 반응들과 일치한다면, 공동체는 그가 그 개념을 숙지했다고 판정할 것이다. (그리고 만일 그의 '틀린' 답이 '68+57'에 대해 5라고 답하는 것처럼 그렇게 **이상하게** 자주 틀리지 않고, 절차상 우리와 일치하는 듯 보이면 그가 '계산상의 실수'를 하더라도 공동체는 그가 그 개념을 숙지했다고 판정할 것이다.) 그런 시험을 통과한 사람은 덧셈을 하는 사람으로서 공동체 안으로 들어오도록 허용된다. 충분히 많은 다른 경우들에서 그런 시험을 통과한 사람은 정상적인 언어 사용자 및 공동체의 구성원으로서 가입을 허락받는다. 이탈하는 사람들은 교정이 되며 (보통 아이들의 경우처럼) 더하기 개념을 습득하지 못 했다는 말을 듣는다. 교정될 수 없을 정도로 궤도를 벗어난 사람은 간단하게 말해 공동체의 생활과 의사소통에 참여할 수 없다.

위에서 요약된 대로, 언어에 관한 비트겐슈타인의 일반적인 그림은 한 유형의 발언을 설명하기 위해 우리가 어떤 조건들 아래에서 그 유형의 발언을 할 수 있는지를 보여줄 뿐 아니라 그런 조건들 아래에서 이런 유형의 발언을 실행하는 것이 우리의 삶에서 어떤 역할과 유용성을 갖고 있는지를 보여준다. 우리는 어떤 사람의 반응들이 우리 자신의 반응들과 일치할 때, 그가 어떤 규칙을 따르고 있다고 말하고, 그렇지 않을 때 그것을 부인한다. 그러나 이런 실행의 유용성은 무엇인가? 그 유용성은 명백한데, 식품점에서 물건을 사는 사람을 고려함으로써 그것을 분명히 할 수 있다. 고객이 주인과 거래를 하면서 다섯 개의 사과를 주문할 때, 그는 주인이 어떤 이상한 비-표준적인 규칙이 아니라 그가 하는 방식대로 수를 셀 것이라고 기대한다. 따라서 만일 그와 주인과의 거래가 계산 — 가령, '68+57'과 같은 것 — 을 포함한다면, 그는 그 주인의 반응이 자신의 것과 일치하리라고 기대한다. 실제로 그는 주인에게 계산을 맡길지도 모른다. 물론 그 주인은 더하기를 할 때 실수를 할 수도 있으며, 심지어 부정직하게 계산할 수도 있다. 그러나 고객이 더하기 개념을 숙지했다고 여기는 한 그는 최소한 그 주인이 이상하게 — 가령 겹하기 따위의 규칙을 따르는 것 — 행동하지는 않으리라고 기대한다. 또한 우리는 심지어, 많은 경우들에서, 그가 고객과 같은 답을 내놓을 것이라고 기대할 수 있다. 한 어린 아이가 더하기 규칙을 숙지했다고 우리가 공표할 때, 우리는 방금 언급된 고객과 식료품 주인 사이의 상호 작용에서처럼 우리가 하는 대로 반응하리라고 믿고 일을 맡길 수 있음을 뜻한다. 우리의 전체 삶은 수많은 이런 상호 작용들과 다른 사람에게 특정한 개념이나 규칙을 귀속시키는 '게임'에 — 그럼으로써 우리는 그들이 우리와 마찬가지로 행동하리라고 기대한다는 것을 보여줌으로써 — 의존한다.

이런 기대가 오류 없이 충족되는 것은 **아니다**. 그것은 각 개인의 행동에 상당한 제약을 가하기 때문에 그가 선택할 수 있는 모든 행동과 양립할 수는 **없다**. (이것을 우리가 한 사람을 고립된 것으로 간주하는 경우와 대조해보라.) 충분히 많은 경우들에서 공동체의 반응과 일치하지 않는 반응을 보이는 궤도에서 이탈한 사람은 공동체에 의해 규칙을 따르지 않는 사람으로 판정받을 것이다. 전혀 일관적으로 규칙을 따르지 않기 때문에 심지어 그는 미친 사람으로 판정받을 수도 있다. 어떤 사람이 특정한 규칙을 따르고 있음을 공동체가 부인할 때, 이는 식료품점 주인과 고객 사이의 거래와 같은 다양한 거래로부터 그를 배제시킨다. 이는 공동체가 그러한 거래에서 그 사람을 믿을 수 없다는 것을 나타낸다.

우리는 이것을 철학에서 흔히 사용하는 도구 — 조건문 **환위**|inversion — 를 통해 다시 표현할 수 있다.[76] 예를 들면, 우리의 인과 개념에서 "만일 A 유형의 사건들이 B 유형의 사건들을 야기하며, 그리고 만일 A 유형의 e 사건이 일어난다면, 그렇다면 B 유형의 e'이 따라 나와야 한다"와 같은 조건문을 수용하는 것이 중요하다. 이렇게 표현하면, 이런 조건문의 수용은 우리로 하여금 이런 연결 — 사건 유형들 사이에 인과적 연결이 얻어지면, 첫째 사건 e의 발생은 (조건문의 전건을 만족시킴으로써) B 유형의 사건 e'이 얻어져야 한다는 것을 필연화시킨다 — 을 믿게 만든다. 물론 흄주의자들은 그런 연

---

[76] 곧 알게 되겠지만, 이런 의미의 환위는 우선순위를 바꾸기 위한 장치이다. 제임스 William James는 정서에 대한 그의 유명한 이론(*The Principles of Psychology* [Henry Holt & Co., New York, 1913, in 2 volumes; chapter 25, vol. 2, 442-485쪽], "The Emotions")을 이렇게 요약한다. "합리적인 표현은 우리가 울기 때문에 슬픔을 느낀다는 것이지, … 우리가 슬프기 때문에 운다는 것이 아니다."(450쪽) 비슷한 형식의 슬로건을 이용해서 많은 철학들을 조야하게 (틀림없이, 부정확하게) 요약할 수 있다. "우리는 특정한 행동이 비도덕적이기 때문에 그것을 비난하지 않는다. 우리가 그것을 비난하기 때문에 그것은 비도덕적이다." "우리는 모순율이 필연적 진리이기 때문에 받아들이는 것이 아니다. 우리가 모순율을 (규약에 의해) 받아들이기 때문에 그것은 필연적 진리이다." "불과 열은 불이 열을 야기하기 때문에 항상 연합하는 것이 아니다. 불과 열이 항상 연합하기 때문에 불이 열을 야기한다."(흄) "우리는 모두 덧셈의 개념을 파악하기 때문에 12+7=19라고 말하지 않는다. 우리 모두 12+7=19 등이라고 말하기 때문에 우리는 덧셈 개념을 파악한다."(비트겐슈타인)
본문에 있는 조건문 환위 장치는 이런 슬로건들과 비슷한 방식으로 우선 순위를 바꾸는 효과를 얻는다. 나 자신의 입장을 말한다면, 나는 슬로건이 예시하는 유형의 철학적 입장 — 그것들이 그렇게 조야하게 표현되건 아니건 간에 — 에 회의적이다.

결이 존재한다는 것을 거부한다. 그들은 이 조건문을 어떻게 읽는가? 그들은 본질적으로 대우contrapositive 형식으로 표현된 조건문의 주장 가능성 조건에 주목한다. 어떤 선행조건이 어떤 사건 e'이 일어나야 함을 필연화시킨다는 것이 아니다. 오히려 그 조건문은 우리로 하여금 A 유형의 사건 e가 발생했는데 유형 B의 사건이 따라 나오지 않는다는 것을 알 때마다, 두 사건 유형들 사이에 인과 관계가 있음을 부인하게 만든다. 만일 우리가 그런 주장을 했다면, 우리는 지금 그것을 취소해야 한다. 비록 조건문이 그것의 대우와 동치일지라도, 대우에 대한 집중은 우리의 우선순위를 뒤집는다. 흄주의자들은 인과적 연결 대신에 ― 이로부터 관찰된 규칙성이 따라 나오는데 ― 규칙성을 중심적인 것으로 보며, ― 그 문제를 대우적으로 보기 때문에 ― 대응하는 규칙성이 분명한 반대 사례를 가질 때마다 인과적 가설을 철회한다고 말한다.

비슷한 환위가 현재의 예에도 사용된다. 우리의 규칙 개념에서는 "존스가 '+'에 의해 더하기를 의미한다면, 만일 그가 '68+57'이란 질문을 받는다면 '125'라고 답할 것이다"와 같은 조건문을 주장하는 것이 중요하다. (실제로 이 조건문을 정확하게 만들기 위해서는 전건에 많은 구절들이 추가되어야 하겠지만, 현재 목적을 위해선 이렇게 대강의 형태로 놔두겠다.) 인과적 경우에서처럼, 방금 언급된 조건문은 '68+57'과 같은 구체적인 덧셈의 수행을 보장하는 어떤 심적 상태가 존스 안에 있는 것처럼 보이게 하는 데, 회의적 논증은 바로 이 점을 부인한다. 실제 상황에 관한 비트겐슈타인의 그림은 대우와 정당화 조건에 집중된다. 만일 존스가 '68+57'이라는 질문을 받을 때

'125'라고 답하지 **않는다면**, 우리는 그가 '+'에 의해 더하기를 의미한다고 주장할 수 없다. 물론 우리가 그 조건문을 아주 느슨하게 구성했기 때문에, 이것은 엄격하게 말한다면 참이 아니다. 그 조건문을 참으로 만들기 위해서는 다른 조건들이 그 전건에 추가되어야 한다. 심지어 계산상의 실수 가능성도 고려되지 않았으며, 따라서 많은 복잡한 사항들을 쉽게 지적할 수 있다. 만일 우리가 존스에게 보통 수용되는 더하기 개념을 귀속시킨다면, 그가 겹하기 같은 이상한 행동을 하지 않을 것이라는 기대는 여전히 유효하다. 그런 조건문에 의해 우리는, 비트겐슈타인의 견해에 따르면, 존스의 어떤 상태가 그의 정확한 행위를 보장함을 뜻하지 않는다. 오히려 그런 조건문을 주장함으로써, 우리는 만일 미래에 존스가 (충분히 많은 상황들에서) 충분히 이상하게 행동한다면, 그가 보통 수용되는 더하기 규칙을 따르고 있다는 우리의 주장을 더 이상 계속하지 않으리라는 것을 뜻한다.

따라서 대강 만들어진 이 조건문은 그 구성원들 중 하나에게 어떤 개념을 귀속시키는 공동체의 게임에 한 가지 제한을 가한다. 만일 문제의 그 사람이 이런 상황에서 공동체가 해왔던 것에 더 이상 순응하지 않는다면, 공동체는 더 이상 그에게 그 개념을 귀속시킬 수 없다. 이런 게임을 하면서 개념을 개인에게 귀속시킬 때, 그의 특별한 마음의 '상태'를 묘사하는 것은 아니지만, 그럼에도 불구하고, 여전히 우리는 중요한 일을 한다. 더 이상의 이탈 행위 때문에 그를 배제할 상황이 아닌 한, 우리는 그를 조건부로 공동체 안으로 들어오게 한다. 실제로 그런 이탈 행위는 거의 일어나지 않는다.

비트겐슈타인의 회의적 해결책은 개념 귀속 게임에 대한 이와 같은 서술로 이루어져 있다. 그것은 우리가 개념을 다른 사람들에게 귀속할 때 정당화되는 조건들과 이런 게임이 우리의 삶에서 차지하는 유용성에 관해 설명한다. 이런 설명에 의거해서 우리는 비트겐슈타인의 세 가지 중심 개념들을 간단히 논의할 수 있다.

첫째, **일치**. 우리가 기술했던 전체 '게임' ― 한 개인이 테스트를 받는 상황 아래에서 공동체에 충분히 일치하는 행위를 보여주는 한 공동체가 개념을 그에게 귀속시킨다는 것 ― 은 그런 실행을 따르지 않는 공동체에서는 그 의미를 잃을 것이다. 만일 '68+57'을 계산하라고 질문을 받았을 때, 한 사람은 '125'라고 답하고, 다른 사람은 '5'라고 답하며, 또 다른 사람은 '13'이라고 답한다면, 즉 만일 공동체의 반응이 전반적으로 전혀 일치하지 않는다면, 개념을 개인에게 귀속시키는 게임 ― 우리가 서술한 게임 ― 은 존재할 수 없다. 물론 실제로는 상당한 일치가 있으며, 겹하기와 같은 일탈적인 행동은 거의 일어나지 않는다. 실수와 불일치는 일어나지만, 이것은 다른 문제이다. 사실상, 가르치기가 불가능하거나 미친 경우와 같은 극단적인 경우들을 제외하면 대부분의 사람들은, 충분히 훈련을 받은 후에, 구체적인 덧셈 문제들에 대해 거의 같은 절차에 따라 반응한다. 우리의 절차를 유일하게 이해할 수 있는 것으로 간주하기 때문에(§219, §231, §238 참조), 우리는 머뭇거리지 않고 '68+57'과 같은 문제에 같게 반응한다. 비트겐슈타인의 생각에 따르면, 그런 일치는 규칙과 개념을 서로에게 귀속시키는 우리의 게임에 필수적이다(§240 참조).

우리가 서로 일치하는 반응들의 집합과 그것들이 우리의 행동들과 뒤섞이는 방식이 바로 우리의 **삶의 형식** form of life이다. 겹하기와 같은 이상한 반응을 일관성 있게 따르는 존재들은 다른 삶의 형식을 공유할 것이다. 정의에 따라, 그런 다른 삶의 형식은 우리에겐 이상하고도 이해할 수 없는 것으로 보일 것이다. ("사자가 말할 수 있다 하더라도, 우리는 그것을 이해할 수 없을 것이다."[223쪽]) 그렇지만, 우리가 다른 삶의 형식의 추상적 가능성을 상상할 수 있다면(어떤 선험적인 논증도 그것을 배제하는 듯하지 않다), 겹하기 같은 삶의 형식을 공유하는 공동체의 구성원들은 우리처럼 서로 규칙과 개념을 귀속시키는 게임을 할 수 있을 것이다. 그런 공동체에선 **그** 공동체의 구성원들에 의해 만들어진 (겹하기 같은) 반응과 일치하는 반응을 하는 사람이 규칙을 따른다는 말을 들을 것이다. 《철학적 탐구》의 핵심 단원의 결론이 포함된 글에서 비트겐슈타인은 회의적 문제에 대한 회의적 해결책을 제시하기 위해 일치와 공유된 삶의 형식의 중요성을 강조한다. (§§240-242. 또 225-227쪽에 있는 일치에 관한 논의를 참조.)

비트겐슈타인은 공유되는 우리의 삶의 형식에 관한 전통적인 — 그리고 압도적으로 자연스러운 — 한 가지 설명을 배제한다. 우리는 우리 모두가 더하기의 개념을 같은 방법으로 파악하기 **때문에** '68+57'에 같게 반응한다고 말할 수 없다. 우리가 공통적인 더하기 개념을 공유하기 때문에, 특정한 더하기 문제들에 대해 공통적으로 반응한다고 말할 수도 없다. (예를 들면, 프레게가 그런 설명을 지지했을 것이다. 하지만 그것이 분명하고 자연스럽다는 것을 알기 위해 철학자일 필요는 거의 없다.) 비트겐슈타인에게, 이런 종류의 '설명'은 회의적 역설과 그 해결책을 다루는 그의 방법을 무시한다. 특수한 경우들에서 우리가 일치한다는 것 — 우리 모두 '+'에 의해 더하기를 의미한다는 것 또는 심지어 특정한 한 사람이 '+'에 의해 더하기를 의미한다는 것 — 을 설명하는 객관적 사실은 전혀 없다. 오히려 우리가 '+'에 의해 더하기를 의미한다고 서로에게 말하도록 허용해주는 것은 우리가 대체로 일치한다는 적나라한 사실에 근거해 스스로를 입증하는 '언어 게임'의 일부이다('개념의 파악'에 관한 그 어떤 것도 그것이 내일 무너지지 않으리라는 것을 보장하지 못 한다). 우리의 산술적 행위에서 나타나는 대략적인 획일성은 어느 날 신경생리학적 차원으로 설명될 수도 있고 안 될 수도 있다. 하지만 그런 설명은 여기서 문제되지 않는다.[77] 다시 한 번 흄의 입장과의 유비에 주목하자. 거칠게 표현해서, 우리는 불과 열 사이에서 관찰되는 공존concomitance을 불에 있는 열을 만드는 인과적 '힘'에 의해 설명하고 싶어 할지도 모른다. 흄주의자들은 규칙성을 설명하기 위해 인과적 힘

---

[77] 현대의 변형문법 언어학이 모든 나의 특수한 발언들을 그 해석들과 함께 무수히 많은 문장을 생성하는 구문론적 규칙과 의미론적 규칙에 대한 나의 '파악'에 의해 설명하는 한, 비트겐슈타인은 이런 유형의 설명을 허용하지 않을 것처럼 보인다. 왜냐하면 그런 설명은 유한한 (그리고 오류 가능한) 나의 실제 '수행'의 견지에서 이루어지지 **않기** 때문이다. 그것은 본문에서 설명된 의미의 순전히 인과적 (신경생리학적) 설명이 아니다. 주 22 참조. 다른 한편으로, 촘스키의 견해의 어떤 측면은 비트겐슈타인의 생각과 아주 가깝다. 특히 촘스키에 따르면 고도로 종-특수적species-specific 제약조건들은 — '삶의 형식' — 은 어린이로 하여금 제한된 양의 문장에 대한 노출을 토대로 새로운 상황을 위한 다양한 새 문장들을 투사하게끔 이끈다. 이것이 그 종이 하는 것이라는 것 말고는 어린이가 그가 하는 방식으로 계속 하는 것에 **선험적인** 불가피성inevitability은 없다. 주 22에서 이미 말한 대로, 이 문제는 더 자세한 논의를 요한다.

을 그렇게 이용하는 것은 무의미하다고 주장한다. 오히려 규칙성이 유지되는 한, 우리는 그런 인과적 힘을 불에 귀속시키는 것을 허용하는 언어 게임을 한다. 규칙성은 하나의 적나라한 사실로 간주되어야 한다. 비트겐슈타인에게도 그렇다(226쪽). "수용되어야 할 것, 주어진 것은 … **삶의 형식들**이다."[78]

마지막으로 **기준**criteria에 대해서 논의해보겠다. 비트겐슈타인이

---

[78] 우리는 우리 자신과 다른 삶의 형식을 상상할 수 있는가? 즉 우리는 규칙을 이상한 겹하기-방식으로 따르는 피조물을 상상할 수 있는가? 나는 여기서 비트겐슈타인 철학 안의 특정한 긴장을 볼 수 있을 것 같다. 한편으로, 비트겐슈타인의 역설은 피조물이 겹하기 같은 규칙을 따르지 못할 **선험적** 이유는 없으며 따라서 이런 의미에서 우리는 그런 피조물을 생각하는 것이 가능해야 한다고 주장하는 듯하다. 다른 한편, 비트겐슈타인은 우리가 특정 방식으로 덧셈 규칙을 따르는 것이 자연스러우면서도 진정 불가피한 우리의 삶의 형식의 일부라고 가정하고 있다(§231 참조. "그러나 당신은 분명히 … 을 본다!" 그것은 바로 규칙의 강제 하에 있는 어떤 사람의 특징적 표현이다). 그러나 우리는 어느 피조물이건 그것이 겹하기 같은 규칙을 따를 수 있는 방식을 '내부로부터' 이해할 (다양한 독일 작가들의 'Verstehen'의 개념 참조) 수 없을 것 같다. 우리는 그런 행동을 외연적으로 그리고 행동적으로 기술할 수는 있다. 그러나 우리는 피조물이 이런 방식으로 행동하는 것이 과연 자연스러운지는 이해할 수 없을 것이다. 실제로 이런 귀결은 그 문제에 대한 비트겐슈타인의 생각과 들어맞는 것 같다.

물론 우리는 겹하기 함수를 정의할 수 있고, 그것을 위한 기호를 도입할 수 있으며, 그 값을 계산하기 위해 적절한 규칙을 따를 수 있다. 바로 이 글에서 나는 그렇게 해 왔다. 우리가 이해할 수 없는 듯 보이는 것은, 지적인 피조물이 어떻게 더하기 함수에 대한 훈련을 받는 동시에, 그럼에도, 그 고유한 함수를 겹하기 같은 방식으로 파악할 수 있는가이다. 만일 그런 가능성을 우리가 정말로 완전히 이해할 수 있다면, 우리는 더하기 함수를 지금처럼 불가피한 것으로 생각할까? 그러나 이 불가피성은 비트겐슈타인의 문제에 대한 그 자신의 해결책의 필수적 부분이다.

이 점은 '초록'과 관련해선 훨씬 더 강해진다. 어떤 사람이 많은 초록색의 대상들을 접하고 '초록'이란 용어를 꼭 이것과 같은 것에 적용하라고 들었으면서, 여전히 그 배운 용어를 마치 그것이 '초랑'을 의미하기라도 했던 것처럼 적용한다는 것을 이해할 수 있을까? 우리가 우리 자신의 계속된 행위가 불가피하다고 생각한다면, 어느 의미에서, 우리는 그럴 수 없을 것 같다.

사용하는 기준이라는 개념을 어떻게 해석해야할 지에 관해서는 비트겐슈타인의 후기 철학을 공부하는 사람들 사이에서 많은 논란이 있었다. 비트겐슈타인의 심리철학에서 기준은 근본적인 역할을 수행한다. "'내적인 과정'은 외적인 기준들을 필요로 한다."(§580) 비트겐슈타인의 심리철학을 옹호하거나 비판하는 사람들 모두 흔히 심적 개념을 위한 기준이 필요하다는 것을 그의 사적 언어 논증의 하나의 근본 **전제**로 간주해왔다. 사적 언어 논증을 비판하는 사람들은 그 전제가 옹호되지 않았으며 또한 옹호될 수도 없는 검증주의적 가정으로 이루어졌다고 가끔 주장했다. 사적 언어 논증을 옹호하는 사람들 중 일부는, 만약 그것이 일종의 검증주의적 전제라면, 그런 형식의 검증주의는 분명히 옳다고 응수했다.

지금 나의 목표는 비트겐슈타인의 기준 개념에 대한 훌륭한 주석을 다는 것이 아니고[79], 그 개념이 우리가 그리고 있는 그림 안에서 어떤 역할을 수행하는지를 스케치하는 것이다. 비트겐슈타인의 문제에 대한 그의 회의적 해결책은 일치와 점검가능성 ─ 다른 사람이 그와 똑같이 용어를 사용하는지를 테스트할 수 있는지 ─ 에 의존한다. 우리의 삶의 형식에서 이런 일치는 어떻게 생기는가? '탁자'와 같은 용어가 초보적으로 사용되는 경우, 상황은 간단하다. 어른이 저기 있는 탁자를 볼 때, "탁자" 또는 "저것은 탁자이다"라고 아이가 말한다면(그리고 그렇지 않을 경우면 그렇게 말하지 않는다면), 그 아이

---

[79] 그런 문제를 다루려는 한 가지 상세한 시도를 앨브리튼이 한다. Roger Albritton, "On Wittgenstein's Use of the Term 'Criterion,'" in Pitcher ed., *Wittgenstein: the Philosophical Investigations*, 231-250쪽. 이 글은 다음 학술지에 처음으로 발표되었다. *The Journal of Philosophy*, vol. 56(1959), 845-857쪽.

는 '탁자'라는 용어를 숙달한 것으로 일컬어진다. 그 아이는 자신의 관찰에 근거해 "저것은 탁자이다"라고 말하는데, 이는 어른들이 그들의 관찰에 근거해서 그 말을 사용하는 방식과 일치한다. 즉, 어른들은 비슷한 환경 하에서 "저것은 탁자이다"라고 말하며, 그 아이의 발언이 정확하다는 것을 확인해준다.

감각에 대한 용어, 가령 '고통'의 경우 어떻게 일치가 생기는가? 그것은 '탁자'의 경우처럼 간단하지 않다. 아이가 "나는 아프다"란 공언을 사용하는 방식을 숙달했다고 어른들이 판단을 내리는 때는 언제인가?[80] 만약 아이가 그 공언을 정확하게 배웠다면, 그는 고통을 느낄 때엔 그 말을 하고 그렇지 않을 때엔 하지 않을 것이다. '탁자'의 경우로부터 유추하면, 어른은 만약 그가 (그 자신의, 그 아이의?) 고통을 느끼면, 그 발언을 승인해야 하는 것처럼 보일 것이다. 물론 우리는 이것이 맞지 않다는 것을 안다. 오히려 어른은 아이의 행동(우는 것, 심하게 몸을 뒤트는 것)과 아마도 아이를 둘러싼 외부 환경이 그가 아프다고 가리킬 때 아이의 그 공언을 지지할 것이다. 만약 아이가 적절한 행동적 환경과 외적인 환경 하에서 대체로 고통을 공언한다면, 그리고 다른 경우에는 대체로 그렇게 하지 않는다면, 어른은 그 아이가 "나는 아프다"는 공언을 숙달했다고 말할 것이다.

고통과 다른 감각에 관해 논할 때, 어른은 아이의 행동 및 환경에

---

[80] 최근의 (그렇게 매력적이지 않을지도 모르는) 철학적 사용 방법을 따라서, 나는 화자가 어떤 감각을 가졌다는 일인칭 주장(예를 들면 '나는 아프다')을 '공언'이라고 부른다.

대한 관찰에 의존해 아이의 의견에 동의할지의 여부를 결정하기 때문에, 고통에 특징적인 그런 행동과 주변 환경이 존재한다는 것은 이 경우에 비트겐슈타인의 회의적 해결책이 작동하기 위해서 본질적이다. 그렇다면 이것이 "'내적 과정'은 외적인 기준들을 필요로 한다"란 말이 의미하는 것이다. 대강 말하면, 내적 과정을 위한 외적 기준이란 주변 환경이다. 이것은 한 사람의 행동에서 관찰할 수 있으며, 그것이 있음을 근거로 해서 사람들은 그의 공언에 동의하게 될 것이다. 만일 그 사람이 대체로 올바른 주변 환경 하에서 그의 공언을 발언한다면, 사람들은 그가 적절한 표현("나는 아프다", "나는 가렵다" 등)을 숙달했다고 말할 것이다. 개념을 귀속시키는 우리의 **모든** 표현들의 작동 방식에 관해, 비트겐슈타인은 한 사람의 반응이 다른 사람들의 반응과 일치하는지 확인할 수 있다는 **일반적**인 견해를 부분적으로 지지한다고 말한 바 있다. 지금 고찰은 이런 확인과 일치가 공언들의 경우에 어떤 형식을 취하는지 상세히 살펴보는 것에 불과하다.

그렇다면 '외적인 기준'의 요구는 비트겐슈타인이 그의 '사적 언어 논증'에서 당연한 것으로 간주한 검증주의적 혹은 행동주의적 **전제**가 절대로 아니라는 점이 분명해져야 한다. 어느 편이냐 하면 그것은 칸트의 연역과 비슷한 의미에서 **연역**된다.[81] 회의적 문제가 제

---

[81] 부록의 5번 주를 또한 참조할 것.
　만일 감각의 '외적인' 표시들manifestations이 없다면, 우리가 감각을 다른 사람에게 귀속시킬 때 나타나는 획일성을 인과-생리학적으로 설명하는 것(앞의 151쪽에서 언급된 형태의 것)이 어떻게 가능할 수 있는지 상상하기 힘들 것이다. 왜냐하면 ─ 아마도 사소하거나minute 잠재의식적인subliminal 방법들을 제외하고는 ─

기되고 그것에 대한 회의적 해결책이 주어진다. 회의적 해결책은 규칙을 따른다고 주장하는 사람은 다른 사람들에 의해 점검 받을 수 있다는 생각에 의존한다. 공동체의 다른 사람들이 사적으로 규칙을 따르는 사람의 반응이 그들이 지지하는 그들 자신의 반응과 일치하는지 안 하는지를 점검할 수 있다. 그들이 이것을 점검하는 방법은, 대체적으로, 언어 게임의 원초적 부분이다.[82] 그것이 '탁자'의 경우

한 사람의 감각이 오로지 외적인 표시들과 행동이라는 매개체에 의해서만 다른 사람들의 감각에 인과적으로 연결되기 때문이다. (나는 '초감각적 지각ESP'은 여기서 문제되지 않는다고 가정한다.) 만일 중재하는 외부의 상관물이 존재하지 않는다면, 특정한 한 사람이 특정한 감각을 갖고 있다고 판단할 때, 그것과 다른 사람들의 판단이 일치한다는 사실을 어떻게 인과적으로 설명할 수 있을까? 인과적으로, 그것은 하나의 우연이어야만 할 것이다. (다음 161-162쪽에 나오는 우리의 수학적 판단들에 나타나는 획일성들에 대해서도 마찬가지다.)

그렇지만 비트겐슈타인 자신은 획일성에 대한 그런 신경생리학적 설명에 특별한 관심을 둔 같지는 않으며, 그것들을 '원현상protophenomena'(§§654-655)으로 간주하고 싶어 하는 것 같다. 이 원현상에 대한 설명을 찾는 것은 실수이다. 그런 단평들이 획일성에 대한 인과적, 생리학적 설명들을 배제할 의도였다고는 생각하지 않지만, 철학적으로 비트겐슈타인은 그런 신경생리학적 설명이라는 개념에 의존하고 싶어 하는 것처럼 보이진 않는다.

특정한 한 사람이 아픈지에 관해 우리가 일치한다는 것을 **고통 행위**라는 개념을 우리가 획일적으로 '파악'한다는 것에 의해 '설명'하려는 시도는 분명 비트겐슈타인의 논증과 양립하지 못 **할** 것이다. 특정한 한 사람이, 가령, 신음을 지르고 있는지 또는 아닌지에 관해 우리가 일치한다는 사실은 '규칙 따르기' 만큼이나 비트겐슈타인의 회의적 논증의 범위 안에 들어온다. 위에서 대강 소개된 인과적 논증은 다른 것이다. (이 교재에서 내가 '외적인 기준'에 관해 논의할 때, 그런 논증에 호소하고 있다는 인상을 주지 않으려고 했지만, — 왜냐하면 비트겐슈타인은 그런 고려 사항들에 의존하고 싶어 하지 않은 것처럼 보이기 때문에 — 내겐 가끔 그런 인과적 설명이 암묵적으로 관련된 것처럼 보인다. 만일 우리가 실제로 사용하는 기준들이 감각을 귀속하는 우리의 '언어 게임'에 **본질적**이라고 주장될 수 있다면 말이다.)

이 각주와 책 앞부분의 나의 논의는 앤스콤의 질문으로부터 영향을 받았다.

[82] 주어진 예에서 한 사람이 규칙을 따르고 있는지를 판단하는 기준은 단지 그 사람이 진지하게 규칙을 따르고 있다고 말하려는 경향을 갖고 있다는 것일 수 없다. 그렇지 않으면 그가 규칙을 따르고 있다고 생각하는 것과 그가 정말로 규칙을 따르고 있는

와 같은 방식으로 이루어질 필요는 없다. 고통과 같은 감각에 대한 '외적인 기준'은 다른 사람에게 개념을 귀속시키는 게임을 위한 이런 일반적인 요구 사항이 감각이란 특수한 경우에 나타난 것일 뿐이다.[83]

것 사이에 전혀 차이가 없게 될 것이며(§202), 또한 그가 옳다고 생각하는 것은 무엇이든지 옳을 것이다(§258). 그렇지만, (원래 기준들을 근거로) 그가 적절한 규칙을 숙지했다고 판단한 후에, 공동체는 (특정한 규칙들에 대해서는) 이런 예에서 자신이 규칙을 따른다는 그의 진지한 주장 자체를, 원래의 기준을 사용하지 않고, 그의 주장의 정확성에 대한 새로운 기준으로 간주할지도 모른다. 비트겐슈타인에 의하면 우리는 '나는 아프다'와 같은 경우에 이런 일을 한다. 사람들은 '나는 꿈을 꾸었다'는 말을 잠에서 깨어 어떤 경험을 보고하는 주체에게 처음 가르쳐준다. 만일 그가 전날 밤에 겪었던 경험들을 보고할 때, 그 말을 그 보고 앞에 하면 우리는 그가 '나는 꿈을 꾸었다'의 규칙을 숙지했다고 판단한다. 그가 그 언어를 숙지했다고 판단한 후에, 우리는 '나는 이러 이러한 꿈을 꾸었다' 자체를 하나의 정확성의 기준으로 간주한다. '나는 꿈을 꾸었다'와 '나는 아프다' 두 경우 모두에서, 일인칭 발언은 오래된 기준을 대체하는 새로운 행동이다.

잔상들이나 환상들에 관한 보고도 비슷하다. 만일 누군가가 '나는 빨간 것을 본다'라는 말을 보통 오직 빨간 것이 나타났을 때에만 발언한다면, 우리는 그가 그 말을 숙지했다고 판단한다. 하지만 일단 그가 언어의 이 한 부분을 숙지했다고 판단을 내리고 나면, 우리는 빨간 것이라곤 아무것도 나타나지 않았을 때에도 그가 빨간 것을 본다고 말하면, 그 말을 알아들을 것이다. 이때 우리는 그가 착각, 환상 또는 잔상 등과 같은 것을 경험하고 있다고 말할 것이다.

[83] 감각과 '기준'과 관련된 한 가지 미묘한 점을 지적해야겠다. 비트겐슈타인은 어떤 형태의 감각이건 그에 맞는 '자연적 표현'이 있다고 가정한 것으로 흔히 간주된다 (고통에 대한 '고통 행위'). '자연적 표현'은 자신이 감각을 갖고 있다는 언어적 공언에 앞서며, 또 언어적 공언과는 다른, 감각을 '표현'하는 외부적으로 관찰이 가능한 행위이다. 만일 일인칭 감각 공언이 감각의 '원초적, 자연적 표현'의 언어적 대체물이라는 §244의 이론이 일반성을 갖고 있다면, 일인칭 공언이 의미가 있으려면 그런 '원초적, 자연적 표현'이 항상 존재해야 한다는 주장을 비트겐슈타인의 것이라고 보아야 할 것이다. 이런 인상은 §§256-257과 같은 다른 글들에 의해 더 강해진다. 더욱이, 이 논문에서 제시되는 사적 언어 논증은 내가 따르는 각각의 규칙에 대해 ― 내가 단지 말하는 것 말고 ― 다른 사람이 내가 규칙을 따르고 있다는 것을 올바르게 판단할 때 사용할 그런 기준이 있어야 한다고 주장한다. 감각에 적용되었을 때, 이것은 어떤 '자연적 표현'이 있어야 함을 뜻하는 것 같다. 또는 어쨌든 다시 같

은 감각이 나타났다고 말하려는 나의 경향 말고 어떤 외부적인 환경이 ― 누군가가 그 감각이 있는지를 판단할 때, 그래서 내가 그 감각 용어를 정확하게 숙지했는지를 판단할 때 사용하는 그런 외부적 환경 ― 이 있어야 함을 뜻하는 것 같다. 따라서 '나는 감각 S를 갖고 있다'는 형식의 각 진술마다 단순한 공언 자체 이외에 S와 연결된 '외적인 기준' ― 다른 사람들이 S의 있음 또는 없음을 판단할 때 사용하는 것 ― 이 있어야 할 것 같다.

　비트겐슈타인에 대한 지지자뿐만 아니라 반대자 (또는 최소한 그의 추종자는 아닌 사람) 중 많은 사람들이 이와 비슷한 주장이 참이라고 생각하는 것 같다. 즉, 많은 철학적 프로그램들은 모든 감각 형태가 어떤 특징적인 외부적 현상(행동, 원인들)과 연결되어 있다고 가정하는 것 같다. 이 논문에서 나는 대체로 나 자신의 견해를 드러내지 않았는데, 그것은 결코 비트겐슈타인의 견해와 항상 일치하지는 않는다. 그렇지만 여기서 나는 내 의견을 밝히겠다. 이런 의미에서 내적인 과정이 항상 '외적인 기준'을 갖고 있다고 가정하는 어떤 견해도 내가 보기에는 **경험적**으로 거짓인 것 같다. 내가 보기에, 우리가 완전히 잘 확인할 수 있지만 '자연적', 외부적 표현을 전혀 갖고 있지 않은 감각이나 감각 **퀄리아**가 있다. 그것을 가진 사람이 그것을 공언하지 않는다면, 관찰자에게는 그가 그것을 가졌는지를 가려낼 방법이 전혀 없다. 아마 사적 언어 논증의 더 자유로운 해석 ― 비트겐슈타인이 의도했던 것과 양립할 **수도 있는** ― 은 감각에 대한 화자 자신의 진지한 공언 이외에 연결된 감각에 대한 '외적인 기준'이 전혀 없는 감각 용어를 도입할 수도 있음을 허용할 것이다. (그러므로 이런 공언들은 그 감각[들]의 어떤 '자연적 표현들'도 '대체'하지 않는다. 왜냐하면 그런 것들이 전혀 없기 때문이다.) 다른 어느 누군가가 그런 화자를 점검할 방법이란 전혀 없으며, 그에게 동의하거나 반대할 수 있는 위치에 있을 수도 없다. (여기서 많은 비트겐슈타인주의자들 ― 또는 비트겐슈타인 ― 이 무엇을 추리하든지 간에, 이것은 그 자체로 그의 공언들이 오류 불가능한 것으로 간주된다는 것을 함축하지 않으며 또한 나중에 그의 공언들을 점검할 방법이 생길 수 없다는 것을 뜻하지도 않는다.) 그렇지만, 화자의 언어에는, 심지어 그의 감각 언어에도, 문제되는 형태의 '사적 언어' ― 그가 '옳다'고 부르는 것은 무엇이든지 옳은 그런 언어 ― 는 포함되지 않을 것이다. 화자는 '공적인 기준'을 갖는 많은 감각에 대해 그가 그런 감각을 찾아내기 위한 적절한 용어를 숙지했다는 것을 입증할 수 있다. 만일 우리가 충분히 많은 경우의 다양한 감각들에서 그가 보이는 반응들에 동의한다면, 그가 '감각 언어'를 숙지했다고 우리는 말한다. 지금까지 이 모든 것은 외부적으로 교정될 수 있다. 그러나 만일 한 사람이 대체로 감각 언어의 숙지를 위한 기준들을 만족시켰다면, 우리는 그가 새로운 형태의 감각을 찾아냈다는 그의 주장 ― 비록 그 감각이 공적으로 관찰 가능한 것과는 전혀 연결이 되지 않더라도 ― 을 존중한다는 것은 감각에 관한 우리의 언어게임의 원초적 부분이다. 그렇다면 그런 공언을 위한 유일한 '공적인 기준'은 진지한 공언 그 자체일 것이다.

여기서 대강 소개된 견해는 이 책에서 전개된 사적 언어 논증을 어떻게 개방적으로 만드는가? 책에서 우리는 각각의 **구체적 규칙**에 대해, 만일 "존이 규칙을 따른다면, 이런 예에서 그는 … 할 것이다"란 형식의 조건문이 무엇인가를 말하려면, 그것을 대우시켜야 한다고 주장했다. 만일 공동체가 이런 예에서 존스가 … 을 하지 않고 있다는 것을 발견한다면, 그는 규칙을 따르지 않고 있는 게 된다. 오직 이 '거꾸로 된' 방법으로만 나의 행위가 규칙에 의해 '인도'받는다는 입장이 의미 있게 된다. 따라서 각 규칙에 대해 내가 주어진 예에서 그것을 따르고 있는지에 관한 '외부적 점검'이 있어야 한다. 아마도 §202는 이를 주장하는 것으로 간주되어야 할 것이다. 그러나 이것은 공동체가, 그 규칙이 주어진 예에서 준수되고 있는지를 말하는 방법('기준') ─ 공동체는 이것을 화자가 그 규칙을 숙지했는지를 판단하기 위해 이용한다 ─ 을 갖고 있어야 한다는 것을 뜻한다. 이 기준은 그저 규칙을 진지하게 특정한 방식으로 따르려는 화자의 경향일 수는 없다. 그렇지 않으면 그 조건문은 아무런 내용도 갖지 못 한다. 심지어 공동체가 화자의 언어 숙지를 만족스럽게 판단한 후에 화자의 진지한 발언을 판단의 정확성을 위한 하나의 (또는 **유일한**) 기준으로 간주하는 그런 경우에도 이 조건은 만족되는 것처럼 보인다(주 82 참조). 대조적으로, 완화된 해석은 다음을 인정한다. 일단 화자가 다양한 규칙들을 숙지한 것으로 판단되어 공동체의 구성원으로 받아들여졌다면, 그가 숙지했는지를 점검할 방법이 전혀 없지만 공동체 구성원의 자격에 근거해서 그가 숙지했다고 단지 추정될 뿐인 어떤 규칙들이 있어야 한다는 것을 허용한다. 이것은 단지 언어 게임의 원초적 특징일 뿐이다. 왜 이와 같은 언어 게임을 비트겐슈타인이 허용해서는 안 되는가?

이 문제를 각주에서 이렇게 간단하게 논의해서 유감이다. 한때 나는 여기서 대강 소개된 '개방된' 견해를 '공식적인' 비트겐슈타인의 원리로 설명하려고 했었다. 이때 그것이 이 책에 있는 설명을 더 자세하게 하는데 도움을 줄 것이라 나는 생각했다. 확실히 그것은 비트겐슈타인이 "생각하지 말고 보라!"란 슬로건에 따라 채용했던 것이며, 실제 사적 언어에 대한 그의 공격과 양립 가능하다. 그렇지만 이 논문의 최종 원고를 작성하자마자, 나는 §244나 §§256-257과 같은 글들이, 비트겐슈타인이 더 강한 것을 주장하지 않는다면, 아주 오도적일지도 모른다고 염려하게 되었다.

(앞에 나온 부분을 쓴 후, 나는 맬컴이 그의 *Thought and Knowledge*[Cornell University Press, Ithaca and London, 1977, 218쪽]에서 이렇게 적은 것을 발견했다. "철학자들은 감각에 관한 진술들과 인간의 행동 중 감각의 원초적, 자연적인 표현 사이에 개념적 고리가 있다는 비트겐슈타인의 강조를 모든 감각에 관한 진술에 대해 자연적 비언어적 행동적 대응물이 있음을 함축하는 것으로 가끔 해석했다. 비트겐슈타인은 그런 것을 뜻하지 않았으며, 그것은 분명히 참이 아니다"[101쪽]. 그것이 참이 아니라는데 동의한다. 나는 그것이 심지어 우리가 감각의 '이름'이라고 부를 수 있는 것들을 불러일으키는 간단한 공언 ['나는 감각 S를 가졌다'] 의 경우에도 참이 아니라고 생각한다. 그러나 ─ 별도의 질문으로서 ─ 비트겐슈타인이 이것

여기서 나는 감각 언어와 관련된 '대상과 지칭' 모델에 대한 비트겐슈타인의 공격(§293)에 주석을 달 의도는 없다. 실제로 내가 그것을 충분하게 이해했는지도 확실하지 않다. 하지만 그것은 우리가 지금 고려하는 것들 중 한 측면과 관련이 있는 것 같다. 일치가 '탁자'와 같은 단어(아마도 '대상과 지칭'의 한 가지 전형)와 관련해서 이루어지는 방식은 아주 간단하다. 어린이가 탁자가 있는 것을 볼 때 '탁자!'라고 말하고 어른 역시 탁자가 있는 것을 보면 그 말에 동의한다. 이 모델을 일반적인 것으로 보아, 만약 그것이 '고통'의 경우에 들어맞지 않으면, 어떤 의미에서, 그 어린이가 "나는 아프다"를 정확하게 사용하고 있는지 결코 실제로 확인할 수 없다고 결론 내려야 한다고 생각하기 쉽다. 비트겐슈타인이 제안하는 것은 '탁자'의 사용 방식에 대한 일반화에 근거한 그런 요구는 있을 수도 없고, 있을 필요도 없다는 것이다. 개념들의 사용 방식에 대한 어떤 **선험적**인 패러다임도 모든 삶의 형식들을 지배할 수 없으며, 심지어 우리 자신의 삶의 형식을 지배하지도 않는다. 개념을 다른 사람에 귀속시키는 우리의 게임은 일치에 의존한다. 그렇기 때문에 감각 언어를 귀속시키는 경우에 이런 일치는 부분적으로 일인칭 공언에 대한 '외적인 기준'을 통해 이루어진다. 이 절차를 위한 더 이상의 '정당화'나 '설명'은 요구되지 않는다. 이는 단지 우리가 여기서 일치를 이루

을 뜻했는가? 내가 보기에 심지어 맬컴 자신이 과거에 했던 비트겐슈타인에 대한 설명들 중 일부도 [의도적이지는 않게?] 그가 그것을 뜻했다는 ─ 최소한 '감각의 이름'을 불러일으키는 간단한 공언의 경우에 ─ 인상을 주었던 것 같다. 나 자신 그 질문에 동요했다. 비트겐슈타인이 이것을 뜻했든 안 했든지 간에, 나는 그의 원리의 본질이 그런 강한 주장을 언질하지 않고 파악될 수 있다고는 생각한다.)

160

어내는 방식으로 **주어질** 뿐이다. 감각 개념을 다른 사람들에게 귀속시키는 활동이 우리 생활에서 중요한 역할을 수행한다는 것은 분명하다. 만일 누군가가 '고통'이란 용어를 숙달했다고 판단하면, 그가 "나는 아프다"란 말을 진지하게 할 경우, 고통의 다른 표지들이 없을지라도, 그것은 나로 하여금 그를 동정하는 마음을 갖게 하고, 그를 도우려고 하는 것과 같은 일을 (또는, 내가 만약 가학적이라면, 반대의 일들을) 하게 한다.

수학의 경우와 비교해보라. 수학적 진술은 대체로 손으로 만질 수 없는 것에 관한 것이다. 만일 그것이 정말로 '존재'에 관한 것으로 간주되려면, 이 '존재'는 일반적으로 초감각적 혹은 영구적인 대상이다. 또한 수학적 진술들은 자주 무한에 관한 것이다. 심지어 어떤 두 정수가 유일무이의 합을 갖는다는 그런 초보적 수학적 진리조차도 (아마 더하기의 개념을 숙달했던 모든 사람들이 암묵적으로 수용하는, 그래서 어떤 경우이건 초보적인 실력을 가진 사람이라면 그 개념의 기본 속성으로 명백하게 받아들일 진리조차도) 무한하게 많은 사례들에 관한 주장이다. 모든 x, y에 대해 $x+y=y+x$라는 '교환' 법칙의 경우에는 더욱 그렇다. 그런데 일치는 수학의 경우에 어떻게 이루어지는가? 그 아닌 다른 누군가가 다양한 수학적 개념들을 숙달했다고 어떻게 판단할 수 있는가? 늘 그랬듯이 우리의 판단은 그가 충분히 많은 구체적인 수학 판단들의 경우에서 우리와 일치한다는 (또한 심지어 그가 일치하지 않더라도 우리와 공통적인 절차를 따른다는) 사실로부터 나온다. 우리는 그의 마음을 어떤 초감각적이고 무한한 실재와 비교하지 않는다. 우리는 회의적 역설을 통해 그런 주장은 그가 더하기의 개념을 숙달했는가를 묻는 데 전혀 도움이 안 된다는 것을 본 바 있다. 오히려 우리는 그의 반응이 우리의 반응과 일치하는지 보기 위해 구체적인 더하기 문제에 대한 그의 관찰 가능한 반응을 점검한다. 더 복잡한 수학 영역에서 그와 우리는 증명에 근거해 다양한 수학 진술들을 수용한다. 따라서 우리의 수학적 개념을 그에게 귀속하기 위해 요구되는 조건들 중에는 그가 증명으로 간주하는 것이 우리와 대체로 일치해야 한다는 것이 포함된다. 여기서 '증명'은 수학적 천국에 놓여 있는 추상적 대상(가령, 《프린키피아》와 같은 형식 체계에 있는 긴 증명들)이 아니다. 그것은 볼 수 있는 (또는 들을 수 있는 또는 손으로 잡을 수 있는) 구체적인 현상 — 종이 위에 있는 마크 또는 도표, 지적인 발언 — 이다. 이런 의미에서 증명은 유한한 대상일 뿐 아니라 다른 사람의 증명에 관해 나도 그것을 증명으로 간주할지 판단할 수 있을 만큼 충분하게 짧고 분명하다. 이것이 비트겐슈타인이 증명은 **조사 가능한**surveyable 것이야 한다고 강조한 이유이다. 만일 증명이 판단들의 일치를 위한 근거로 사용될 수 있으려면, 그것은 조사 가능해야 한다.

이런 유사성은 다음과 같은 비트겐슈타인의 말을 해명해준다. "유한주의와 행동주의는 매우 비슷한 경향들이다. 둘 모두, 여기에는 확실히 …만 있다고 말한다. 둘 모두 혼란으로부터 벗어나기를 기대하면서 어떤 것의 존재를 부인한다."(《수학의 기초에 관한 고찰》, 63쪽[II, §61]). 두 경향이 어떻게 '매우 비슷'한가? 유한주의자는 수학적 진술과 개념이 무한한 것에 관한 것일 수 있지만(예를 들면, '+' 함수를 파악하는 것은 무한한 표를 파악하는 것이다), 그런 함수를 다른 사람들에게 귀속하기 위한 기준은 '유한' 해야만, 즉 진정 '조사가능'해야 한다는 것을 알고 있다. 가령, 우리는 어린이가 더하기의 개념을 숙달했다고 판단하기 위해 그가 유한한 수의 더하기표의 예들에서 우리와 일치하는지를 그 근거로 사용한다. 마찬가지로, 감각 언어가 '내적인' 상태들에 관한 것일지라도, 행동주의자들은 감각 개념을 다른 사람에게 귀속시킬 때 공적으로 관찰 가능한 (그래서 행동적인) 기준에 의존한다는 것을 정확하게 인정한다. 더욱이, 유한주의자들과 행동주의자들은 무한한 수학적 언어 및 내적 심리적 언어와 그 '유한한' 혹은 '외적인' 기준의 관계가 인간의 연약함이 우연히 만들어낸 것이라는 점을 부인한다는 점, 즉 수학적 언어 또는 감각 언어의 '본질'에 관한 설명이 있다면 그 필요성이 사라질 그런 것임을 부인한다는 점에서 옳다. 그렇지만, 무한한 수학적 대상 또는 내적인 상태에 관한 말의 합법성을 부인할 때, 그들은 불필요한 주장을 한 것이다. 행동주의자들은 심적 상태에 관한 말을 무의미하거나 불법적인 것으로 비난하거나 그것을 행동에 의해 정의하려고 시도한다. 비슷하게 유한주의자들도 수학의 무한적 부분을 무의미한 것으로 간주한다. 하지만 이런 의견들은 오해를 불러일으킨다. 그런 의견들은 우리의 일상 언어 게임을 거부하려는 시도이다. 이 게임에선 특정한 목적을 위해 특정한 환경 아래에서 '내적인' 상태 또는 수학적 함수에 관해 진술하는 것이 우리에게 허용된다. 비록 그런 진술들이 합법적으로 도입된다고 판단하기 위한 기준들이 진정으로 행동적(또는 유한한)일지라도, 유한한 혹은 행동적 진술들은 우리가 사용하는 언어에서 차지하는 그것들의 역할을 대체

할 수 없다.

　이제, 이 논문에서 제시된 '사적 언어 논증'을 요약해보겠다. (1) 우리 모두 우리 언어가 개념들 ─ '고통', '더하기', '빨강' ─ 을 다음과 같은 방법으로, 즉 일단 내가 개념을 '파악'하면 모든 미래의 그 사용이 (파악된 개념에 의해서 특유하게 **정당화**된다는 의미로) 결정되는 그런 방법으로　표현한다고 생각한다. 사실, 어떤 특정한 시간에 나의 마음에 있는 것이 무엇이든지 간에, 나는 미래에 그것을 다른 방법으로 ─ 예를 들면, 나는 회의주의자를 따라서 '더하기'를 '겹하기'로 해석할 수 있다 ─ 자유롭게 해석할 수 있을 것처럼 보인다. 이런 논점은 내가 한 감각에 주의를 집중하고 그것에 이름을 붙이는 경우에도 적용된다. 내가 했던 것은 그 어떤 것도 미래의 사용을 (위에서 나온 정당화적 의미에서) 결정하지 않는다. 내 마음의 과거 내용에 의해 미래의 사용을 결정한다는 주장에 관한 비트겐슈타인의 회의주의는 과거에 의한 미래의 (인과적이고 추론적인) 결정에 관한 흄의 회의주의와 비슷하다. (2) 역설은 오직 고전적인 흄적 의미에서의 '이러한 의심들의 회의적 해결'에 의해서만 해결될 수 있다. 이는 우리가 나에 관한 사실 ─ 내가 '겹하기' 보다는 '더하기'를 의미하고 또한 특정한 방식으로 계속하기 위해 사용하는 그런 사실 ─ 을 발견하려는 시도를 포기해야 함을 의미한다. 대신 우리는 우리가 실제로 다음 주장들을 어떻게 사용하는지 고찰해야 한다. (i) 한 사람이 주어진 규칙(그가 '더하기'에 의해 더하기를 의미한다는 것)을 따르고 있다는 정언적 주장. (ii) "만약 한 사람이 이러 이러한 규칙을 따른다면, 그는 주어진 상황에서 그러그러하게 해야 한다"(가령,

"만일 그가 '+'에 의해 더하기를 의미한다면, '68+57'에 대한 그의 답은 '125'이어야 한다)는 조건적 주장. 다시 말하면, 우리는 이런 주장들이 논의에 도입되는 상황과 우리의 삶에서 그들의 역할 및 유용성을 살펴봐야 한다. (3) 우리가 고립 상태에 있는 개인을 고려하는 한, 다음이 우리가 말할 수 있는 전부이다. 한 사람은 자주 그가 특정한 규칙을 '이해'했다고 (때때로 그는 그것을 '순간적으로' 파악했다고) 자신하는 경험을 한다. 그 경험 후에, 사람들은 구체적인 경우들에서 이 방법으로 진행하는 것이 '의도되었던 것'이라고 완전히 자신한 채 반응할 성향을 자주 갖게 된다는 것은 경험적 사실이다. 그렇지만, 우리는 이런 근거 위에서는 (ii)에 나온 조건문의 사용 방식을 설명할 때 더 이상 얻는 것은 있을 수 없다. 물론, 성향적으로 말하면, 그 사람은 주어진 덧셈 문제에 대해 특정한 방식으로 반응하도록 결정된다. 그렇지만, 그런 성향은 적절한 '자신감'을 동반한 채 그가 실제로 규칙을 전혀 따르지 않을 때나 그가 '잘못된' 일을 하고 있을 때에도 나타날 수 있다. (ii)와 같은 조건문을 사용할 때 포함된 정당화 요소는 설명되지 않는다. (4) 만일 우리가 그 사람이 한 공동체에 있다는 사실을 고려한다면, 그림은 바뀌고 위의 (i)과 (ii)의 역할은 분명해진다. 공동체가 특수한 조건문 (ii)를 받아들인다면, 그것은 그 조건문의 대우 형식을 받아들인다. 한 사람이 공동체가 옳다고 여기는 특별한 반응을 하는데 실패한다는 것은 공동체로 하여금 그가 규칙을 따르고 있지 않다고 생각하게 한다. 한편, 만일 한 사람이 충분한 테스트들을 통과한다면, 공동체는 ((i)의 형식의 주장들을 옹호하면서) 그를 규칙을 따르는 사람으로 수용하며, 그렇게 함으로써, 그로 하여금 그들과 함께 특정한 형태의 상호작용 — 이 상호작용은 그의 반응에 대한 그들의 신뢰에 의존한다 — 에 참여할 수 있게 한다. 이 해결책은 (i)과 (ii)의 주장들이 어떻게 언어에 도입되는지 설명해준다. 그 해결책은 이 진술들이 참이 되는 조건들을 제시해주지 **않는다**. (5) (3)에 있는 연습의 성공은 우리가 반응 면에서 서로 일치한다는 적나라한 경험적 사실에 의존한다. (1)의 회의적 논증이 주어지면, 이러한 성공은 '우리 모두 같은 개념을 파악한다는 사실'에 의해 설명될 수 없다. (6) 흄이 두 사건들이 규칙성 아래로 포섭되지 않는 한 두 사건들 간의 인과적 관계가 이해될 수 없다는 것을 증명했다고 생각했듯이, 비트겐슈타인도 (2)와 (3)에서 고려했던 것들이 규칙을 따르는 개인에 관한 모든 논의가 (3)에서처럼 한 공동체의 구성원으로서의 그와 관련된다는 것을 보여주었다고 생각했다. 특히, (ii) 형태의 조건문이 이해되려면, 공동체는 한 사람이 주어진 규칙을 특별한 사용 방식으로 따르고 있는지, 즉 그의 반응이 공동체의 것과 일치하는지를 판단할 수 있어야 한다. 감각을 공언하는 경우, 공동체는 그 사람의 행동과 주변 환경을 관찰함으로써 그런 판단을 내린다.

사적 언어 논증에 관한 논의를 마치면서 몇 가지 점들을 지적해야겠다. 첫째, §243을 따라 '사적 언어'는 보통 논리적으로 다른 사람이 이해할 수 없는 언어로 정의되고, 사적 언어 논증은 이런 의미에서 사적 언어의 가능성에 반대하는 논증으로 간주된다. 이런 생각이 틀린 것은 아니지만, 내가 보기에는 강조점이 다소 잘못 설정된 것 같다. 사적 언어 논증이 진짜로 거부하는 것은 규칙 따르기의 '사적 모델'로 부를 수 있는 것 ― 주어진 규칙을 따르는 사람이란 개념이 단순히 규칙을 따르는 사람 혼자와 관련된 사실에 의거해, 그가 공동체의 구성원이라는 점은 언급하지 않은 채, 분석되어야 한다는 것 ― 이다. (마찬가지로, 흄이 거부하는 것은 인과율의 사적 모델이다. 이는 한 사건이 다른 사건을 야기하는가라는 문제를 이 두 사건들이 더 넓은 사건 유형들 아래 포섭된다는 점은 언급하지 않은 채 두 사건들만의 관계에 관한 문제라고 주장한다). 방금 정의된 사적 언어의 불가능성은 실제로는 언어와 규칙의 사적 모델의 부정확성으로부터 따라 나온다. 왜냐하면 '사적 언어'의 규칙 따르기는 오직 사적 모델에 의해서만 분석될 수 있기 때문이다. 그러나 사적 모델의 부정확성은 모든 규칙들에 적용되기 때문에 더 기본적이다. 나는 이 모든 것이 §202의 핵심이라고 간주한다.

이것이 섬에 고립된 로빈슨 크루소가 무엇을 하든 간에 아무런 규칙도 따를 수 없다고 말해야 함을 뜻하는가?[84] 나는 그런 결론이 따라 나온다고 생각하지 않는다. 따라 나오는 것은 **만일** 우리가 크루소를 규칙을 따르는 것으로 **생각한다면**, 우리는 그를 우리의 공동체 안으로 데려오면서 규칙 따르기를 위한 우리의 기준을 그에게 적용

---

[84] "사적 언어는 가능한가?"란 제목으로 에이어와 리스 사이에 있었던 잘 알려진 의견 교환을 참조할 것(주 47 참조). 이 교환에 참여한 두 사람 모두 '사적 언어 논증'이 크루소를 언어로부터 배제시킨다고 가정한다. 에이어는 이 사실을 비트겐슈타인의 논증에 치명적인 것으로 간주하는 반면, 리스는 크루소의 언어에 치명적인 것으로 간주한다. 다른 사람들은, '사적 언어'가 다른 사람들이 이해할 **수 없는**(앞에 나온 단락 참조) 언어임을 지적하면서, '사적 언어 논증'이 (우리가 그의 언어를 이해할 수 있는 한) 크루소와 무슨 관계가 있는지 모르겠다고 주장한다. 이 문제에 대한 나의 견해는, 이 책에서 아주 간단하게 설명되듯이, 이 모든 의견들과 다소 다르다.

하고 있다는 것이다.[85] 사적 모델이 거짓이라는 점이 **육체적으로 고립된** 사람이 규칙을 따른다고 말할 수 없음을 뜻할 필요는 없다. 오히려, **고립된 것으로 간주된** (그가 육체적으로 고립되었건 아니건 간에) 사람에게 그렇게 말할 수 없다는 것을 뜻한다. 비트겐슈타인의 이론은 주장가능성 조건의 이론이라는 점을 기억하자. 공동체의 어느 구성원에든 적용되는 규칙 따르기 테스트를 통과한다면, 우리의 공동체는 그가 누구든 규칙을 따른다고 주장할 수 있다.

마지막으로, 앞 단락에서 지적했던 요점, 즉 비트겐슈타인의 이론은 주장가능성 조건의 이론이라는 점을 강조해야 하겠다. 비트겐슈타인의 이론은 다음 이론과 혼동되어서는 안 된다. 모든 m과 n에 대해, 우리가 '더하기'에 의해 의미하는 함수의 값은 (정의상) (거의) 모든 언어적 공동체가 답으로 제시할 값**이다.** 이런 이론은 "'더하기'에 의해 우리는 이러 이러한 함수를 의미한다" 또는 "'더하기'에 의해 우리는 68과 57에 적용될 때 125를 값으로 산출하는 함수를 의미한다"와 같은 주장들의 **진리** 조건의 이론이다. (둘째 형식의 구체적 조건들의 무한하며 남김 없는 총체성은 어느 함수가 의미되었는지를 결정할 것이며, 따라서 첫째 형식의 한 조건을 결정할 것이다.) 그 이론은, 이 수들이 주어질 때, 거의 모든 사람들이 '125라고 반응하는 경우 그리고 오직 그 경우에만, 125는 주어진 수들에 의해 의미된 함수의

---

[85] 만일 비트겐슈타인이 크루소와 무슨 문제가 있다면, 아마도 그것은 그를 이런 방식으로 우리의 공동체로 데려와서 우리의 규칙을 그에게 귀속할 '권리'가 있는가라는 문제일 것이다. §§199-200에 나오는 비트겐슈타인의 다소 유사한 질문과 그의 결론인 "우리는 여전히 그들이 게임을 하고 있다고 말하는 경향이 있는가? 그렇게 말하기 위해서 무슨 권리를 가져야하는가?"에 대한 논의를 참조할 것.

값이라고 주장한다. 이처럼 그 이론은 사회 혹은 공동체로 확장된 성향론의 변종이며, 따라서 최소한 원래 형태에 가해지는 비판들과 같은 몇몇 비판에 직면하게 된다. 나는 비트겐슈타인이 그런 견해를 인정하지 않았을 것이라고 생각한다. 예를 들면, 《수학의 기초에 관한 고찰》, v, §33[vii, §40]에서 "이것은, 가령 같음의 정의가 다음과 같으리라는 것 — 같음은 모든 또는 거의 모든 사람들이 … 같다고 간주하는 것 — 을 뜻하는가? — 물론 아니다."[86] (또 《철학적 탐구》 226쪽 "확실히 '사람들은 둘의 두 배는 넷이라고 믿는다'와 '둘의 두 배는 넷이다'는 같은 것을 의미하진 않는다"를 참조할 것. 또 §§240-241 참조.) 비트겐슈타인이 새로운 덧셈 문제에 대해 어떤 대답이 정확한가를 말해줄 진리 조건 — 필요충분조건 — 의 이론을 전혀 갖고 있지 않음을 명심해야 한다. 오히려 그는 그저 우리 각자는 새로운 덧셈 문제들을 **자동적으로** (우리의 절차가 적절한 것인지를 공동체와 점검할 필요성을 느끼지 않은 채) 계산한다는 것, 공동체는 비정상적인 계산 방식을 교정할 자격이 있다고 느낀다는 것, 실제로 그와 같은 비정상적인 계산은 드물다는 것 등을 지적할 뿐이다. 비트겐슈타인은 정당화된 주장을 위한 충분조건에 관한 이런 관찰들이 우리의 삶에서 의미에 관한 주장과 새로운 답의 결정이 가진 역할 및 유용성을 해명해주기에 충분하다고 생각한다. 이런 주장 가능성 조건들로부터 따라 나오는 것은 모든 사람이 덧셈 문제에 대해 제시하는 답이 정의

---

[86] 비록, 문제된 글에서, 비트겐슈타인은 같은 것을 불러오고 또 다른 것을 불러오는 특수한 언어 게임에 관해 말하고 있지만, 문맥상 그것이 규칙들에 관한 그의 일반적인 문제를 예를 들어 설명할 의도였음은 분명하다. 전체 글은 현재의 논의를 위해 읽을 가치가 있다.

상 정확하다는 점이 **아니라**, 만일 모든 사람이 특정한 답에 있어 일치한다면 그 누구도 그 답이 틀리다고 정당하게 의문을 제기하지 못할 것이라는 평범한 점이다.[87]

---

[87] (이 주는 교정 과정에서 추가되었다.) 만일 비트겐슈타인이 '68+57'에 대한 '올바른' 응답은 '5'가 아니라 '125'라는 것을 보여주기 위한 필요충분조건을 제시하려고 시도했다면, 그는 순환에 빠진다는 공격을 받을 수 있다. 왜냐하면 그는, 내 응답은 만일 그것이 다른 사람들의 응답과 일치하는 경우 그리고 오직 그 경우에만 정확하다고 말하는 것으로 간주될 수 있기 때문이다. 하지만 비록 회의주의자와 내가 모두 이 기준을 미리 수용한다 하더라도, 회의주의자는 내가 '+'가 과거에 무엇을 의미했는지에 대해 틀렸듯이, '일치'에 대해서 틀렸다고 주장할 수 없을까? 실제로, 덧셈을 위한 규칙을 다른 규칙 —"덧셈 문제에 대해 응답할 때 바로 다른 사람들이 하는 것과 같이 하라!"— 으로 환원하려고 시도하는 것은 이런 종류의 시도되는 모든 환원이 그런 것과 꼭 마찬가지로 '규칙을 해석하기 위한 규칙'에 대한 비트겐슈타인의 비난과 충돌한다. 비트겐슈타인이 강조하듯이, 그런 규칙은 또한 내가 행동하는 바를 잘못 기술한다. 나는 더할 때 다른 사람들과 상의하지 않는다. (만일 모든 사람이 그 제안된 형식의 규칙을 따라야 한다 하더라도, 우리가 아주 잘 대처할 수 있는 것도 아닐 것이다. 사람들은 누구나 응답을 할 때마다 다른 사람의 응답을 기다려야 할 것이다.)

비트겐슈타인은 우리 삶의 특정한 실행이 가진 유용성을 서술하고 있다. 필연적으로 그는 그것을 우리 자신의 언어로 서술해야 한다. 우리 언어가 그런 방식으로 사용되는 경우에서처럼, 다른 삶의 형식에 참여하는 사람은 그 서술 안에 있는 다양한 용어들(가령 "일치")을 비-표준적 '겹하기-같은' 방식으로 적용할 수 있다. 실제로, 우리는 한 공동체에 있는 사람들이 '일치'한다고 판단할 수 있지만, 다른 삶의 형식에 참여하는 사람은 그들이 일치하지 않는다고 판단할 수 있다. 이것이 비트겐슈타인의 해결책에 대한 반론이 될 수는 없다. 그가 어떤 언어도 사용할 수 없도록 금지되지 않는 한 말이다. (어떤 방식에서, 인과에 관한 흄의 분석에 대한 잘 알려진 한 가지 반론 — 그는 그의 이론에서 심적 사건들 사이에 필연적 연결을 전제한다 — 이 이와 유사하다.)

언어의 '사적' 모델에 등장하는 한 개인에 대해 말할 수 있는 많은 것들을 비트겐슈타인 자신의 모델에 있는 전체 공동체와 관련해서도 비슷하게 말할 수 있다. 특히, 만일 공동체가 모두 한 가지 답에 일치하고 그 견해를 계속 끈질기게 유지한다면, 어느 누구도 그것을 고칠 수 없다. 그 공동체에는 교정자가 전혀 있을 수 없다. 왜냐하면 가정에 따라 모든 공동체가 일치하기 때문이다. 만일 교정자가 공동체 외부에 있다면, 비트겐슈타인의 견해에 따라서 그는 교정을 할 '권리'를 갖고 있지 않다. 모두 일치하는 응답이 '정확'한지를 우리가 의심하는 것이 말이 되는가? 분명히 공

170

분명히 비트겐슈타인의 심리철학에는 내가 논의하지 않았던 무수히 많은 측면들이 있다.[88] 분명하지 않은 몇 측면들과 다른 것들에 관해서는 이 글의 한계 때문에 건드리지 않은 채 남겨 두었다.[89] 특

동체가 특정한 시점에서 일치했던 응답을 한 개인이 나중에 고칠 수 있는지 의심할 수 있는 경우가 있다. 그러나 그 개인이 공동체가, 비록 그것은 실수를 한 번도 고친 적이 없지만, 실제론 항상 틀렸다고 의심할 있는가? 그런 의심을 비트겐슈타인의 체계 안에서 구성하기는 어렵다. 왜냐하면 그것은 '사실'의 문제로서 우리는 항상 틀릴 수 있는지 묻는 것처럼 보이기 때문이다. 그런데 그런 사실은 없다. 다른 한편 으론, 비트겐슈타인의 체계 안에서 다음은 여전히 맞는 말이다. 내게 있어서, 모든 시간 동안 발생한 공동체의 응답들에 관한 어떤 주장도 산수 문제의 결과를 입증할 필요는 없다는 것, 그리고 나는, 심지어 이런 정보가 주어진다 하더라도, 혼자 힘으로 그 결과를 합법적으로 계산할 수 있다는 것이 우리의 '언어 게임'의 일부라는 점은 여전히 비트겐슈타인의 체계 안에서 맞는 말이다.

　나는 이런 질문들에 관해서 궁금증이 남아 있을 수 있다고 느낀다. 대변인과 해설 자의 역할을 포기하고 비판가의 역할을 선호하게 될지도 모른다는 사실 때문만이 아니라 시간과 책의 분량에 대한 고려 때문에 나는 논의를 더 확장하지 못했다.

[88] 한 질문은 주 87과는 반대 방향으로 진행된다. 공동체의 구성원들이 서로를 교정하는 만큼, 한 사람은 그 자신을 교정할 수 있을까? 이와 같은 질문은 사적 언어 논증의 검증주의적 형태가 처음 논의될 때 두드러지게 나타났다. 비트겐슈타인의 회의적 역설을 고려하지 않을 때엔, 한 사람이 그 자신의 '의도'를 기억하고 이 의도에 관한 하나의 기억을 다른 틀린 기억을 교정하기 위해 사용할 수 있는 것처럼 보일 것이다. 역설을 고려할 때, 그런 '조야한' 생각은 의미를 잃는다. 궁극적으로 그는 그저 상충하는 맹목적인 경향들만 갖고 있을 지도 모른다. 그런데 그 문제의 결과는 한 사람의 의지에만 의존한다. 이 상황은 공동체 ― 각 사람들은 구별되고 독립적인 의지를 가지며, 여기서, 한 사람이 공동체 안으로 들어오는 것이 허락될 때, 다른 사람들은 그의 반응에 의존할 수 있다고 (앞에서 기술되었듯이) 판단한다 ― 의 경우와는 유사성이 없다. 한 사람과 그 자신 사이에 있는 어떤 비슷한 관계도 똑같은 유용성을 갖지 못한다. 비트겐슈타인은 §268에서 이와 비슷한 점을 지적하고 있는지 모른다.

[89] 이 글에서 강조된 흄과의 비교에 추가해서, 비트겐슈타인의 사적 언어 논증과 루트비히 폰 미제스Ludwig von Mises의 사회주의 하에서의 경제적 계산에 관한 유명한 논증 사이에 일정한 유사성이 있을지 모른다는 생각이 나에게 떠올랐다는 점을 언급해야겠다. (그의 *Human Action*[2nd ed., Yale University Press, New Have. 1963 xix+907쪽], 26장 698-715쪽.) 미제스에 의하면, 주어진 목적들을 성취하기 위해 가장 효율적인 방법들을 선택하기를 바라는 합리적인 경제적 계산가(가령, 공장 경영자)는 비용의 효율성을 위해 여러 대안적 행동들을 비교해야 한다. 이를

히, 나는 §243 다음에 나오는 보통 '사적 언어 논증'이라고 불리는 단락들로부터 제기되는 많은 문제들에 관해 논의하지 않았고, 또한 감각 언어의 본성과 심리적 상태의 속성에 관한 비트겐슈타인의 부수적인 긍정적인 설명에 대해서도 논의하지 않았다. 그럼에도 불구하고, 나는 기본적인 '사적 언어 논증'은 이런 글들 앞에 나오며, 이 논증을 이해해야만 그 다음의 것들을 이해할 수 있다고 믿는다. 그것이 이 글에서 수행된 과제였다.

위해 그는 **다른 사람들**에 의해 정해진 (가령, 원자재 또는 기계) 가격들의 배열표를 필요로 한다. 만일 한 기관이 모든 가격들을 정한다면, 대안적 행동들 사이에서 무엇을 선택할지에 대한 합리적 근거는 전혀 있을 수 없을 것이다. (한 기관에 옳은 것처럼 보이는 것은 무엇이든 옳을 것이어서 사람들은 옳음에 관해서 말할 수 없다.) 이런 사실이 사적 언어 논증에 흥조인지는 알지 못하겠다. 비록 미제스의 논증이 중앙 계획 경제의 진정한 어려움을 지적하는 것으로 보통 인정되지만, 내 생각에 이제 이론적 명제로서 그것은 거의 보편적으로 거부되고 있다.

비트겐슈타인과 다른 마음

Postscript
Wittgenstein
and Other
Minds

비트겐슈타인과 다른 마음

노먼 맬컴은 널리 알려진 그의 《철학적 탐구 서평》[1]에서, 비트겐슈타인이 사적 언어 논증을 '내부적'으로뿐만 아니라 '외부적'으로도 공격한다고 말한다. "공격받는 것은 내가 나 **자신의** 경우를 통해 고통, 가려움, 의식 등이 무엇인지 안다면, 이러한 것들의 관념을 나자신 밖에 있는 대상들로 이전시킬 수 있다는 가정이다.(§283)" 심리철학의 전통적 주제인 '다른 마음의 문제'는, **내가** 가려움을 느낀다는 것이 무슨 뜻인지 내가 안다고 할 때, 다른 사람들이 내가 느끼는 것과 같은 것을 느낀다거나, 혹은 심지어 그들의 육체 배후에 의식적인 마음이 있다는 주장에 대해 회의적 질문을 던진다. 이는 다른 마음이 '육체 배후에' 존재한다는 우리의 '믿음'과 그들의 감각

---

[1] Norman Malcolm, "Wittgenstein's *Philosophical Investigations*," *The Philosophical Review*, vol.63(1954), 이것은 몇 가지 첨가되고 수정된 후 *Knowledge and Certainty* (Prentice-Hall, Englewood Cliffs, New Jersey, 1963), 96-129쪽에 재수록되었다. 이 글은 또 Pitcher ed., *Wittgenstein. The Philosophical Investigations*에도 수록되었다. 다음에 나오는 쪽 번호는 *Knowledge and Certainty*에 나오는 번호를 가리킨다.

이 우리 자신의 것과 비슷하다는 우리의 '믿음'을 인식적으로 **정당화할 수 있는가**라는 문제와 관련된다. 이런 문제와 관련해서, 우리는 돌, 의자, 탁자 등이 과연 생각하고 느끼는지 정당하게 물을 수 있을 것이다. 왜냐하면 이런 것들이 생각하고 느낀다는 가설은 완전히 의미가 있기 때문이다. 소수의 철학자들 ― 유아론자들 ― 은 '나의 육체' 말고 다른 육체가 그 '배후'에 마음을 갖고 있다는 주장을 의심하거나 단정적으로 부인한다. 일부의 다른 철학자들 ― 범심론자들 ― 은 마음을 모든 물리적 대상들에 귀속시킨다. 그러나 또 다른 철학자들 ― 데카르트주의자들 ― 은 마음이 인간의 육체 배후에는 있지만 동물의 육체 ― 무생물적 물체들은 말할 것도 없고 ― 배후에는 없다고 믿는다. 아마도 마음을 인간과 동물의 육체에는 귀속시키지만, 생명 없는 물질에는 귀속시키지 않는 것이 가장 상식적인 입장일 것이다. 이 모두가 아무런 논증 없이, 한 물리적 대상이 하나의 마음을 '갖는다' 거나 '갖지 않는다는' 일반적 개념을 우리가 이미 알고 있다는 가정 하에, 그 논의를 시작한다. 하지만 실제로 어떤 대상들이 마음을 가지며, 왜 그것들이 마음을 가졌다고 (또는 갖고 있지 않다고) 생각되어야 하는지에 대한 문제는 남아있다. 이와 대조적으로, 비트겐슈타인은, 전통적인 모델에 따라 우리가 감각을 우리 자신의 경우로부터 외삽하려고 시도할 때 다른 사람에게 감각을 귀속시키는 것이 **의미가 있다**는 바로 그 생각에 대해 의문을 던진 것처럼 보인다. 비트겐슈타인은 전통적인 모델을 문제 삼으면서, 우리가 다른 마음과 다른 이의 감각에 대한 어떤 '믿음' ― 이것은 정당화되어야 하는데 ― 을 **가질 수** 있다는 생각이 의심스럽다고 말하는 것처럼 보인다.

맬컴은 §302를 인용한다. "만일 우리가 다른 누군가의 고통을 나 자신의 고통을 모형으로 해서 상상해야 한다면, 그것은 전혀 쉬운 일이 아니다. 왜냐하면 내가 **느끼지 못하는** 것을 내가 **느끼는** 고통의 모형에 따라 상상해야 하기 때문이다. 즉, 나의 임무는 그저 상상 속에서 한 곳의 고통으로부터 다른 곳의 고통으로 옮기는 것이 아니다. 마치 상상 속에서 고통을 손에서부터 팔로 옮기듯 말이다. 왜냐하면 나는 그의 육체의 어떤 부분에 있는 고통을 내가 느낀다고 상상하는 것이 아니기 때문이다. (이것도 역시 가능할 것이다.)" 여기에 나온 논증은 어떤 것인가? 이에 답하려는 맬컴의 첫 번째 해석은 이렇다. "만일 나 자신의 고통을 지각함으로써 그것이 무엇인지를 배워야 한다면, 나는 필연적으로 고통은 오로지 **내가** 그것을 느낄 때에만 존재하는 그 무엇이라고 배워야 했을 것이다. 이 성질은 우연적인 것이 아니라 본질적인 것이다. 내가 느끼는 고통이 내가 그것을 느끼지 않을 때 존재할 수 있다고 생각하는 것은 난센스다. 따라서 만일 나의 고통의 **개념**을 내가 경험하는 고통으로부터 얻는다면, **내가** 그것을 경험할 수 있는 유일한 존재라는 것은 나의 고통의 개념의 일부가 될 것이다. 내가 **다른 사람의** 고통에 관해 말하는 것은 **모순**일 것이다."[2] 나중에 맬컴은, 비트겐슈타인의 §253의 영향을 받아, 나만이 나 자신의 고통을 느낄 수 있다는 것에 중요한 의미를 부여할 수 있음을 부인하면서 이 논증을 포기했다.[3] 어쨌든, 여기서

---

[2] Malcolm, "Wittgenstein's *Philosophical Investigations*," 105-106쪽.
[3] 같은 논문의 105쪽 주 2를 참조할 것.

함축된 원리가 부정확해 보인다는 것을 깨닫는 것 — 여기서 나는 내 이야기를 하고 있다! — 이 더 중요하다. 만일 내가 센트럴 파크에서 처음으로 몇 마리의 오리를 보고 이 '전형들'로부터 나의 오리의 '개념'을 배운다면, 바로 이 오리들이 15세기에 태어날 수도 있었으리라는 것은 불가능('난센스' 그렇게 말하고 싶으면)하다고 가정하는 것은 그럴듯한 가정일지 모른다. 또한 바로 이 오리들이 그들의 실제 기원과는 다른 생물학적 기원으로부터 유래할 수 없었을 것이라고 가정하는 것도 그럴듯해 보인다. 반복하지만, 만일 이 특정한 오리들이 물오리들이라면, **그것들이** 물오리가 안 될 수는 없었을 것이라고 가정하는 것은 그럴듯해 보인다. 그런 본질주의적 주장들이 맞든 틀리든 간에, 그것으로부터 나는 다른 시대에 살고 있거나 다른 유전적 기원을 갖고 있거나 다른 종의 오리들의 개념을 내가 '오리의 개념'을 배우기 위해 사용했던 전형들로부터 형성할 수 없다는 것은 전혀 따라 나오지 않는다. 시간, 기원, 종이 원래의 샘플에 본질적이었을 수도 있다는 사실은 중요하지 않다. 반복하지만, 만일 누군가가 무지개의 특정한 띠를 지적한다면, 나는 '파랑'이란 단어를 배울 수 있을 것이다. 확실히 **이** 특정한 색깔 조각이 어떤 특정한 책의 표면에 있는 색깔 조각이 아니라 대기의 현상이라는 것은 그것에 본질적이다! 그러므로 내가 색깔 용어를 책에 적용할 수 없어야 한다고 결론내릴 이유는 전혀 없다. 인용된 비트겐슈타인의 글은 특별히 '본질적' 또는 '우연적' 성질들에 관해서 언급하지는 않는다. 그것은 단지 내가 **느끼는** 고통을 모형으로 해서 내가 **느끼지 못 하는** '고통'을 상상할 때의 어려움을 지적하고 있는 것처럼 보인

178

다. 이때 특별하게 어려운 것은 무엇인가? 왜 그것은 센트럴 파크에 있는 오리들의 모형에 따라 거기 있지 않은 오리들을 상상하는 것보다 더 어려운가? 혹은 왜 그것은 20세기에 사는 오리들의 모델에 따라 15세기에 사는 오리들을 상상하는 것 보다 더 어려운가?

마찬가지로 §350에 나오는 비트겐슈타인의 유명한 단평들 역시 큰 도움을 줄 것 같지는 않다. "'그러나 만약 누군가가 고통을 겪고 있다고 내가 가정한다면, 나는 내가 자주 느꼈던 것을 그도 역시 느끼고 있다고 가정하고 있을 뿐이다.' ― 이것은 우리를 더 멀리 나아가게 하지 못 한다. 그것은 마치 이렇게 말하는 것과 같다. '당신은 분명히 "여기에서 다섯 시이다"가 무슨 뜻인지를 안다. 그러므로 당신은 또한 "태양에서 다섯 시이다"가 무슨 뜻인지도 안다. 그것은 그저 여기서 다섯 시일 때와 같은 시각이라는 것을 뜻할 뿐이다.'" 정말로, 만일 '여기에서 다섯 시이다'가 하늘에 있는 태양이나 그것과 관련된 것의 위치에 의거해 정의된다면, 그것은 태양에서는 적용될 수 없을 것이다. '여기에서 다섯 시이다'가 적용가능하기 위한 전제 조건들이 태양 위에서 성립하지 않는다면, 그런 전제 조건들이 만족되는 지구의 다른 먼 곳들에 그 개념을 적용하듯이 태양에 있는 장소들로 그것을 확장시킬 수 없다. 그렇지만, 나는 무슨 근거로 '고통'이란 개념의 특별한 전제 조건들 때문에 그것을 다른 사람들에게 확장할 수 없다고 생각하는가? 어쨌든, 우리는 전에는 적용하지 않았던 경우들에 계속해서 개념을 적용한다.

비트겐슈타인의 관점에서 볼 때, 방금 내가 적었던 문장은 정확한가? 그의 회의적 역설은 '오리'란 개념을 새로운 경우들로 단순하게

'확장'할 수 있는지에 관해 의문을 던지는 것이 아닌가? 왜냐하면 비트겐슈타인적 회의주의자는, 내가 방금 글을 쓸 때 따랐던 소박한 태도와는 대조적으로, 정말로 다음과 같은 문제, 즉 '오리'라는 개념을 센트럴 파크에서 본 오리들로부터 그곳에서 발견되지 않는 오리들로 '확장해 사용할' 때 문제가 일어난다고 주장하기 때문이다. 내가 나 자신에게 내리는 어떤 지침도 나에게 새로운 경우에 직면했을 때 무엇을 해야 할 지를 명령할 수 없다. 어쩌면 내가 배운 '오리'는 **오리개** — 만일 어떤 것이 오리이고 센트럴 파크에서 계속 살아왔거나 또는 어떤 것이 개이고 센트럴 파크에는 전혀 있어본 적이 없다면, 그것은 오리개이다 — 를 뜻했을지도 모른다. §350에서, 비트겐슈타인은 고통을 다른 사람에게 귀속시키는 것이 단지 "내가 흔히 느끼는 것과 똑같은 것을 그도 느낄 것"이라고 가정하는 것에 불과하다는 일상적인 반응을 깨뜨리려고 한다. §350에서 전하려는 마지막 이야기는 이렇다. "**똑같음**을 이용한 설명은 여기서는 성공적이지 못 하다. 왜냐하면 나는 우리가 여기서 다섯 시와 거기서 다섯 시가 "똑같은 시간"이라고 부를 수 있다는 것을 잘 알고 있지만, 나는 어떤 경우에 우리가 여기와 저기가 똑같은 시간이라고 말해야 되는지를 알지 못 하기 때문이다. 마찬가지로 다음과 같이 말하는 것은 전혀 설명이 못 된다. 그가 고통을 겪고 있다는 가정은 단지 그가 나와 같은 것을 겪고 있다는 가정일 뿐이다. 왜냐하면 문법의 이 부분은 내게는 아주 분명하기 때문이다. 즉, **만약** 한 사람이 난로가 아프고 나도 아프다고 말한다면, 그는 그 난로와 내가 같은 경험을 하고 있다고 말하리라는 것 말이다." 지금 이 글에서 공격받는 반응은 분명 '더하기'-'겹하기' 형태의 회의적 의심에 대한 가장 애호되는 반응 중 하나 ─ 나는 그저 전에 했던 것과 '같은 방법'으로 계속해야 할 뿐이다 ─ 와 비교된다. 나 자신이 더하기 또는 겹하기를 의미한 것으로 간주하던 말건, '같은 방법으로 계속한다'고 내가 말할 수 있다는 답은 놀라울 정도로 §350과 비교가 된다. 따라서 어쩌면 그 단원은 비트겐슈타인의 회의적 문제의 또 다른 예일지도 모른다. 나 자신의 경우를 모델로 삼아 다른 사람의 고통을 상상하는 것은 '전혀 쉬운 일이 아니다'라고 하는 것은 그저 **어느** 개념이건 그것을 새로운 경우에 적용하는 것이 '전혀 쉬운 일이 아니다'라는 더 일반적인 사항의 한 가지 특별한 경우일 뿐일 것이다. 또는, 아마도, 그것은 너무 쉬운 일인지 모른다는 ─ 나는 오래된 용어들을 과거의 어떤 의도들이나 결정들에 의해 구속받지 않은 채 내 마음대로 새로운 경우들에 적용할 수 있다는 ─ 더 일반적인 주장의 한 가지 특별한 경우일 뿐일 것이다.

이처럼 진정한 설명으로서의 같음 또는 동일성에 대한 공격은 비트겐슈타인의 회의적 논증에서 계속 등장하는 주제이기 때문에, 나 자신 '같음'의 사용 방식을 공격하는 §350과 다른 글들 사이에 관계가 있지는 않은지 생각해보겠다. 그러나 이것이 이야기의 전부인 것 같지는 않다. 태양에서의 다섯 시의 예는 분명 규칙 따르기에 관한 어떤 비밀스런 철학적 회의주의의 간섭 없이도 그 개념을 확장하는 데에 정말로 어려움 ─ 우리가 이 개념을 사용할 때 받아들이는 특정한 전제 조건들이 없다는 것 ─ 이 있다는 것을 보여주기 위해 제시된 것처럼 보인다. §351에 나오는 '지구는 우리 밑에 있다'의 예도 마찬가지 의도에서 제시된 듯하다. 틀림없이 무분별한 사람은 다섯 시는 태양에서도 말이 될 것이라고 가정할지 모른다. 그러나 그는 곧 — §350이 그렇게 말하는 것처럼 보이듯이 — 우리의 시계 체계를 적용하기 위해 만족되어야 할 전제 조건들을 생각해보면, 태양으로 확장될 수 없다는 것을 확신하게 될 것이다. 비트겐슈타인의 회의적 논증은 더 과격한데, 왜냐하면 그것은 오래된 개념을 적용할 때 받아들이는 전제 조건들이 새로운 경우에 만족될 수 있는가를 문제 삼을 뿐만 아니라 어떤 경우에도 내가 미래의 사용 방식을 결정하는 지침들을 내리지 못 한다고 주장하기 때문이다. §302와 §350에서 비트겐슈타인은, 그의 기본적이고 일반적인 회의적 문제를 **보류**한 채, 심적 개념들을 나 자신으로부터 다른 사람들로 확장하는 것과 관련된 **특별한** 직관적인 문제 — 태양에서의 다섯 시의 예에서 나온 그런 일상적인 형태의 문제 — 가 있다고 말하는 것처럼 보인다. 실제로, 곧 설명하겠지만, 나는 이 특별한 문제에 대한 비트겐슈타인의 우려가 회의적 문제를 주로 다루었던 그의 후기 철학보다 앞서 나타났다고 믿는다.

그 문제는 무엇일까? 내가 감각과 마음을 갖고 있다(또는 나의 육체는 '그것 뒤에' 마음을 갖고 있다)고 가정한다면, 나는 유의미하게 다른 물리적 대상이 그것 '배후에' 마음을 갖고 있는지 물어볼 수 있다는 전통적인 가정은 무엇이 잘못되었는가? 맬컴은 다른 마음에 관한 비트겐슈타인의 견해에 대한 그의 주석을 다시 검토하면서, 전통적인 그림이 다른 사람에게 마음 또는 감각을 귀속시키는 '기준'을 전혀 갖고 있지 않다고 결론 내렸다. 하지만 그런 기준이 없이는 마음이나 감각의 귀속은 의미를 잃을 것이다.[4] 맬컴은 다른 사람에게 감각을 귀속하는 '기준'은 그들이 감각을 갖고 있다는 것을 확실하게 입증하는 방법이라고 가정한 것 같다. 비평가들은 그 논증이 의심스러운 검증주의적 가정에 의존하는지 궁금해 했으며, 그 후 나온 논의의 상당 부분은 이 체계 — 사적 언어 논증 자체에 관한 많은 논의와 연결되는 체계 — 안에서 계속 이루어졌다. 비트겐슈타인의 후기 철학에서 기준 개념이 중요한 위치를 차지한다고 할 때, 이와 관련된 일련의 주석은 상당한 장점을 갖고 있을지도 모른다.[5] 그렇

---

[4] 맬컴의 "Knowledge of Other Minds,"(The *Journal of Philosophy*, vol 45, 1958)를 참조. *Knowledge and Certainty*, 130-140쪽에 재수록됨. 특히 이 책의 124-126쪽을 참조할 것. 이 글은 또한 Pitcher ed., *Wittgenstein. The Philosophical Investigations*에도 있음. 아래에 있는 쪽 번호는 *Knowledge and Certainty*에 있는 글의 번호를 가리킴.

[5] 그렇지만 아래에서 내가 할 설명으로부터 다음이 분명해질 것이다. 내가 다른 사람의 감각을 나 자신의 모델에 따라 상상할 때 생기는 어려움을 시사하는 중요한 글들에서 (논증되지 않은 하나의 전제로서) 기준에 대한 요구를 포함한 어떤 논증도 발견하지 못할 것이다. 그런 논증은 이 글들에서 전혀 시사되지 않는다. 아래에 나오는 설명으로부터 또한 위의 152-163쪽에서 설명된 의미에서의 '외적인 기준들'이 내가 다른 사람의 감각을 나 자신의 모델로부터 상상할 수 없게끔 하는 어려움을 **해결**하는데 있어 중요한 역할을 한다는 게 분명해 진다. 나는 맬컴의 아주 강한 검증 원리가 전형적인 현대의 독자들을 설득하기 위해서는 많은 설명과 변호를 필요로 할 것이라고 생각한다. 맬컴이 공격하려는 사람들 — 다른 마음의 존재를 유비에 의해 논증하는 사람들 — 은, 나 자신에서 관찰되는 상관관계로부터 일반화해서, 내가 행동하는 식으로 행동하는 사람들이 나 자신처럼 마음, 생각, 감각을 가질 가능성이 매우 높다고 추리한다. 따라서 그들은 다른 마음에 관한 진술을 '검증할 수 없는' 것으로 간주하지 않는다. 그들에 대항해서 맬컴이 사용하는 원리는 이것인 듯하다. 주어진 형태의 진술이 의미가 있기 위해선, **귀납적 추리의 결과가 아니라 정의의 문제로서, 주어진 형태의 진술들이 참인지를 확실하게 결정할 수단들이 있어야 한다** ("Knowledge of Other Minds," 131쪽 참조). 유비를 이용하여 논증하는 사람들은 고딕체로 적힌 구절들을 만족시키지 못 할 것이다.

"Knowledge of Other Minds"에서 맬컴은 이 원리에 대해 논증하지 않으며, 그

지만, 나는 §302와 관련된 글에 있는 비트겐슈타인의 논증의 중심 요소는 기준 개념에 특별하게 의존하지 않아도 설명될 수 있다고 믿는다. 그 논증의 이런 요소는, 내가 보기에, 다른 사람이 감각을 가졌다는 개념을 이해하기 위해 그가 감각을 가졌는지를 검증하는 방법을 우리가 갖고 있어야 한다는 검증주의 전제에 의존하고 있지 않다. 사실상, 그 질문에 대한 비트겐슈타인의 견해들의 주요 측면들은 이미 《논리철학논고》와 《철학적 탐구》 사이의 전환기에 작업했던 그의 글, 강의, 대화에 나타나 있다. 덜 뚜렷하긴 하지만, 그것들은 《논리철학논고》 그 자체에도 나타난다. 실제로, 《철학적 탐구》에 있는 다른 마음에 관한 비트겐슈타인의 논의는 그의 초기 사상과 연결될 뿐 아니라, 그 문제의 전통적 처리 과정에 나타나는 한 가지 중요한 맥락과도 연결된다. 비트겐슈타인이 다른 사람의 감각을 나 자신의 모형에 따라 상상하는 것이 '전혀 쉬운 일이 아니다'라고 우려한 근본적인 이유들은 검증주의 전제로부터 제기될 수 있는 어떤 생각보다도 더 직관적이며 더 전통적이다. 이만큼은 '태양 위에서

것을 상세하게 설명하려고도 하지 않는다. 예를 들면, 왜 그 원리가 먼 과거에 관한 진술들을 배제하지 않는지를 보여줄 주의 깊은 논의가 확실히 필요하다. 가장 중요한 것은, 그 원리가 분명한 반대사례들로부터 자유롭도록 진술될 수 있다고 하더라도, 대부분의 독자들은 그것이 가정되어서는 안 되며 논증에 의해 뒷받침되어야 한다고 생각할 것이다.

앞에서(152-163쪽) 우리는, 비트겐슈타인의 철학이 검증 원리와 비슷한 그 무엇을 포함하는 것으로 볼 수 있는 한에서 그 원리가 논증되지 않은 전제로 가정되지 않고 **연역**되어야 한다고 주장하면서, 비트겐슈타인의 철학에 있는 '기준들'을 논의했다. 또한 맬컴이 여기서 전제하고 있는 것 같은 강한 검증 원리가 받아들여질 필요도 없다. 내게는 심지어 그런 원리가 맬컴 자신이 다른 곳에서 말한 모든 것과 일관되는지도 확실하지 않다.

의 다섯 시'와 '지구는 내 밑에 있다'의 예들에서 시사된다. 이 두 예들 중 어느 것도 검증 또는 기준에 대해 특별히 언급하지 않으며, 오로지 한 개념을 특별한 경우에 적용할 때 생기는 개념적 어려움만을 언급할 뿐이다. §302에서는 만일 내가 다른 사람에게 나 자신의 경험을 근거로 감각의 개념을 확장하려고 한다면, 그에 상응하는 직관적 어려움이 있다는 것을 시사하는 듯하다.

독자들이 그런 어려움과 그것의 역사적 근원이 어떤 것인지 느낄 수 있도록 시도해보겠다. 데카르트에 의하면, 나는, 외부 세계의 존재를 의심하는 와중에도, 나의 자아가 있다는 사실만은 확신할 수 있다. 나는 물체(나의 육체를 포함해서)의 존재가 있다거나, 그것 '배후에' 마음이 있다는 가정조차 의심할 수 있다. 하지만 나는 나의 마음의 존재를 의심할 수는 없다. 이에 대한 흄의 반응은 악명 높은 것이다. "철학자들 중에는 우리가 우리의 **자아**라고 부를 수 있는 것 ─ 우리는 그것의 존재가 지속적임을 느끼며, 그것의 완전한 동일성과 단순성을 증명 같은 증거를 넘어서서 확신한다 ─ 을 직접적으로 친밀하게 의식한다고 생각하는 철학자들이 있다. 그들은 말하기를, 가장 강한 감각, 가장 격렬한 열정은, 우리를 이런 견해로부터 떼어놓기는커녕, 오직 그것을 더 강하게 할 뿐이며, 그들의 고통이나 쾌락이 **자아**에 미치는 영향을 살펴보게 한다고 한다. 이것을 더 강하게 증명하려는 시도는 그 증거를 약화시킬 것이다. 왜냐하면 우리가 너무나도 직접적으로 친밀하게 의식하는 사실로부터는 어느 증명도 도출될 수 없기 때문이다. 또한, 우리가 이것을 의심한다면, 우리가 확신할 수 있는 것은 아무것도 없다. 불행하게도 이 모든 긍정적인 주장들은 그것들을 변론하는 바로 그 경험과 어긋나며, 또한 우리는 여기서 설명된 대로의 **자아**의 개념은 갖고 있지 않다. 나로서는, 내가 **나의 자아**라고 부르는 것 안으로 아주 가깝게 들어갈 때, 언제나 뜨거움이나 차가움, 빛이나 그림자, 사랑이나 증오, 고통이나 쾌락과 같은 이런 저런 특수한 인상에 부딪힐 뿐이다. 나는 어떤 하나의 지각 없이는 결코 **나의 자아**를 포착할 수 없는데, 지각 이외에는 어느 것도 관찰할 수 없다. 만일 누구든지 진지하고 편견 없이 사색한 후, **그의 자아에 대한** 다른 개념을 갖고 있다고 생각한다면, 나는 그와 더 이상 논쟁할 수 없다고 고백해야 한다. 내가 그에게 허용할 수 있는 것은 기껏해야 그도 나처럼 옳을 수 있으며, 우리는 본질적으로 이 점에서 다르다는 점이다. 아마도 그는 **그의 자아**라고 부르는 단순하고 지속되는 그 무엇을 지각할지도 모른다. 비록 나는 내 안에 그런 원리가 전혀 없다고 확신하지만 말이다.[6]

따라서, 데카르트가 '나는 가렵다'는 것을 확신한다고 말할 때, 흄이 인정하는 것은 오직 가려움 자체뿐이다. 자아self ─ 데카르트적 자아ego ─ 는 완전히 신비한 존재이다. 우리는 가려움을 '갖는' 존재나 두통, 시각적 지각 등을 '갖는' 그런 존재는 전혀 알지 못한다. 비트겐슈타인에 대한 흄의 직접적인 영향을 구체적으로 보여주기는 어렵다. 그러나 흄적인 사상들은 철학적 전통의 큰 줄기를 통해 계속 대강이나마 소개되어 왔으며, 그 생각을《논리철학논고》에서 발견하기는 쉽다.《논리철학논고》5.631에서, 비트겐슈타인은 "생

---

6 Hume, *A Treatise of Human Nature*, Book I, Part IV, Section VI("Of Personal Identity"). 인용은 Selby-Bigge판 251-252쪽에서 따왔다.

각이나 관념을 향유하는 주체와 같은 그런 것은 전혀 없다. 만일 내가 《내가 발견한 대로의 세계*The World as I found it*》라고 부를 수 있는 책을 쓴다면, 그것**만**이 그 책에서 언급되지 않을 것이다." 5.632와 5.633에서 계속해서 그는 이렇게 설명한다. "주체는 세계에 속하지 않는다. 오히려 그것은 세계의 한계이다. 세계 **안** 어디에서 형이상학적 주체가 발견될 것인가? 당신은 이것이 눈과 시각장의 경우와 정확하게 똑같다고 말할 것이다. 그러나 정말로 당신은 그 눈을 보지 못 한다. 그리고 **시각장에 있는** 그 어떤 것도 당신으로 하여금 그것이 눈에 보인다고 추리하게끔 만들지 않는다."

그 영향이 직접적이든 간접적이든, 여기서 비트겐슈타인은 자아에 관한 특유하게 흄적인 생각의 영향을 받고 있다. 마치 5.135, 5.136. 5.1361, 5.1362(그리고 아마도 6.362부터 6.372 까지의 글들에서)의 글들이 인과와 귀납에 관한 흄의 회의주의의 영향을 받고 있는 것처럼 말이다. 정말로 세계 안에서 주체를 발견할 수 없다는 생각과 그런 주체는 전혀 존재하지 않는다는 결론은(5.631) 흄과 완전히 일치한다. 이 글들에서 흄의 견해로부터 달라지는 유일한 징표는 비록 그 세계 내의 존재로서는 아니지만 어느 의미에서 세계의 신비적인 '한계'로 주체를 말하는 것이 합법적일 수도 있음을 시사하는 5.632에서 발견된다.[7]

---

[7] 아래에서 우리는 흄과는 독립적으로 글을 썼던 리히텐베르크가 여기서 비트겐슈타인에게 직접적인 영향을 끼쳤음을 보게 될 것이다. 피처(*The Philosophy of Wittgenstein*, 147쪽), 또한 비트겐슈타인이 여기서 쇼펜하우어의 직접적인 영향을 받고 있다는 앤스콤(*An Introduction to Wittgenstein's Tractatus*, Hutchinson, London, 1959, 13장)의 주장은 맞다. (따라서 비트겐슈타인은 칸트와 쇼펜하우어라는 매개 고리

비트겐슈타인은 《논리철학논고》의 '전기' 철학과 《철학적 탐구》
의 '후기' 철학 사이의 전환기로 간주되는 20년대 말과 30년대 초
에, 글과 강의와 토론 등에서 이 주제로 돌아 왔다. 1930-33년에
있었던 비트겐슈타인의 케임브리지 강의[8]를 설명하면서, 무어는,
비트겐슈타인이 "'(육체적) 눈이 보는 것과 관련되지 않듯이, 생각
하거나 치통을 앓는 것도 자아$_{ego}$와는 관련이 없다'고 말했다"고 한
다. 그는 분명 찬성하려는 의도로 리히텐베르크의 말인 '우리는 "나
는 생각한다"라고 말하는 대신 "생각한다It thinks"(여기서 "그것"은,
그가 말했듯이, "Es Blitzet"에서 "Es"가 사용되듯이 사용된다)라고 말해
야 한다'를 인용한다. 또한 이런 말을 함으로써, 그는 '시각장의 눈'
이 시각장 **안**에 있는 것은 아니라고 말했을 때 했던 것과 비슷한 그
무엇을 의미했다." 《철학적 고찰Philosphical Remarks》 §58에서 비
트겐슈타인은 '나는 치통을 앓고 있다I have a toothache'는 '치통이 있
다There is toothache'로 대체되고, 리히텐베르크를 따라서, '나는 생각
하고 있다'는 '생각하고 있다It is thinking'가 되는 언어를 상상한다.[9]

들의 중개를 통해 흄의 영향을 받는다.) 나는 이 질문들을 다루기 위해 쇼펜하우어
와 리히텐베르크를 공부했어야 했다. 원래는 그럴 의도였지만 그렇게 (대강 하는
것 이상으로) 하지는 못 했다. 아마 그랬으면 주석을 달 때 도움이 되었을 것이다.

[8] G. E. Moore, "Wittgenstein's Lectures in 1930-33," *Mind*, vol.63(1954), and
vol.64(1955), 그의 *Philosophical Papers*, 252-324쪽에 재수록됨. 인용은 재수
록된 책 309쪽에서 따온 것임.

[9] 또한 F. Waismann, *Wittgenstein and the Vienna Circle*(Basil Blackwell, Oxford,
1979), 49-50쪽(이 책은, 《철학적 고찰》처럼 비트겐슈타인의 '전환기적' 시기에
나왔다)을 참조할 것. 《철학적 고찰》의 6부(§§57-66) 전체도 관련됨(또한 예를 들
면 그 책의 §71을 볼 것).
  또 다음과 같이 비교할 것. Moritz Schlick, "Meaning and Verification", in H.
Feigl and W. Sellars eds., *Readings in Philosophical Analysis*(Appleton-

이제 감각에 관한 말을 '나 자신'으로부터 '다른 사람들'로 확장할 때 생기는 근본적 문제를 분명히 해야 한다. 만일 내가 특수한 치통이나 가려움에 집중해서 그것의 질적인 특징을 파악하고, 시간과 장소라는 특별한 성질들을 제거한다면, 나는 치통이나 가려움이 다시 나타날 때 그것을 결정하는 개념을 추상해서 형성할 수 있다고 생각할 것이다. (사적 언어 논증은 이런 생각이 정말로 말이 되는지에 의문을 던지지만, 여기서는 이 논증을 무시할 것이다.) 나는 어떻게 이 개념을 '다른 사람'의 감각으로 확장하는가? 이것은 무엇을 의미할 것인가? 만일 내가 센트럴 파크에 있는 오리들을 본다면, 나는 센트럴 파크에 있지 않은 것을 제외하고 '이것들과 같은' 것들 ― 여기서는 여전히 **오리들** ― 을 상상할 수 있다. 마찬가지로 나는 심지어 이런 특별한 오리들의 본질적 성질들을 제거해서 이것들과 같지만 문제 되는 그 성질들을 갖지 못한 존재들 ― 다른 부모와 생물학적 기원을 가진 오리들, 다른 세기에서 태어난 오리들 등 ― 을 추상해 낼 수 있다. (여기서 우리는 비트겐슈타인의 회의적 논증을 무시한다는 것과 전형적인 경우로부터 '추상'을 한다는 '소박한' 용어를 채택할 수 있음을 기억하라.) 그러나 '이 치통과 꼭 마찬가지로 내가 아니라 다른 누군가가 그것을 가진다'는 것은 무엇을 의미하는가? 이는 내가 주의를 집중하는 전형적인 치통과 어떤 면에서 유사하고, 어떤 면에서는 유사하지 않은가? 우리는 '내가' 치통을 '가지는' 것처럼 그것(그? 그녀?)이 치통을 '가진다'는 점을 제외하곤, 이 치통과 똑같은 치통을

Century-Crofts, New York, 1949, 146-170쪽), 특히 161-168쪽.

'가진 나'와 비슷한 다른 존재 — 다른 '영혼', '마음' 또는 '자아' — 를 상상하도록 되어 있다. 이 모든 것은, 비트겐슈타인이 자아 개념에 대한 흄적인 비판을 받아들인다고 가정한다면, 거의 말이 안 된다. 나는 나 자신의 경우에서 '자아'란 개념을 전혀 갖지 못 한다. '나'뿐 아니라 '다른 사람들'도 포함하는 종적인 '자아' 개념은 더욱 갖지 못한다. 또한 나는 그런 '자아'가 치통을 '가진다'는 개념도 전혀 갖고 있지 않다. 하나 혹은 그 이상의 특수한 치통들에 주의를 집중함으로써, 나는 치통의 개념을 형성할 수 있으며, 이로 인해, 나는 나중에 '치통이 있을' 때 또는 '치통을 앓을'(마치 '비가 오고 있다'에서처럼) 때 치통의 '현상적 질'을 근거로 그것을 알아볼 수 있게 된다고 생각한다. 비록 비트겐슈타인이 추천하는 리히텐베르크식의 용어로 표현하긴 했지만, "치통을 앓는다"는 "나는 치통을 갖고 있다"라고 우리가 거칠게 표현하는 것을 뜻한다. 그 개념은 특수한 치통에 집중함으로써 형성되는 것으로 여겨진다. 이것과 같은 그 무엇이 다시 나타날 때, "치통을 앓는다"란 표현은 그 치통이 "나의 것"이 아니고 "다른 누군가의 것"인 점만 제외하면 주어진 전형적인 경우와 같은데, 그런 사건의 개념을 형성하기 위해 이 상황으로부터 우리가 제거해야 할 것은 무엇인가? 나는 나로 하여금 그 원래 전형으로부터 적절한 추상을 할 수 있게끔 한 '자아'라는 개념이나 '가짐'의 개념을 갖고 있지 않다. "치통을 앓고 있다"라는 형식은 이를 더 분명하게 해준다. 전체 상황을 고려해보고, 내가 '나 자신'을 제거하고 싶다면 무엇을 추상해야 할지 물어보라.

비트겐슈타인이 유아론에 호소한 것이나, 누군가가 치통을 갖고 있다고 말하는 것은 단지 그의 행동에 관해 진술하는 것이라는 행동주의적 생각에 그렇게 많은 관심을 두었던 것도 부분적으로는 이런 종류의 사항들을 고려했기 때문이라고 나는 생각한다. 리히텐베르크의 주체 없는 감각 언어의 채택을 고려하면서, 비트겐슈타인은 다른 사람에 대한 감각의 귀속을 "육체 A는 X가 아플 때 행동하는 것과 비슷한 방식으로 행동하고 있다"— 여기서 'X'는 내가 보통 '나의 육체'라고 부를 것의 이름이다 — 와 같은 표현에 자리를 내준다. 이는 다른 사람의 감각을 나 자신의 모형에 따라 상상하는 것에 대한 조야한 행동주의적 발상의 대용품이다. 감각을 A에게 귀속하는 것은 절대로 내가 아플 때 (또는, 오히려, 그것이 아플 때) 일어나는 것과 비슷한 그 무엇이 A에게 일어나고 있다는 것을 말해주지 않는다. 유아론과 행동주의의 이런 결합이 비트겐슈타인에게 매력적인 것이긴 했지만, 그는 결코 그것에 대한 전적으로 만족할 수는 없었다. 그럼에도 불구하고, 그의 전환기 중 가장 검증주의적인 시기 동안, 비트겐슈타인은 다른 사람에게 감각을 귀속하기 위한 우리의 유일한 방법이 검증이기 때문에, 내가 그런 감각을 다른 사람에게 귀속할 때 행동주의적 구성이 내가 의미할 수 있는 전부라는 결론을 피하기 어렵다고 보았다(《철학적 고찰》, §§64-65 참조).

이 점은 우리가 다른 마음의 문제를 구성하는 많은 관행적인 방법들을 고려할 때 뚜렷해진다. 사람들은 이렇게 말한다. 나는 어떻게 다른 사람들이 나 자신의 것과 같은 마음을 '가졌다'는 것을 아는가? 나는 나 자신의 경우로부터 '마음'이 **무엇**이며 '육체'가 그것을 '가졌다'는 것이 무엇인지를 안다고 가정한다. 그러나 자아 개념에 대한 흄-리히텐베르크식의 비판의 가장 뚜렷한 특징은, 다른 육체들로 일반화할 수 있는 그런 개념을 나 자신은 전혀 갖고 있지 않다는 것이다. 나 자신의 경우로부터 나는 거기에 '고통이 있다'는 것이 무엇인지에 관한 개념을 **갖**지만, 나는 '나 자신이 아닌 다른 마음에 그것이 속한다는 점을 제외하곤 이것과 똑같은' 고통이 있다는 것이 무엇인지는 전혀 알지 못한다.

§350으로 돌아가자. 이 단원은 나 자신의 경우를 근거로 '다른 누군가가 고통을 갖고 있다'고 말하는 것이 무슨 뜻인지를 우리가 아는지의 여부를 묻는다. 끝에서, **난로**의 예가 제시된다. 난로가 아프다고 말하는 것이 무슨 뜻인지 우리는 아는가? 위에서 말했듯이, 전통적인 답은, 더 이상의 정당화의 필요성을 고려하지 않은 채, 어떤 임의의 물리적 대상이 감각을 '가진다'거나 '마음' ── 이것이 이제 감각들의 '소지자'가 되는 그런 것 ── 을 '가진다'는 그런 일반적 개념을 가진다고 가정한다. (만일 물리적 대상이 감각을 '가진' '마음'을 '가진다'면, 그것은 이차적 의미로 감각을 '가진다.') 이제, 우리는 이 모든 것을 그렇게 확실하게 이해하는가? 우리가 강조했듯이, 우리는 '마음'이 무엇인지 전혀 알지 못한다. 또한 우리는 '마음'과 '가짐'을 구성하는 물리적 대상 사이에 성립하는 관계가 무엇인지 아는가? 하나의 특정한 의자가 '마음'을 '갖고 있다'고 가정하자. 그렇다면 우주에는 많은 '마음들'이 있으며, 그 의자는 그 중의 하나만을 '갖고 있다.' 그 의자와 관련해서 다른 '마음'은 갖고 있지 않지만, 그 '마음'은 갖고 있다고 여겨지는 그 관계는 무엇인가? 왜 그 의자는 저 '마음'이 아닌 이 '마음'을 갖는가? (물론 나는 다음을 묻는 것이

아니다. 그 의자가 저것이 아닌 이 '마음'을 '갖고' 있다는 것과 관련된 설명은 [인과적] **설명**인가? 내가 묻는 것은 이것이다. 그 의자가 저것이 아닌 이 마음을 갖고 있다는 것, 즉 그 의자와 이 마음 사이에 성립하는 관계는 무엇인가?) 그 문제와 관련하여, 주어진 마음은 왜 그 의자의 뒤나 그 다리들이 아니라 그 의자 전체와 관련되는가? (왜 전혀 다른 물리적 대상이 아닌가?) 어떤 상황이라야 전체 의자가 아니라 의자의 뒤가 '마음'으로 생각하고 느끼는 것이 될까? (이것은 다음을 묻는 것이 아니다. 우리는 어떻게 그 관계가 성립하는지를 **검증**할까? 그것은 오히려 다음을 묻는다. 어떤 상황 하에서 그 관계가 성립하는가?) 흔히, 다른 마음의 문제, 범심론의 문제 등은 한 특정한 육체가 특정한 '마음'을 '갖는다는 것'을 자명하다고 가정한 채 이런 문제를 간단히 무시해 버린다.[10] 비트겐슈타인은 그 문제가 무엇을 의미하는지를 분명히 알고 있는지 알고 싶어 한다. 그는 직관적인 물음들을 제기하고 있는 것이다. 예를 들면 §361을 보라("그 의자는 혼자 속으로 생각하고 있다. … **어디에서**? 그것의 부품들 중 하나에서? 또는 그것의 몸체 밖에서? 그것 주위의 공간에서? 아니면 **어느 곳**에서도 아닌가? 그러나 그렇다면 그 의자가 그 자신에게 말하고 있는 것과 그 옆에 있는 다른 의자가 그렇게 하는 것 사이의 차이는 무엇인가?") 또는 §283을 보라. ("우리는 돌에

---

[10] *Some Main Problems of Philosophy*(Macmillan, New York, 1953), 6쪽에서 무어는 우리의 상식적인 믿음들 중 하나는 "의식의 행동들이 아주 일정하게, 특별한 방식으로, 어떤 물리적 대상들에 **귀속된다**"는 것이라고 말한다. **어떻게** '귀속되는가'? 무슨 방법으로 저것이 아닌 이 대상에? (무어는 많은 사람들보다 이 질문에 더 많은 답을 준다는 점을 지적하는 것이 무어에게 공정할 것이다. 그러나 현재의 논의로부터 보면 비트겐슈타인은 그의 답을 만족스럽게 여기지 않을 것임이 분명하다.)

관해서 그것이 영혼[또는 마음]을 갖고 있으며 또한 그것이 고통을 갖고 있다고 말할 수 있는가? 영혼 [또는 마음] 또는 고통이 돌과 무슨 관계가 있는가?")[11]

한 대상 — 심지어 무생물 — 이 '마음'이나 감각을 '갖는다는' 개념을, '마음'과 '가짐' 자체의 개념에 호소하지 않고 이해하기 위해 다양한 시도를 해볼 수 있다. 예를 들면, 나는 '나의 육체'라고 부르는 물리적 대상이 나의 생각이나 나의 고통이 진행되는 동안 돌로 변하는 것을 상상해볼 수 있다(참조 §283). 이것은 리히텐베르크의 전문용어를 이용해 이렇게 표현할 수 있다. 이러이러한 대상이 돌로 바뀌는 동안에도 생각 또는 고통이 있다. 그러나 "만일 그것이 일어난다면, 어떤 의미에서 그 돌은 생각이나 고통을 가질 것인가? 어떤 의미로 그것들은 돌에 귀속될 수 있는가?" 예를 들면, 내가 파이가 무리수라는 증명에 관해 생각하고 있는데, 그것을 생각하는 동안 나의 몸이 돌로 변했다고 가정해보자. 그 증명에 대한 나의 생각은 그 돌과 무슨 관계를 가지는가? 그 돌은 어떤 의미에서 단지 '과거의 나의 몸'이 아니고 여전히 '나의 몸'인가? 이 경우와 '나의 몸'이 돌로 변한 후에 '나의 마음이 육체를 바꾼' — 아마도 **또 다른** 돌로 — 경우와 무슨 차이가 있는가? 당분간 내가 돌로 변한 후 오직 수학에

---

[11] 'Seele'를 '영혼' 또는 '마음'으로 번역하는 것에 대해선 본문의 주 31을 볼 것. 원칙상 이 단어는 둘 중 어느 한 방식으로도 번역될 수 있다. 하지만 어떻게 번역되건 비트겐슈타인은 현대의 영어권의 철학자들이 '다른 마음의 문제'라고 부르는 문제에 관해서 쓰고 있다는 것과 그리고 다른 사람의 육체가 이 '마음'을 '갖고' 있는지에 관한 문제가 무엇을 의미하는지를 묻고 있다. 'Seele'의 사용 방식이 가질 수 있는 다른 의미는 어느 것이건 기껏해야 아마 이차적일 것이다.

관해서만 생각한다고 가정하자. 일반적으로, 무엇이 수학에 관한 생각을 저 물리적 대상이 아니라 이 물리적 대상과 연결시킬 수 있는가? 나의 몸이 돌로 변한 경우에, 유일한 연결은 그 돌이 나의 몸이 **되었다는** 것이다. 그런 과거의 역사를 제거하면, 그 생각과 그 물리적 대상 사이의 연결을 말하기가 훨씬 더 어려워진다. 하지만 만일 연결이란 것이 있다면, 그것은 상상된 과거의 역사와는 독립적으로 **지금** 존재하는 것이어야 한다.

실제로 §283에서 비트겐슈타인은 고통이나 감각이 돌과 어떤 연결을 갖고 있는지에 관심을 나타낸다. 만일 물리적 대상이 '가진' '마음'에 감각이 귀속된다는 것을 잠시 잊고, 중간 고리에 대해서는 걱정하지 않은 채 단순하게 감각과 물리적 대상 사이의 연결에 관해서만 생각한다면, 몇몇 경우들에서 우리는 여전히 주어진 감각과 주어진 물리적 대상 — 심지어 돌과 같은 무생물 — 사이를 의미 있게 연결할 수 있을지도 모른다. 예를 들면, 고통은 **위치가 있다**. 그것은 특정한 부위가 다치면 고통이 생긴다는 인과적 의미에서 위치가 있다. 또 다른 인과적 의미에서, 특정한 영역의 치료는 고통을 완화하거나 제거할 수 있다. 또한 고통은, 내가 '나의 발'이나 '나의 팔' 등에서 고통을 **느끼는** 것처럼 더 원초적인 비-인과적 의미로도 위치가 있다. 언제나 그렇진 않지만 매우 자주 이런 의미들은 일치한다. 확실히 그것들이 일치해야 할 개념적인 이유는 전혀 없다. 그러나 그것들이 모두 일치하고, 또한 세 개의 모든 테스트에서 특정한 고통이 돌의 특정한 곳에 '위치한다'면 어떻게 될까? 비트겐슈타인에 대한 나의 이해가 맞는다면, 그는 이 특별한 문제를 위에 인용된

§302 — 여기서는 돌이 아니라 다른 누군가의 육체가 문제가 된다 — 에서 다룬다. 고통이 다른 육체에 '위치한다'는 나의 상상이 '다른 누군가'가 아플 수 있다는 생각에 의미를 주는가? 리히텐베르크 식의 용어를 사용하면 이렇다. 만일 '고통이 있다면', 아마 '그 돌에 고통이 있다'거나 '그 팔에 고통이 있다' — 여기서 문제되는 팔은 나의 팔이 아니다. 이것은 왜 **내가** 오로지 다른 육체의 팔'에' 서나 심지어 돌에서 고통을 상상하는 것이 아닐 수 있는가? '고통이 있다'는 '나는 고통을 가지고 있다'를 의미하며, 단지 거기에서 신비스런 주어가 생략된 문장임을 기억하라. 따라서 '그 팔에 있는 고통'을 상상한다는 것은 **내가** 다른 팔이 고통을 갖고 있다는 것(팔을 잃은 사람이 그 팔이 있었던 곳에서 고통을 느낄 수 있는 방식으로)을 상상하는 것처럼 보인다. 여기에는 돌이나 다른 육체에 있으면서 고통을 느끼는 **또 다른** '자아'에 관한 개념은 없다. 이런 이유로 다른 '마음' 을 무시하고 감각과 육체 사이의 직접적인 연결을 상상하려고 시도하는 실험은 실패한다. §302에서 인용된 것 중 일부를 반복하면 "만일 우리가 다른 누군가의 고통을 우리 자신의 모형에 따라 상상한다면, 이는 전혀 쉬운 일이 아니다.… 내가 해야 할 일은 마치 손 … 으로부터 팔 … 로 옮기듯 그저 상상 속에서 한 곳의 고통을 다른 곳으로 옮기는 것이 아니다. 왜냐하면 내가 그의 몸의 어떤 곳에서 고통을 느끼는 것(이것 역시 가능한 일이긴 할 텐데)을 상상하는 것이 아니기 때문이다." 리히텐베르크의 전문용어를 빌리면, '고통이 있다'는 **항상 내가** 고통을 느낀다는 것을 뜻한다.

　리히텐베르크의 용어를 사용하지 않더라도 위 문제를 다시 구성할 수 있다. **내가** 다른 육체의 고통을 가지고 있는 경우와 다른 육체에 있는 고통이 '다른 누군가의' 고통이고 나의 것이 아닌 경우 사이의 차이는 무엇인가? 이 차이는 우리가 지금 막 피하려고 시도했던 문제들 — 마음이란 무엇이고, 그것이 감각을 '가진다'는 것은 무엇인가? 육체가 마음을 '가진다'는 것은 무엇인가? — 에 대한 직접적인 공격에 의해서만 표현될 수 있는 것처럼 보인다. 이런 매개를 건너뛰어 감각과 물리적 대상 사이의 연결을 직접 다루려는 시도는 실패한다. 왜냐하면 그렇게 되면 나는 '내가' 감각을 주어진 물리적 대상에서 갖는 것과는 달리, 그 물리적 대상 안에서 '또 다른 마음'이 감각을 갖는다는 것이 무슨 의미인지 정의할 수 없기 때문이다. 비트겐슈타인은 한 사람이 다른 사람의 신체에서 감각을 가질 수 있는 가능성이, 비록 그런 일이 전혀 일어나지 않는다 하더라도, 완전히 의미 있는 것임을 강조한다. "고통 행위는 고통스런 장소를 가리킨다 — 그러나 고통의 주체는 그것을 표현하는 사람이다."(§302)

 '마음'이라는 매개 고리를 경유하지 않은 채 돌과 감각 또는 돌과 생각 사이를 직접적으로 연결하려는 다른 유사한 시도들도 이와 비슷한 어려움에 직면한다. 위에서 언급된 리히텐베르크식의 용어는 각 경우마다 '돌에 있는' 감각이나 생각을 가지는 것은 오직 나일뿐이라는 점을 강조한다. 지금까지 우리는 감각과 '무생물적' 대상의 경우들에 집중했다. (실제로는 물리적 대상들 자체만을 고려했고 그것들이 '생물적'인지 아닌지는 무시했다.) 물론 '생물적' 육체의 경우, 특별한 관계가 마음과 육체 사이에서 성립한다. 고통은 '고통 행동'으로 이끌며, 일반적으로 나는 나 자신의 행동을 '의욕한다.' 그래서 만일 다른 육체에 (고통과) 고통 행동이 있다면, 혹은 만일 다른 육체의 행동이 '의욕된다'면, 이것은 ― 또 다른 '자아' 및 그것과 육체와의 관계에 대한 개념을 필요로 함이 없이 ― (다른 육체에 있는) 다른 누군가가 고통이나 생각을 가질 수 있다는 또는 행동을 할 수 있다는 생각에 의미를 주는가? 물론 궁극적으로 고통 행위 및 다른 육체적 행동의 관념은 심적 개념을 다른 사람에게 귀속하는 비트겐슈타인의 설명에 결정적으로 중요하다. 그러나 현재 단계에선 이런 생각들은 우리에게 거의 도움을 주지 못하는 것처럼 보인다. 다른 육체에 있는 고통 행동의 경우, 그저 위에서 이미 말했던 것을 또 다른 스타일로 말한 것에 불과하다. 리히텐베르크식의 용어가 주어지면, 고통이 ― 아마도 다른 육체에 ― 있고, 그것이 고통 행위를 ― 아마도 같은 육체에 ― 생산한다는 말은 여전히 **내가** 다른 육체에 있는 고통을 느끼고, 그 육체에 고통 행위를 생산한다고 말하는 것이다. 다른 '자아'와 물리적 대상 및 감각과 그것과의 관계라는 포착하기 힘든 개념만이 고통을 가진 것이 다른 육체'에' 있는 다른 누군가라는 생각에 의미를 줄 수 있을 것이다.[1213]

---

12 내가 찾은 바에 의하면, 비트겐슈타인은 한 가지 점에서 흄적인 영향으로부터 벗어나 있다. 그는 한 번도 흄적인 생각, 즉 두 개의 인상들은, 적절한 (로크식의) 관계에 의해 연합되면, 같은 주체에 속한다는 생각을 검토하지 않는다. 이런 방식으로 연결된 다양한 지각들의 다발이 있을 수 있고, 이런 의미로 다양한 '자아들'이 있을 수 있다.

《논리철학논고》 5.5421(다음 단락을 볼 것)의 모호한 구절 ― 어느 경우에도 이것이 주로 흄의 이론을 겨냥한 것처럼 보이진 않는데 ― 을 예외로 할 수 있을지 모르지만, 내가 아는 한 비트겐슈타인은 이런 생각에 대해 논의하지 않았다. 내가 발견하지 못했을지 모르지만 말이다. 비트겐슈타인에겐, 고통을 상상하는 것과 내가 고통을 가진 것을 상상하는 것 사이엔 아무런 차이가 없다. 내가 아프다고 상상하기 위해서, 나는 내 고통이 기억, 시간적 연접, 혹은 어느 다른 관계에 의해 다른 것에 연결되어 있음을 상상할 필요가 **없다**.

흄적인 견해 중 직관적으로 봐서 이상한 특징은 '인상들'이 어느 주체의 인상이라는 것이 우연인 것처럼 보인다는 점이다. 제시된 분석에 기초하면, 인상이 한 '자아'의 인상이 되기 위해, 그것은 **다른** 인상들과 적절히 연결되어야 한다. 구분되는 것들 사이에 필연적 연결이란 있을 수 없기 때문에, 하나의 주어진 인상이 혼자 있어서안 될 이유는 없다. 직관적으로, 흄적인 견해가 가진 이런 결과는 이상한 것처럼 보인다. '유동적'이며 '소유되지 않은' 인상은 어떤 걸까? 그런 걸 상상하는 것이 가능한가? 이런 문제들에 대한 비트겐슈타인 자신의 초기 태도는 애매하면서 다소 모호한 듯이 보인다. 주체를 논박하는 것은 흄적이며, 주체는 심지어 지각들의 '다발'로서도 남아 있지 못 한다. 《논리철학논고》 5.5421은 이렇게 말한다: "합성된 영혼[마음]은 더 이상 영혼[마음]이 아니다." 이것은 분명히 흄적인 영혼은 실제로 영혼이 아님을 함축한다. [흄도 동의하지 않을까?]) 또한 《논리철학논고》는 구별되는 사건들 사이의 필연적 연결에 대한 흄의 부인을 수용한다(6.37, 5.135, 5.136, 5.1361 등). 다른 한편, 앞에서 언급했듯이, 주체는 결국 세계의 '한계'로서 《논리철학논고》에서 살아남는 듯하다. 이는 어떤 의미에서 경험이란 이런 '한계'의 경험임을 의미하는 것 같다. 비록 그 한계는 이 세상에 있지도 않고, 경험되지도 않지만 말이다. 《철학적 고찰》 §65에서 비트겐슈타인은 "고통을 느끼는 경험은 '나'라는 사람이 무언가를 가졌다는 것이 아니다. 나는 고통에서 강도, 위치 등을 구분하지만 소유자는 구분하지 못한다." 이것은 고통의 소유자를 완전히 논박하는 듯이 들린다(슐릭의 견해[부록의 주 9 참조]는 '무소유권' 견해로 불릴 수 있다). 다른 한편, 이 구절 바로 다음에서 비트겐슈타인은 분명히 못 믿겠다는 듯이, "아무도 고통을 **갖지** 않는다면, 그 고통이 어떤 종류의 것일까? 아무에게도 속하지 않은 고통?"이라고 말한다.

물론, 뒤에 《철학적 탐구》를 근거로 하여 서술되듯이, 우리가 하는 감각의 일인칭과 삼인칭 담화의 '언어 게임'에서 , '유동적'이며 '소유되지 않은' 흄적인 감각의 이야기는 아무런 역할도 하지 못 한다.

13 이 점은 중심 주제와는 보조적인 관계를 갖고 있지만 《논리철학논고》에 대해 관심이 있는 (또 그 책에 대해 이미 알고 있는) 사람들을 위해 《논리철학논고》의 유아론과 세계의 '한계'에 관한 간단한 논평이 흥미로울지 모르겠다. 5.6과 그에 부속하는 단락에 있는 유아론에 대한 비트겐슈타인의 논의는 5.55와 그에 부수하는 논리학의 적용에 대한 그의 논의 바로 다음에 나온다. 《논리철학논고》의 이론에 기초해서, 존재하는 대상들이 무엇인지를 어떻게 결정해야 하는가, 그리고 그것들은 요소 명제들을 형성하기 위해 어떻게 결합되도록 허용되어야 하는가? 일반적인 논리적 고려를 통해서만은 답을 얻을 수 없다. 논리적 고려에 의해 모든 명제는 요소 명제의 진리 함수라는 것이 입증되었다고 말해진다(《논리철학논고》 5와 그 다음에 나오며

행위와 의지는 특별한 성질을 갖고 있다. 잠시 동안 우리가 의지의 경우를 마치 고통의 경우와 같은 것처럼 다룰 수 있다면, 그래서, 흄을 따라, 우리가 의지하는 것의 '인상'이 다른 인간의 육체에 있는 움직임과 상관관계에 있다고 상상한다면, 같은 결론이 나온다. 비트겐슈타인이 사용하는 리히텐베르크식의 용어에 따라, 우리가 이런 방식으로 상상할 수 있는 것은 기껏해야 **나의** 의지가 다른 육체를 통제해야 한다는 것이다. 그렇지만, 우리가 《철학적 탐구》의 잘 알려진 다른 고려 사항들을 이용한다면, 상황은 훨씬 더 나빠질 뿐이다. 이 고려 사항들은 비트겐슈타인의 회의적 역설, 특히 의미가 특별히 질적인 상태라는 견해에 대한 그의 비판과 합치하는데,

---

5.55 앞에 있는 부속 자료 참조). 하지만 추상적, 논리적 고려 사항만 갖고는 대상들이 얼마나 많이 있는지, 어떤 대상들이 있는지, 대상들의 결합을 어떻게 허용해야 하는지, (따라서) 요소 명제가 무엇인지 입증할 수 없음은 분명하다(5.55, 5.551, 5.552 참조). 또 문제가 경험적일 수도 없다. 무슨 대상들이 있는지, 그것들이 어떻게 결합될 수 있는지는 세계의 '실체'와 '고정된 형식'을 구성한다(2.021, 2.023). 이것들은 모든 가능한 (생각 가능한) 세계들에 공통적이며, 세계가 실제로 있는 방식이 아니어서 우연적이며 경험적 사실의 문제일 수 없다(2.022). 이처럼 《논리철학논고》의 원리를 토대로 해서, 이런 질문들에 대한 답은 '보여질' 수 있는 (혹은 나타나게 되는) 것의 영역에 속하지만 말해질 수는 없다. 어떻게 그것이 보여지는가? 내 ─ 언어의 사용자 ─ 가 《논리철학논고》의 체계와 양립가능한 ─ 일반적 논리적 고려 사항들이 관계되는 한 ─ 언어들 중 하나를 그저 사용한다는 사실에 의해서 보여진다. 이것이 그 언어, 내가 이해하는 유일한 언어이다. 세계의 형식과 실체가 무엇인지는, 무슨 원초적 기호들이 있는지에 의해, 그것들이 무엇을 지칭하는지에 의해, 그것들이 요소 명제 안으로 어떻게 결합되는지에 의해 보여진다. 이처럼 언어의 사용자인 나는 세계의 '한계'를 결정한다. 이런 의미로 세계는 나의 것이다. 나는, 이런 기호들과 이런 결합의 가능성(내가 생각할 수 있는 유일한 기호들이자 내가 생각할 수 있는 유일한 가능성)을 가지고 한 언어를 사용함으로써 그것을 결정한다. 언어의 사용자인 이 '나'는 무엇인가? 세계에 있는 어떤 것은 아니고, 분명히 그것과 같은 다른 것들 중 하나도 아니다. 우리가 앞서 보았듯, 그것은 세계의 '한계'이다.

그것은 앞의 견해에 대한 그의 비판에 대응하는 다양한 면들을 갖고 있다(앞의 74-90쪽을 볼 것). 따라서 비트겐슈타인은 두통의 인상과 같은 의지작용의 특별한 '인상'이라는 흄적인 개념이 몽상적chimerical 이라고 지적할 것이다. 더욱이, 비록 '의지작용'의 인상이 기술된 대로 있다고 하더라도 그것과 의욕된 행동과의 연결은 순전히 우연적인 것으로 보인다. 즉 이 인상 자체의 **퀼리아**에 있는 그 어떤 것도 그것을 저것이 아닌 이 행동의 의지작용으로 만들지 않을 것이다. 이 점은 비트겐슈타인의 회의적 역설 — 하나의 행동을 하려는 주어진 의욕은, 겹하기가 더하기와 관련되듯이, 다른 행동을 하려는 의욕으로 해석될 수 있다는 것 — 에 입각해 더 강화될 수 있을 것이다. 이 모든 것은 다른 마음이 한 육체 '안에' 있을 수 있다는 개념을 파악하려는 시도를 전보다 훨씬 더 약화시킨다.

요약하면, 감각과 물리적 대상 사이의 직접적인 연결을 '자아' 또는 '마음을 언급하지 않은 채 상상하려는 어떤 시도도 그저 나로 하여금 **내가** 다른 곳에 위치한 감각을 가진다고 상상하게 이끈다. 이 때문에 우리는 원래의 신비에 관해 사색해 봐야 한다. "'마음'이란 무엇인가, '마음'이 감각을 '가진다'는 것은 무엇인가? 육체가 '마음'을 '가진다'는 것은 무엇인가?" 여기서 흄과 리히텐베르크의 논증, 또 앞서 언급했던 다른 고려 사항들은 그런 개념들을 우리가 전혀 갖고 있지 않다고 말한다. 비트겐슈타인이 §283에서, 다른 육체에 감각을 귀속시키는 것에 대해 말하면서, 이렇게 질문을 던지듯이 말이다. "우리는 그것을 육체에 관해서, 혹은 원한다면, 어떤 육체가 **갖는** 영혼[마음]에 대해서 말해야 한다. 그런데 육체는 어떻게 영혼[마음]을 **가질 수 있는가?**"

지금까지 충분히 말했다. 이 책 본문에 나오는 문제들과 마찬가지로, 비트겐슈타인은 우리들에게 회의적 문제 — 다른 사람의 심적 생활을 나 자신의 모형에 따라 상상하는 것은 불가능해 보인다 — 를 던져 주었다. 그러므로 다른 사람에게 감각을 귀속시키는 것은, 최소한 우리 자신에게 그것을 귀속한다는 그런 의미에서는 무의미한 것인가? 우리는 행동주의적 대용품에 만족해야 하는가? 우리는 전에 비트겐슈타인 자신이 한 때 그런 염세적이고 유아론적인 결론들에 매력을 느꼈다고 말했다. 그렇지만, 그의 후기 철학은 그런 결론들이 재평가를 필요로 한다는 것을 시사해준다. '자아'와 그 비슷한 것이 무엇인지 묻기를 그만 두자. 대신 다른 사람들에게 심적 상태를 귀속시키는 것이 우리의 삶에서 실제로 어떤 **역할**을 하는지 **바라보자**. 이런 식으로 우리는 우리의 새로운 회의적 역설에 대해서 '회의적 해결책'을 얻을 수 있다.

우리는 이미 위 본문에서 우리가 필요로 하는 것 중 일부를 진술했다. 특히 이 책 147쪽 다음 몇 쪽에 있는 '고통'과 다른 감각 용어가 어떻게 작동하는지에 관한 논의를 보도록 하라. 그럼에도 불구하고 약간의 반복과 해명이 요구된다. §244에서 비트겐슈타인은 감각의 경우 어떻게 "이름과 사물 사이의 연결이 성립되는지"와 관련된 그의 유명한 설명을 도입한다. "낱말은 감각에 관한 원초적이고 자연적인 표현과 결합되고 그 표현 대신 사용된다. 어린 아이가 다쳐서 울면 어른들은 그 애에게 처음에는 외치는 소리를 가르치고, 그 후에는 문장을 가르친다. 어른들은 어린이에게 새로운 고통-행동을 가르치는 것이다. … 고통의 언어적 표현은 울음을 대체하지 그것을 기술하지는 않는다.” 따라서 비트겐슈타인에게 고통의 공언은 어른들이 원초적, 비언어적 고통 표현의 대체물로 아이에게 가르치는 새롭고 더 복잡한 고통 행위이다. 그것은 아이가 자신의 고통을 **나타내는** 새로운 방법이다. 동시에, 본문에서 강조되었듯이, 어른들이 성공적으로 가르쳤다고 간주하는 경우는 아이의 자연스런 행동적 표현들(그리고, 아마도, 다른 신호들)이 그들로 하여금 그가 아프다고 판단을 내리게 만들 때이다. 이런 경향은 그의 공언이 이러한 자연적 표현들 중 일부의 대용품이라는 생각과 상통한다. 우리는 본문에서 이 경향이야말로 고통의 개념을 아이에게 귀속시킨다는 생각에 본질적임을 보았다. 따라서 우리는 고통에 두 가지 무관한 의미들 ― 하나는 ‘나 자신’에게 적용하고, 다른 하나는 행동적 대체품으로 ‘내’가 ‘다른 사람들’에게 적용한다 ― 을 부여할까봐 더 이상 걱정할 필요가 없다. 반대로 일인칭 공언들은 삼인칭 사용이 없이는 말이 안 될 것이다.

비트겐슈타인은 언어의 형식을 그 진리 조건들에 의해 분석하지 않고, 어떤 상황들 아래에서 그 형식이 논의에 도입되는지, 또 그것을 그렇게 도입하는 실행이 어떤 역할이나 어떤 유용성을 갖고 있는지 묻는다는 점을 상기하자. ‘나는 아프다’와 ‘그는 아프다’를 도입하는 상황들은 방금 기술되었다. 나는 고통을 느낄 때 신음을 지르려는 나의 자연스런 경향을 따르지 않고 대신 ‘나는 아프다’고 말한다. ‘그는 아프다’는 다른 사람의 행동이 적절할 때 말해진다. (비록 이것은, 만일 더 넓은 맥락으로부터 더 많은 정보가 생긴다면, 폐기되거나 철회될 수 있지만 말이다.) '나는 아프다'는 울음을 대체하기 때문에, 그 발언은 울음이 그런 것처럼 고통의 발언자에 대한 삼인칭 귀속을 위한 하나의 기준으로 사용될 수 있음에 주목하자. 또 기준의 개념은 오로지 삼인칭의 경우에만 관련됨을 주목하자. 내가 울 때 기준을 적용하지 않듯이, 나는 기준을 근거로 해서 고통을 공언하지는 않는다. 가장 원초적인 경우에 고통의 공언은 화자로부터 **자유로워진다**escape.

이런 관찰을 통해 우리가 감각에 관해 말하면서 하는 실행을 부분적으로 설명할 수 있다. 그럼에도 불구하고 질문들이 남아있다. 첫째, 그는 아프다고 내가 말할 때, 나는 마치 그가 내가 아플 때와 같은 상태에 있음을 뜻**해야 하는** 것처럼 보인다. 그런데, 나는 실제로는 그렇게 말하고 있지 않는 것처럼 보이기도 한다. 만일 그것이 내가 의미했던 것이라면, 나는 그가 특정한 방식으로 행동할 때 나로 하여금 그가 아프다고 말하도록 인가해주는 규칙을 단순하게 따르기만 할 수는 없었을 것이다. 나는 그 행동이 정말로 내가 안에서 느끼는 것과 같은 것을 그도 느끼는 **증거라고** 믿어야 하지 않는가? 지금까지 논의되었던 모든 문제와 혼란이 다시 제기되지 않는가? 여기서 비트겐슈타인의 회의주의가 중요하다. 어떤 선험적 개념화이건 — 다른 사람의 감각을 나 자신의 감각을 근거로 해서 상상하는 위에서 언급된 비일관적인 개념화 뿐 아니라 — 그런 개념화를 근거로 해서 내가 그 규칙을 새로운 경우들에 '같은 방식으로' 적용하는 것이 무엇인지 말하는 것은 나의 몫이 아니다. 만일 우리가 정말로 특정한 상황들에서 그에 관해 '그는 아프다'고 말한다면, 그것은 "'아프다'는 술어를 나 자신과 같은 방법으로 그에게도 적용되는" 것으로 간주되도록 결정하는 것이다. 우리는 이미 두 사용 방식들이 우리의 정상적인 실행에서 서로 분리불가능하다는 것 — 일인칭 사용 방식은 그 자체로 존립할 수 없다 — 을 이미 살펴 본 바 있다. '더하기'를 가지고 계산을 할 때 우리가 올바른가라는 질문을 하지 않듯이, 우리가 하는 대로 다른 사람들에게 '아프다'를 적용할 때 우리가 '올바른' 일을 하는가라고 묻는 것은 전혀 합법적인 질문이 아니다. 다른 마음에 관한 회의주의나 심지어 전도된 스펙트럼'에 관한 회의주의도 여기서는 아무런 의미가 없다. 이것은 우리가 하고자 하는 것이다. 다른 피조물들은 다르게 행동할지 모른다. 우리가 더 이상 진리 조건들에 의거해 언어 이론을 만들지 않는다는 점과 다른 사람에 대한 감각의 귀속이 유의미한가를 묻는 회의적 논증은 중요하다. '다른 사람의 감각을 나 자신의 모델에 따라 상상하는 것'이 갖고 있는 의미로, 그가 정말로 나와 '같은 것을 느끼는지'를 물을 수 없다. 또한 우리는 다른 사람의 감각에 관한 우리의 진술이 우리가 찾고 있는 '사실'을 희미하게 만든다고 걱정해서도 안 된다. 그러나 그런 '대응하는 사실'이 없다는 것은 다른 사람에 대한 감각의 귀속을 유의미하게 개념화하는데 절대로 치명적이지 않다. 그것을 유의미한 것으로 보기 위해서, 우리는 '대응하는 사실들'이 아니라 그 용어를 도입하는 조건들과 그것이 수행하는 역할들을 찾는다.

그러나 이는 또 다른 질문을 낳는다. 지금까지 우리는 감각 언어들이 도입되는 조건들에 관해 대략적으로 생각해보았다. 그러나 이런 언어 형식이 무슨 소용이 있는가? 특히, 왜 감각을 다른 사람에게 귀속시키는가? 나는 다른 사람이 특정한 방식으로 행동할 때 그에게 고통을 귀속한다고 말했다. 왜 나는 그가 그런 방식으로 행동한다고 단순하게 말하지 않는가? 왜 ― 여분으로 ― 다른 언어의 형식을 갖는가? '그는 아프다'는 그의 외부적 행동에 관한 어떤 특수한 주장과도 논리적으로 동치가 아니기 때문에 여분이 아니라고 말하는 것으로는 충분치 않다. 분명히 그런 동치는 없으며 심지어 '그가 아프다'고 말하기 위한 나의 기준들이 그가 아프다는 것을 수반하지도 않는다. 예를 들어, 그는 흉내를 내고 있을지도 모른다. 그의 행동을 둘러싼 상황은 나로 하여금 그가 정말로 아픈지를 의심하거나 부인하게 만든다. 비록 통상적인 경우에는 그런 의심을 하지 않겠지만 말이다. 그럼에도 불구하고 질문은 남는다. 왜 '그는 아프다'와 같은 표현을 하는가? 왜 우리는 항상 행동의 구체적인 기술에 만족해서는 안 되는가?

그 질문에 답하기 전에 말할 것이 또 있다. 우리가 심리적 상태를 다른 사람들에게 귀속시키는 경우, 아무런 내적 상태도 언급하지 않는 중립적인 용어로 행동 그 자체를 기술할 때보다는 심리적인 상태들을 이용해 기술할 때 유리한 경우가 더 많다. 우리는 누군가가 화가 난 듯이 보였다거나 기분이 상한 듯이 보였다고 말할 수 있다. 하지만 화가 난 것 또는 기분이 상한 것의 표현을 내적인 심리적 상태들을 전혀 언급하지 않는 용어로 기술하는 것이 얼마나 쉽겠는가? (물론 이것들은 감각들이 아니라 정서의 예들이다.) 우리들 중 상당수는 그들이 표현하는 심리적 상태를 언급하지 않고는 적절한 얼굴의 윤곽조차 기술하기 힘들 것이다. 만일 순전히 기하학적 혹은 물리학적 용어들로 그것을 기술하라고 요구받는다면 사정은 훨씬 어렵게 될 것이다. 심적 상태를 귀속시키는 표현을 행동의 기술로 대체하자는 제안은 실천하기가 아주 힘들다. 비록 다른 피조물들은 성공할 수 있을지 모르겠지만 말이다. 이 사실들은 분명 우리가 세계를 보는 방법에 관하여, 특히 우리가 동료 인간들을 보는 방법들에 관하여 무언가 말해준다. 그러나 우리의 삶의 견지에서 그들을 이런 식으로 보는 것이 무슨 의미가 있는가?

비트겐슈타인의 답은 그의 잘 알려진 경구에 농축되어 있다. "그를 향한 나의 태도는 영혼을 향한 태도이다. 나는 그가 영혼을 갖고 있다는 **의견**은 갖고 있지 않다."(178쪽) 문제가 된 태도, 자동인형이 아닌 인간을 향한 태도는 무엇인가? 이 태도는 우리가 감각을 다른 사람에게 귀속할 때 어떻게 드러나는가? 고통의 경우, 비트겐슈타인이 스케치하고 싶은 그림은 아주 잘 알려져 있다. 누군가가 고통으로 괴로워하는 것을 볼 때, 우리는 그를 동정한다. 우리는 그를 돕기 위해 달려가고, 그를 위로하는 등의 일을 한다. 우리의 태도는 문제나 고장이 생긴 기계, 심지어 소중한 기계를 향한 태도와는 사뭇 다르다. 실제로 우리는 그런 기계 역시 고치려고 시도할지 모른다. 그러나 우리의 생각과 태도는 인간을 향할 때와는 본질적으로 구분될 것이다. 어느 누가 기계를 도우러 오는가, 누가 그것을 동정하는가?

비트겐슈타인의 다양한 단편들은 내가 고통 받는 사람을 향해 보여주는 태도가 원초적임을 뜻하는 것처럼 보인다. 그 태도는 나 자신의 고통의 경험이나 그가 '나와 같은 경험을 한다'는 그의 부수적인 믿음과는 완전히 독립적인 기원을 가진다. §310에서, 고통 받는 사람을 향한 누군가의 행동은 "외적으로 나타난 고통의 표현 배후에 있는 무언가"에 대한 믿음을 지적한다고 생각하는 사람에 대해 비트겐슈타인은 간단하게 "그의 태도는 그의 태도의 증명이다"라고 반론한다. 나의 언어적 행동에 대한 하나의 설명으로 '개념을 파악하는' 경우에서처럼(앞의 149-152쪽 참조), 비트겐슈타인은 고통을 겪는 사람을 향한 나의 태도와 행동을 그의 '내적인 상태'에 관한 믿음에 의거해 '설명'하려는 어떤 시도도 거부하려 한다. 다시 한 번 순서는 뒤바뀐다. 그를 향한 나의 태도와 행동의 도움을 받아 나는 그가 마음을 갖고 있다고, 특히 고통으로 괴로움을 겪고 있다고 말할 수 있지 그 역이 아니다. 179쪽에서 비트겐슈타인은 신음하는 환자를 돕기 위해 달려가는 의사와 간호원을 묘사한다. 만일 그들이 "그가 신음을 지르면, 그에게 진통제를 더 많이 놓아야 한다"고 말한다면, 그들은 그 환자의 내적인 상태에 관한 '매개항'을 억누르는 것으로 생각될 필요가 있는가? "그들이 행동을 이용하여 기술하고 있는 그 서비스가 핵심이 아닌가?"

비트겐슈타인은 이 글에서 우리의 행동을 다른 사람의 '내적인 상태'에 관한 믿음에 의거해 설명하거나 정당화하려는 어떤 시도도 거부한다고 나는 생각한다. 그런 '설명'은 본문에서 논의된 사적인 규칙들에 관한 모든 문제들뿐 아니라 이 부록에서 언급된 다른 마음에 관한 모든 문제들을 제기할 것이다. 게다가 우리는 비트겐슈타인이 그러한 '설명'을 관념들의 올바른 순서의 뒤바뀜으로 간주하려 할 것임을 보았다. 그럼에도 불구하고, 나는 비트겐슈타인으로부터 다음의 결론이 도출된다는 주장을 받아들일 수 없다. 내적인 고통의 경험과 그 감각을 상상하는 나의 능력이 감각을 다른 사람에게 귀속하는 나의 '언어 게임'에서 아무런 역할도 하지 못한다는 것과 고통을 전혀 경험하지 못 해서 그것을 상상할 수는 없지만 그것의 귀속을 위한 통상적인 행동적 기준을 배웠던 사람이 나만큼 잘 그 용어를 사용한다는 것 말이다. 이 두 주장을 비트겐슈타인이 할 것이라곤 나는 생각하지 않는다. 여기서 중요한 글은 §300이다. "'그는 아프다'란 말이 언어 게임에서 수행하는 역할은 단순히 행동의 그림 *Bild*일 뿐만 아니라 고통의 그림이라고 말하고 싶어질 것이다. … 그것은 오해이다. … 고통의 심상Vorstellung은 그림이 아니며 이 심상은 언어 게임에서 우리가 그림으로 불러야 할 어떤 것으로도 대체될 수 없다. ― 분명히 고통의 심상은 어떤 의미에서 언어 게임 안에 들어온다. 다만 그림으로 들어오지 않을 뿐이다."

　나는 진정 비트겐슈타인이 'Vorstellung'과 'Bild' ― '심상'과 '그림'으로 번역했다 ― 를 이용해서 무엇을 대조하려고 의도했는지 알지 못 한다. §301에서 따라 나오는 경구 ― "심상은 그림이 아니지만 그림은 그것에 대응할 수 있다"가 무엇을 의미하는지는 더욱더 알지 못 한다. 인용된 이 구절에서 비트겐슈타인은 어떻게 고통의 '심상'이 "분명히 하나의 의미로 언어 게임 안에 들어오는"지에 대해 우리에게 아무 것도 말해주지 않는다. 또한 그는 고통이 "그림으로서" 그 게임 안으로 들어온다는 것을 부인할 때 그가 무엇을 배제하고 싶어 하는지도 설명하지 않는다. 그럼에도 불구하고, 나는 그것이 무엇을 의미하는지 최소한 부분적으로는 설명할 수 있다. 여기서 비트겐슈타인이 '그림'이라는 용어를 사용하는 방식은《논리철학논고》에 나오는 사용 방식과 관계가 있다.《논리철학논고》에서 그림은 실재와 비교되며, 외부 세계는 그림에 대응한다. 고통의 심상을 그림으로 사용하는 것은 다른 사람의 고통을 나 자신의 모형에 따라 상상하려고 시도하는 것이며, 다른 사람이 아프다는 나의 진술이 참이라고 가정하는 것은 바로 그것이 이 그림에 '대응'하기 때문이다. 막 인용된 구절 바로 다음에, 이 부록 앞부분에서 인용된 단평이 나온다. "만일 우리가 다른 누군가의 고통을 나 자신의 고통을 모형으로 해서 상상해야 한다면, 그것은 결코 쉬운 일이 아니다. 왜냐하면 나는 내가 **느끼지 못 하는** 것을 **내가 느끼는** 고통의 모형에 따라 상상해야 하기 때문이다."(§302) 우리는 이미 이 구절에 대해 충분히 해명했다. 만일 다른 사람의 아픔을 나 자신의 모형에 따라 상상하려는 시도에서 비트겐슈타인이 본 문제들이 실질적인 것이라면, 그것들은 고통의 '심상'을 '그림'으로 사용하려는 시도를 배제한다. 심상을 그림으로 사용한다는 것은 이 심상의 적절한 사용을 통해 내가 다른 사람이 아프다고 주장하기 위한 결정적인 진리 조건들을 제시할 수 있다고 가정하는 것이다. 심상을 그림으로 사용한다는 것은 또한 그가 아프다는 나의 진술이 참인지 거짓인지를 결정하기 위해 오직 이 진리 조건들이 '실재에 대응'하는지 만을 물을 필요가 있다고 가정하는 것이다.

비트겐슈타인은 진리 조건과 그림의 전형을《철학적 탐구》에서 거부한다. 우리는 진리 조건들을 물어서는 안 되며, 다른 사람에게 감각을 귀속시키는 상황들과 그런 귀속이 우리의 삶에서 수행하는 역할을 물어야 한다. 그렇다면 어떻게 "고통의 심상은 분명히 하나의 의미에서" 비록 "그림으로서는 아니라고 하더라도" "언어 게임 안에 들어오는가?" 내가 제안하려는 바는 고통의 심상이 고통을 겪는 사람을 향한 나의 태도의 형성과 그 성질 안으로 들어온다는 것이다. 스스로 고통을 겪어봤고 또 고통을 상상할 수 있는 나는 상상속에서 고통 받는 사람의 입장이 될 수 있다. 또한 나의 이런 능력은 나의 태도에 한 가지 성질 — 내가 고통을 다른 사람에게 언제 귀속하는지 또한 그들을 어떻게 돕는지에 관한 일련의 규칙들을 그저 배우기만 했다면 갖지 못 했을 그런 성질 — 을 부여해준다. 정말로 그것을 하는 나의 능력은 심리적 상태에 관한 표현들의 일부를 확인해 내는 나의 능력 안으로 들어온다. 그런 능력은 내가 심리적 상태에 관한 일부 표현들을, 심리적 상태로부터 독립적인 그것의 물리적 기술을 통해서가 아니라, 그저 고통의 표현들로 인지하도록 도와준다. 나의 태도의 형성에 적절한 역할을 하는 것은 그가 '나와 같은 것을 느낀다'는 '믿음'이 아니라 '나 자신을 그의 입장이 되게 하는' 상상적인 능력이다. 만일 비트겐슈타인의 신비적 표현들에 대한 나의 추측이 맞는다면, 《철학적 탐구》의 비트겐슈타인의 생각은 그가 《철학적 고찰》에서 "내가 다른 누군가가 아프기 때문에 그를 안됐다고 생각할 때, 나는 물론 그 고통을 상상하지만, 나는 **내가** 그것을 가졌다고 상상한다"(§65)라고 적었을 때 표현한 생각과 여전히 가깝다. 위에서 논의되었던 리히텐베르크식과 흄식의 문제들 때문에 나는 다른 '자아'가 '나' 대신 그 고통을 '가진다'고 상상할 수 없지만, 물론 나는 '고통이 있다'고 — 이에 의해 내가 보통 '나는 아프다'라고 말할 때 표현할 것을 의미하면서 — 상상할 수는 있다. 내가 그를 동정할 때, 나는 '그의 입장이 되어보며' 나는 나 자신이 아프고 그 고통을 표현한다고 상상한다.

이 상황을 어른들의 성적 행동과 심지어 그에 수반하는 심리적 반응에 관해 자세하게 들은 아이의 상황과 비교해보자. 유아의 성(그리고 이어지는 잠복기)에 관한 프로이트의 이론은 신경 쓰지 말고, 그 아이가 '내부로부터의' 관능적인 감정을 전혀 모르며 그것들을 상상하지도 느끼지도 못 한다고 가정하자. 그런 아이는 원칙상 그가 관능적인 감정을 어른들에게 귀속시키기 위해 사용하는 많은 행동적 기준들을 배울 수 있을 것이며, 또한 그는 다른 사람들이 관능적인 감정들을 표현하고 있음을 어른들이 지각할 때 갖는 태도와 반응에 관해 많은 것을 배울 수 있을 것이다. 그럼에도 불구하고 관능적인 표현과 그에 수반하는 행동 및 태도에 대한 그의 파악은 조야하고 기계적인 성질의 것이어서 그 성질은 그 아이가 스스로 관능적인 감정을 갖는 사람으로 이 세계 안에 들어올 때에만 사라질 것이다. 이런 상황은 고통 감각의 경우엔 상상하기 더 어렵다. 왜냐하면 모든 사람들에게 이미 아주 어린 아이일 때부터 이런 감각들에 의해 주어진 상상 속의 생활 안으로 들어가지 못하는 것은 거의 불가능하기 때문이다.

다른 사람에게 고통이 귀속되는 상황을 완전하게 이해하고, 다른 사람의 고통에 적절하게 반응하지만 그 자신은 고통을 상상하거나 느낄 수 없는 사람에 관해 어떻게 말해야 할까? 만일 그가 다른 누군가에 관해 그가 아프다고 말한다면 그는 우리와 같은 것을 의미할까? 비트겐슈타인의 견해는 이 경우, 모든 사실들을 안다는 조건 하에, 우리가 말하고 싶은 것을 말할 수 있다는 것이다. 그가 우리와 다른 점은 바로 고통을 상상하는 우리의 능력이 고통을 받는 사람들을 향한 우리 자신의 태도 안으로 들어가는 방식이다. 이와 연결해서, 우리는 §315에 있는 주체에 관한 비트겐슈타인의 신비적인 단평들(또는 오히려 질문들)을 참조할 수 있다. 또한《철학적 탐구》2부의 213-18쪽에 있는 '측면-맹'에 관한 그의 단평들과 비교해볼 수도 있다.[14]

다른 마음의 문제에 관해 비트겐슈타인이 논의할 때 사용한 방법은 본문에서 다루어진 규칙과 사적 언어에 관한 논의에서 그가 사용한 방법과 유사하다. 다시 한 번 그는 회의적 역설을 제기한다. 여기서 역설은 유아론이다. 나 자신 이외의 마음들 — 그들 자신의 감각과 생각을 가진 — 이 있을 수 있다는 바로 그 생각은 아무런 의미도 없는 것처럼 들린다. 여기서도 비트겐슈타인은 회의주의자의 의심이 미묘한 오류로부터 나온다는 것을 보여주면서 회의주의자를 논박하지는 않는다. 반대로 비트겐슈타인은 다른 사람의 감각을 나 자신의 모형에 따라 상상하려는 시도를 우리는 궁극적으로 이해할 수 없다는 점에 회의주의자들과 의견을 같이 한다. 오히려 그는 회의적 해결책을 내놓으며, 이를 위해 그는 사람들이 다른 사람에게 감각을 귀속시키는 표현들을 실제로 사용할 때 그들이 회의주의자(혹은 유아론자)에 의해서 이해될 수 없다고 비판받아 무너질 그런 주장을

---

[14] '측면-맹'에 대해선 본문의 주 29 참조.

할 의향은 전혀 없다고 주장한다. 다시 한 번, 우리는 문명인들의 표현을 잘못 해석하는 "원시인들"과 같다.(§194) 다시 한 번, 우리의 정상적인 대화를 정확하게 해석하려면 특정한 바꾸기가 필요하다. 우리가 다른 사람에게 아픔을 귀속하기 때문에 그들을 동정하는 것이 아니라 우리가 그들을 동정하기 때문에 그들에게 아픔을 귀속시킨다. (더 정확하게 말하면, 우리의 태도는 우리의 동정심과 관련된 태도에 힘입어 다른 마음을 향한 태도임이 드러날 것이다.)

비트겐슈타인의 회의적 경향은 '규칙 따르기'의 경우보다 현재의 경우에서 훨씬 더 분명해질 수 있다. 왜냐하면 유아론자들에 대한 그의 공감은 절대로 완전히 없어지지 않았기 때문이다. §403에서 그는 "만일 내가 '고통'이란 단어를 오직 지금까지 "나의 고통"이라고 불렀던 것을 위해 남겨둔다고 하더라도 … 나는 다른 사람에게 불공정한 일을 하는 게 아니다. 다른 연결 관계들에서 "고통"이란 단어의 손실이 어떤 식으로 채워지는 상황이 제공될 수 있는 한 말이다. 다른 사람들은 여전히 동정을 받을 것이고, 의사들의 치료를 받을 것이다. 물론 "하지만 여기를 보라, 다른 사람들도 너와 똑같은 것을 가졌다!"고 말하는 것은 이와 같은 방식의 표현에 대한 반대가 **전혀** 되지 않을 것이다. 그러나 이 새로운 종류의 설명으로부터 내가 얻는 것은 무엇인가? 아무것도 없다. 하지만 유아론자도 그의 견해를 내세울 때 어떤 실질적인 이득을 **원하지는** 않는다." 어떤 의미에서 이 글은 유아론자에 대한 직접적인 공격이다. 그의 설명 방식(비트겐슈타인의 초기 사상에서 그를 매혹시켰던 본질적으로 리히텐베르크식의 언어)은 '아무것도 얻지 못 한다'. 그것은 우리가 실생활에서

하는 행동에 아무런 역할도 하지 않을 것이며, 이런 의미에서 그것
—《철학적 탐구》에 있는 유의미한 언어를 위한 중심적 기준 — 은
'아무런 사용 방식'도 갖고 있지 않다. 반면, 그는 최소한 유아론에
대한 '상식적' 반대자들인 실재론자들에 대해 적대적이다. 전 단원
에서 그는 그 논쟁을 이렇게 규정한다. "왜냐하면 **이것**이 관념론자
들, 유아론자들, 그리고 실재론자들 사이의 논쟁인 것처럼 보이기
때문이다. 한 쪽은 마치 하나의 진술을 공격하듯이 정상적인 표현
형식을 공격한다. 다른 쪽은 마치 그들이 모든 합당한 인간이 인정
하는 사실을 진술하기라도 하듯이 그것을 방어한다." (그는 두 번째
에 속하는 입장으로 무어의 '상식의 방어'를 염두에 두는가?) 비트겐슈타
인은 유아론자들이 그릇되게도 의심하거나 부인하는 사실 (이 경우,
'다른 사람들은 너와 똑같은 것을 갖고 있다'는 사실) — '모든 합리적인
인간들에 의해 인정되는' 사실 — 이 있다는 것을 부인한다. 다른
사람들이 '나와 같은 것을 갖고 있는' 것처럼 보이게 만드는 기호법
뿐 아니라, 또한 그런 것이 없는 것처럼 보이게 만드는 기호법도 독
립적인 일련의 객관적인 '사실들'에 의해 우리에게 **강요**되지도 않
는다. 더욱이, 비록 비트겐슈타인은 유아론자들의 표현 형식으로부
터 '얻는 것은 아무것도 없다'고 생각하고 정상적인 표현 형식이 완
전히 틀리다는 유아론자의 비난을 거부하지만, 그는 여전히 유아론
자들의 용어가, 정상적인 표현 양식에 의해 희미하게 된, 중요한 철
학적 진리를 조명해준다고 생각한 것은 분명한 듯이 보인다.

비트겐슈타인의 회의주의 — 그를 '상식적인 철학'과 분리시키는
간격 — 는 분명하다. 왜냐하면 상식적 철학의 자연스러운 반응은

다른 사람들이 그와 같은 감각을 **갖고** 있기 때문에 유아론자들은 **틀렸다**는 것이기 때문이다. 《청색책*The Blue Book*》(48쪽)에서 이 점과 관련된 점을 논할 때, 비트겐슈타인은 '상식적 철학자'를 '관념론으로부터뿐만 아니라 실재론으로부터도 멀리 떨어진 상식적 인간'과 구별한다. 상식적 철학자는 "확실히 내가 가진 것을 다른 누군가가 가졌다고 생각하고 상상하는 데에 아무런 어려움이 없다"고 가정한다. 여기서 비트겐슈타인은 다시 한 번 버클리를 상기시킨다 — 상식적 철학자는 정말로 이런 식으로 상식적 인간과 구별되는가? 유아론자들의 용어는 다음과 같은 진리를 조명해준다. 나는 다른 누군가의 고통을 나 자신의 모형에 따라 상상할 수 **없다**는 것, '나는 아프다'를 내가 사용하는 방식에는 무언가 특별한 것 — 나는 술어를 다른 대상들 중에서 '나 자신'이라고 불리는 대상에 (심지어 다른 인간들 중 한 인간에도) 단순하게 적용하지 않는다 — 이 **있다**는 것 말이다. '나는 아프다'는 신음의 세련된 대용품이다. 또 내가 신음을 지를 때, 나는 아무런 존재도 지칭하지 않으며, 어떤 특별한 상태를 어떤 것에 귀속시키지도 않는다. 여기서 '자아-의식'의 문제 — 카스타네다Hector-Neri Castaneda[15]에 의해 최근 철학적 논의의 전면에 등장한 것 — 가 이미 비트겐슈타인에게서 나타난다는 점은 주목할 만하

---

[15] 참조, H.-N. Castaneda "'He': A Study in the Logic of Self-Consciousness," *Ratio*, vol. 8(1966), 130-57쪽; "On the Logic of Attributions of Self-Knowledge to Others," *The Journal of Philosophy*, vol. 52(1968), 439-56쪽. 카스타네다는 그 문제에 대한 글을 많이 썼다. 다른 사람들이 쓴 글도 있는데, 기치와 앤스콤이 (추정컨대) 비트겐슈타인의 영향 하에 그 문제에 대한 글을 썼던 두 사람이다.

다. 카스타네다는 '존스는 그가 배고프다고 말했다'는 '존스는 존스가 배고프다고 말했다'를 의미하지 **않는다**는 점을 강조한다. 왜냐하면 존스는 그가 존스임을 알 필요가 없기 때문이다. '존스'가 '스미스의 비서'와 같은 한정 기술구에 의해 대체되더라도 같은 말을 할 수 있다. 스미스의 비서도 그가 스미스의 비서임을 알 필요가 없다. §404를 보라. "지금 이것[나는 아프다]을 말하면서 나는 아무도 명명하지 않는다. 마치 내가 고통 때문에 신음할 때 아무도 명명하지 않는 것처럼 말이다. 비록 다른 누군가가 신음 소리로부터 누가 아픈지를 알 수 있지만 말이다. … **누가** 아픈지를 안다는 것은 무슨 뜻인가? 예를 들면, 그것은 이 방에 있는 어떤 사람, 가령 저기에 앉아 있는 사람 또는 구석에 서 있는 사람, 멋있는 머리를 한 저기 키 큰 사람 등이 아픈지를 아는 것을 의미한다. 자, 그들 중 어떤 사람이 내가 '나는 아프다'라고 말하는 것을 결정하는가? 아무도 아니다." §405에서 계속된다. "그러나 어쨌든 네가 '나는 아프다'라고 말할 때 너는 다른 사람들의 주의를 특정인에게 돌리고 싶어 한다." ― 답은 이런 것일 수 있다. "아니, 나는 그들의 주의를 나 **자신**에게 돌리고 싶다." 최소한 §405의 부분적 주석은 이럴 것이다. 내가 '나는 아프다'라고 말할 때, 나는 다른 사람의 주의를, 어떤 특정한 방법으로 **확인되는** (가령, '구석에 서 있는 사람'으로 확인되는) 사람에게 돌린다는 것을 의미하지 않지만 내가 신음을 낼 때 내가 주의를 나 자신에게 돌리는 방식과 같은 방식으로 주의를 나 자신에게 돌린다. 그래서 다른 사람들은, 신음을 듣고, 만일 내가 존스 또는 구석에 있는 사람이라면 "존스는 아프다"나 "구석에 있는 저 사람이 아프다" 등으로 말할 것이다. 그러나 나는 나 자신을 이런 방식으로 확인하지는 않는다. 심지어 나는 내가 존스인지 아니면 구석에 있는 사람인지 모를 수도 있다. 또 내가 안다고 하더라도, 나의 지식은 나의 발언과는 무관하다. 이처럼 비트겐슈타인에게 일인칭 대명사는 특정한 사람이나 존재물을 지칭하는 이름이나 한정 기술구와 동일시될 수 없다. 《논리철학논고》에서 비트겐슈타인은 흄-리히텐베르크식의 사고 실험에 근거해서 자아를 설명하며, 그 결과 '세계에 속하지 않는 연장 없는 점으로 줄어드는' 신비적인 '세계의 한계'로서의 주체관에 도달한다(5.632. 5.64). 《철학적 탐구》에서 통상적인 방법으로 선발되는 어떤 존재와도 동일시되지 않는 자아의 특별한 성질은 살아남는다. 그러나 그것은 특별한 형이상학적 미스터리로부터가 아니라 일인칭 대명사의 '문법적' 특이성으로부터 도출되는 것으로 여겨진다. 분명히 여기서 훨씬 더 많은 것을 말할 필요가 있다. '나는 아프다'와 신음 사이의 유사점에 관한 몇 개의 스케치와 암시적인 단평들로는 완전한 이론은 말할 것도 없고, 심지어 우리 자신에 관해 우리가 하는 말talk에 관한 만족스런 그림조차 그리기 힘들다. 그러나 여기서 나는 이 주제를 더 발전시키려고 시도하지는 않겠다.[16]

---

16 이 주제에 관한 비트겐슈타인의 견해에 대해선, 위에서 인용된 자료에 추가해서 《청색책》, 61-65쪽을 참고할 것. 이 부분에는 부록의 문제와 관련된 많은 자료가 있다.

찾아보기

비트겐슈타인 규칙과 사적 언어

초판 1쇄 발행 | 2018년 8월 31일

지은이 | 솔 A. 크립키
옮긴이 | 남기창
펴낸이 | 이은성
편 집 | 김윤성
디자인 | 백지선
펴낸곳 | 필로소픽

주 소 | 서울시 동작구 상도동 206 가동 1층
전 화 | (02) 883-9774
팩 스 | (02) 883-3496
이메일 | philosophik@hanmail.net
등록번호 | 제 379-2006-000010호

ISBN 979-11-5783-115-9 93160

필로소픽은 푸른커뮤니케이션의 출판 브랜드입니다.

이 도서의 국립중앙도서관 출판시도서목록(CIP)은 서지정보유통지원시스템 홈페이지(seoji.nl.go.kr)와
국가자료공동목록시스템(www.nl.go.kr/kolisnet)에서 이용하실 수 있습니다. (CIP제어번호: CIP2018023714)